U0653108

浙江省普通高校“十三五”新形态教材

面向中小微企业人才培养系列新形态教材

中小微企业人力资源管理实务

主 编　张雅淋　叶子杨　吕园园

参 编　吴雪贤　苏若葵　胡和平　王丽芳

西安电子科技大学出版社

内 容 简 介

本书隶属于“面向中小微企业人才培养系列新形态教材”之一，该系列教材被立项为浙江省“十三五”新形态立体化教材建设项目。本书共分为8个模块：企业人力资源规划、工作分析、员工招聘与选拔、员工培训与开发、员工绩效管理、员工薪酬管理、劳动关系管理、企业人力资源日常事务管理。每一个模块下面又细分了若干个任务，涵盖了人力资源管理工作所需要的主要知识和技能。每一个任务均由情境导入、知识链接、任务演练、任务实施四个部分组成，每个模块后均有自我检测、互动讨论、拓展阅读等相关内容。本书还配备了相关知识点的微课资源和拓展资料，便于读者加深对知识的理解。

本书可作为高职高专院校经管类专业的教材，也可作为民营中小微企业业务主管和人力资源管理从业人员自学的参考书。

图书在版编目（CIP）数据

中小微企业人力资源管理实务 / 张雅淋，叶子杨，吕园园主编.
西安：西安电子科技大学出版社, 2024.8 (2025. 1 重印).
ISBN 978-7-5606-7368-4

Ⅰ. F272.92

中国国家版本馆 CIP 数据核字第 20242Y4Y80 号

策　　划　刘小莉
责任编辑　刘小莉
出版发行　西安电子科技大学出版社（西安市太白南路2号）
电　　话　（029）88202421　88201467　　邮　　编　710071
网　　址　www.xduph.com　　电子邮箱　xdupfxb001@163.com
经　　销　新华书店
印刷单位　陕西日报印务有限公司
版　　次　2024年8月第1版　2025年1月第2次印刷
开　　本　787毫米×1092毫米　1/16　印 张 17
字　　数　399千字
定　　价　45.00元

ISBN 978-7-5606-7368-4

XDUP 7669001-2

*** 如有印装问题可调换 ***

前　言

“中小微企业人力资源管理”是高职高专经管类专业必修的专业课程，有很强的实践性和应用性。通过本课程的学习，学生能够具备处理中小微企业人力资源管理常用业务及个人人力资源管理常用业务的能力。本书是课程组在多年教学经验积累的基础上编写的与“中小微企业人力资源管理”课程相配套的教材。

本书隶属于“面向中小微企业人才培养系列新形态教材”之一，该系列教材被立项为浙江省“十三五”新形态立体化教材建设项目，旨在为民营中小微企业培养高素质的技能型人力资源管理从业人员。本书以中小微企业人力资源管理中常见的业务流程为背景设计模块项目和各个任务，通过基于工作过程的教学设计，实现教、学、做一体化，使学生切实掌握中小微企业人力资源管理的基本业务流程和技能。

本书的特色主要体现在以下几个方面：

(1) 在编写思路上，本书以“教学项目化、学习自主化、实践职场化”的教学理念为引导，构建教、学、做一体化的实践教学体系，为课程的项目化教学提供良好的基础。本书学习过程的设计强调一切人力资源管理任务的完成都以中小微企业人力资源管理中真实存在的问题情境为背景，学生可以在全真的业务环境中全面、系统、规范地掌握人力资源管理的操作方法和操作技巧，为以后从事相关工作打下良好的基础。全真的业务环境还可以增强学习过程的实战性，有效地调动学生参与业务活动的积极性，使学生提早体验岗位的角色任务，强化他们的工作体验，激活他们的创新思维，缩短学习与就业之间的差距。

(2) 在整体设计上，本书以中小微企业人力资源管理中常见的业务流程为主线设计各模块。本书以某一家企业一个年度完整的人力资源业务活动为基础，提炼出任务点，将人力资源管理的知识内容整合为 8 个模块，即企业人力资源规划、工作分析、员工招聘与选拔、员工培训与开发、员工绩效管理、员工薪酬管理、劳动关系管理、企业人力资源日常事务管理。通过岗位情境任务的代入，引导学生切实掌握中小微企业人力资源管理的基本业务流程和技能。

(3) 在内容选择上，本书注重校企合作开发教材，使知识技能教育和思想政治教育有机结合。一方面，本课程所涉及的案例全部来自中小微企业，资料新颖且真实，更具时效性。本书在内容的呈现方式上，摆脱了冗长的理论分析，增加并充实了图表、应用示例等内容，对职业岗位所需知识和能力结构进行了恰当的设计与安排，在知识的实用性、综合性上下功夫，这样既能加强对学生能力的训练，又能实现对学生职业认知的教育。另一方面，本教材结合企业人力资源（HR）岗位的职业素养要求，挖掘专业课程所蕴含的思想政治教育元素和所承载的育人功能，将其融入案例、互动讨论等环节，竭力打造“课程思政”配套教材。

(4) 在结构体系安排上，本书设计了“抛砖引玉式”的教材体系，以期达到知识的学习、迁移和创新。每一个任务均由情境导入、知识链接、任务演练、任务实施四个部分组成，每个模块后均有自我检测、互动讨论、拓展阅读等相关内容。“情境导入”是企业真实人力资源任务的引入；“知识链接”介绍任务涉及的人力资源管理基础知识；“任务演练”是针对导入任务的操作示范；“任务实施”中设计了若干实训任务，使学生在学习理论的基础上进行拓展训练，巩固和深化所学知识；“自我检测”用于让学生进一步了解自己对该模块的学习情况；“互动讨论”设置了一些中小微企业人力资源管理的真实案例，将学生与网络社区相连接，学生不仅能够了解其他同学对该案例的看法，也可以发表自己的观点；“拓展阅读”可以使学生进一步了解和提升相关知识，增强深入学习的兴趣。

(5) 在教材的使用上，本书是基于互联网打造的新形态立体化教材。本书以纸质教材为载体，以嵌入教材中的二维码作为互联网移动终端设备的入口，将基于互联网的知识点讲解视频、扩充阅读文献、学生自我在线测试、教师与学生以及学生与学生间的相互交流讨论、教材知识掌握度测试与成绩评定等多样化学习环节融入其中，使学生能够通过一本纸质教材和一个移动终端实现自主化、社交化、有反馈的学习，让他们可以根据自己的学习习惯确定学习方式、学习程度，有选择地参与感兴趣的话题探讨，与他人交流自己在学习中的疑惑和体会，还能通过参加在线测试获得自己对每一模块的知识理解程度以及对全书的知识掌握程度的反馈。

(6) 在教材的创新方面，本书引入了思维导图，实现知识的可视化。本书在每个模块前利用“模块学习导图”展示导学单，在“知识链接”部分也更多采用思维导图来代替传统的理论阐述，让学生对本模块知识的主次和脉络有更清晰的认知，从而能站在系统的高度把握知识，养成联想思维和寻求事物之间内在联系的习惯，从而使思维能力得到发展和提高。

本书由浙江长征职业技术学院、浙江交通职业技术学院及杭州慕仁企业管理咨询有限公司、杭州鸿信企业管理咨询有限公司等合作编写。本书的具体编写分工如下：张雅淋负责编写方案的制定以及模块 1、模块 2(任务 2.3 和任务 2.4)和模块 3 的编写，吕园园负责模块 4、模块 5 和模块 6(任务 6.1)的编写，吴雪贤负责模块 6(任务 6.2 和任务 6.3)的编写，叶子杨负责模块 2(任务 2.1 和任务 2.2)、模块 7 和模块 8 的编写，苏若葵负责网络资源的统筹与汇总，胡和平、王丽芳负责案例编写并参与了任务演练、任务实施的编订。本书在编写过程中得到了多家学校和企业的支持和帮助，参阅了国内外许多相关书籍和资料，在此谨向他们致以诚挚的谢意。

囿于编者的学识和水平，书中难免有疏漏与不足之处，恳请广大读者批评指正。

编　者

2024 年 3 月

目　录

模块 1　企业人力资源规划

必要而不过剩的人力资源是企业开展正常经营活动必不可少的要素，也是企业在竞争中取胜的关键。要想充分发挥人力资源在企业经营中的效能，赢得竞争优势，首要前提是制定科学、合理的人力资源规划。

知识目标

◎ 明确人力资源规划的内容、作用。
◎ 掌握人力资源规划的程序。
◎ 掌握人力资源供需预测的方法及实现供需平衡的措施。

能力目标

◎ 能够根据给定的背景资料为企业进行人力资源规划。
◎ 能够编制企业的人力资源规划书。

模块学习导图

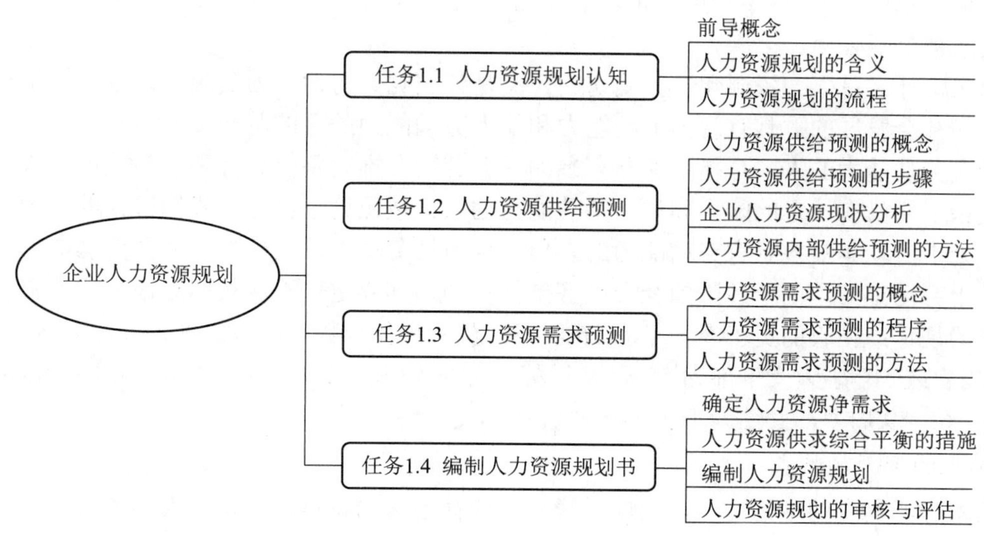

任务 1.1 人力资源规划认知

情境导入

大华餐饮管理有限公司(以下简称大华公司)是一家集食品研发、生产、品牌咨询管理等业务为一体的民营企业，同时还介入了餐饮、茶饮、养生保健等相关产业。该公司始终秉承“健康快乐”的理念，力图引导消费者的品质生活。在年终的经理会议上，销售经理胡军说：“公司决定在明年开发一个新的饮料品牌，预计年产量达到 10 万件。”此时，生产部经理张健提出一个现实的问题：“据我所知，我们现有的人员根本无法满足新的生产需求，我也不知道新增加的生产任务需要增加多少生产人员。”人力资源部经理王华说：“我们需要逐步地对我们现有的工人进行培训，同时还需要到社会上招聘一些具有生产经验的工人，还需要补充各部门的管理人员和辅助人员。我认为我们应该对这一项目进行一些详细分析。”

会后，人力资源部经理王华安排助理陈小力负责收集人力资源的相关资料，对项目进行详细分析，制订相应的计划。

知识链接：人力资源规划概述

人力资源的概念

1. 前导概念

1) 人力资源的概念

“人力资源”这一概念是美国管理学家彼得·德鲁克在《管理的实践》一书中首次提出的。他指出：“企业或事业唯一的真正资源是人。”自此，“人力资源”一词开始受到关注并逐渐被广泛使用。

那么，什么是人力资源呢？其确切的含义是什么呢？所谓人力资源，是指能够推动国民经济和社会发展的、具有智力劳动能力和体力劳动能力的人的总和。

具有劳动能力的人，是指能够独立参加社会劳动、推动整个经济和社会发展的人，而不是泛指一切具有一定的脑力和体力劳动能力的人。按照这个界定，我们讨论的人力资源既包括处于劳动年龄内具有劳动能力的人口，也包括劳动年龄之外参加社会劳动的人口。

关于劳动年龄，由于各国的社会经济条件不同，其界定也不尽相同。根据我国目前相关法律的规定：招收的员工应当年满 16 周岁；员工退休年龄方面，男性为 60 周岁，女性为 55 周岁或 50 周岁(女干部为 55 周岁，女工人为 50 周岁)，所以我国劳动年龄的区间是男性为 16～59 周岁，女性为 16～54 周岁。

2) 人力资源的特点

人本身所具有的生物性、能动性、智力性和社会性的特点，决定了人力资源具有以下几个特点。

(1) 人力资源具有主观能动性。

主观能动性是人力资源的首要特征，是人力资源与其他一切资源最根本的区别。所谓主观能动性，是指人力资源在经济活动中起着主导作用。人具有意识性，其活动具有目的性，一切经济活动首先是人的活动，人的活动会引发、控制、带动其他资源的活动。人是一切资源的主导因素，可以创造、使用和改造生产工具。在经济活动中人力资源是唯一起创造作用的因素。经济活动的生命是发展、进取、创新，只有人力资源才能担负起这种发展、进取和创新的任务，其他任何生产要素都不具备这样的能力。

(2) 人力资源是特殊的资本性资源。

人力资源作为一种经济性资源，具有资本属性，与一般的物质资本有共同之处。一方面，人力资源是社会、企业等集团和个人投资的产物，其质量高低主要取决于投资程度。从根本上说，人力资源的这个特点源于人的能力获得的后天性。因为任何人的能力都不可能是先天就有的，为了形成能力，必须接受教育和培训，必须投入财富和时间。另一方面，人力资源是在一定时期内可能源源不断地带来收益的资源，它一旦形成，一定能够在适当的时期内为投资者带来收益。此外，人力资源在使用过程中也会出现有形磨损和无形磨损。劳动者自身的衰老是有形磨损，劳动者知识和技能的老化就是无形磨损。

(3) 人力资源是高增值性的资源。

在国民经济中，人力资源收益的份额正在迅速超过自然资源和资本资源。当代市场经济国家的劳动力市场价格在不断上升，人力资源投资收益率在不断上升，同时劳动者的可支配收入也在不断上升。与此同时，高质量人力资源和低质量人力资源的收入差距也在不断扩大。

(4) 人力资源具有时效性。

人力资源的时效性是指人力资源必须在一定时间内开发，如果超越一定的时段，就会荒废和退化。人力资源的形成、开发和利用都受到时间因素的限制。人作为生物有机体，有其生命周期，能从事劳动的自然时间被限定在生命周期的中间一段，而且人的劳动能力随时间推移而变化。人在每个时期(如青年、中年、老年等)的工作能力都会有所不同，不使用、不开发就会失去其固有的作用与能力。从社会的角度看，人力资源也有培训期、成长期、成熟期和老化期。人力资源管理必须尊重企业内在的规律，这样才能使人力资源的形成、开发、分配和使用处于一种动态的平衡之中。

3) 人力资源管理的概念

人力资源管理是指运用科学的方法，对与一定物力相结合的人力进行合理的规划、组织和调配，使人力、物力经常保持最佳比例；同时对人的思想、心理和行为进行恰当的引导、控制和协调，充分发挥人的主观能动性，使人尽其才、才尽其用，事得其人、人事相宜，最终实现组织目标。

人力资源管理的定义，可以从两个方面来理解。其一是对人力资源的外在要素——量的管理。对人力资源进行量的管理，就是根据人力和物力及其变化，对人力进行恰当的规划、组织和协调，使二者经常保持最佳比例并形成有机结合，使人和物都充分发挥出最佳效应。其二是对人力资源的内在要素——质的管理，主要是指采用现代化的科学方法，对人的思想、心理和行为进行有效的管理(包括对个体和群体的思想、心理和行为的协调、控制和管理)，充分发挥人的主观能动性，以达到组织目标。

人力资源管理的实质是要做到三个匹配：

(1) 人与事的匹配，要做到事得其人、人尽其才，最大限度地发挥人力资源的作用。

(2) 人与人的协调配合，要使其互补凝聚、共赴事功，强调团队精神。

(3) 工作与工作的协调配合，要做到权责有序、灵柔高效，发挥整体优势。

4) 人力资源管理工作的主要内容和任务

在现代企业中，凡是与人有关的事情都与人力资源的开发与管理有关。在人力资源管理活动中，吸引员工、留住员工、激励员工是人力资源管理的三大目标，人力资源管理的所有工作都是围绕着这三大目标展开的。一般而言，人力资源管理工作包括以下几个方面。

(1) 制订人力资源管理计划。

制订人力资源管理计划是人力资源开发与管理的第一步，也是重要的一步。一个企业在制订其总体战略计划以后，必须制订相应的人力资源管理计划，否则，总体计划就无法实现，人力资源的开发与管理也就无法开展。具体来讲，制订人力资源管理计划就是根据组织的发展战略和经营计划，评估组织的人力资源现状及发展趋势，收集和分析人力资源供给与需求方面的信息和资料，预测人力资源供给和需求的发展趋势，制订人力资源招聘、调配、培训、开发计划等政策和措施。

(2) 人力资源费用核算。

人力资源管理离不开人力资源成本的核算。人力资源管理部门应与财务部门合作，建立人力资源会计体系，开展人力资源投入成本与产出效益的核算工作。人力资源费用核算工作不仅可以改进人力资源管理工作本身，而且可以为决策部门提供准确和量化管理的依据。

(3) 工作分析和设计。

工作分析和设计是人力资源管理工作的基础。它主要是指对组织中的各个工作岗位进行分析，确定每一个工作岗位对员工的具体要求，包括技术及种类、范围和熟练程度，学习、工作与生活经验，身体健康状况，工作的责任、权利与义务等方面的情况。

这种具体要求必须形成书面材料，即工作说明书。工作说明书不仅是招聘工作的依据，也是对员工的工作表现进行评价的标准，以及进行员工培训、调配、晋升等工作的依据。

(4) 人力资源的招聘与配置。

根据人力资源规划中对人力资源预测所确定的组织内的岗位需要及工作说明书，就可以开展人力资源的招聘与配置工作。

招聘是指利用各种方法和手段，如推荐、刊登广告、举办人才交流会、到职业介绍所登记等，从组织内部或外部吸引应聘人员；并且经过对其教育程度、工作经历、年龄、健康状况等方面的资格审查，从应聘人员中初选出一定数量的候选人；再经过严格的考试，利用笔试、面试、评价中心技术、情景模拟等方法对其进行筛选，确定最终录用人选。招聘的员工经过岗前培训后就可以被安排到相应的岗位，这就是人力资源的配置。

(5) 劳动关系管理。

员工一旦被录用，就与组织形成了一种雇佣和被雇佣的、相互依存的劳资关系，为了保护双方的合法权益，有必要就员工的工资、福利、工作条件和环境等事宜达成一定协议，签订劳动合同。在履行劳动合同的过程中，常常会出现分歧或疑义，甚至是纠纷，这就需要人力资源管理部门进行沟通、协商与协调。

(6) 员工的职业管理。

员工加入组织的需求之一就是在组织中不断地成长，在这个过程中，组织有责任对员工的职业生涯发展负责，为他们提供成长的机会与阶梯。通常，人力资源管理者使用职前教育、在职培训、工作轮换等方法，对员工不断进行培养。

(7) 绩效考核。

人力资源管理的一项重要工作就是要对员工的绩效进行考核，其目的在于使组织了解员工的工作情况，包括员工的胜任能力、工作表现及工作成果等。绩效考核有利于发现工作设计中的问题，同时考核结果可作为员工晋升、奖惩、工资、培训等人力资源管理的有效依据，它有利于调动员工的积极性和创造性以及检查和改进人力资源管理工作。

通过绩效考核，组织可以了解员工的工作能力与成效，同时为合理、科学的薪酬与福利体系的设计提供了可能。

(8) 薪酬与福利管理。

薪酬与福利管理关系到企业中员工队伍的稳定与否。人力资源管理部门要从员工的资历、职级、岗位、表现和工作成绩等方面，为员工制定相应的、具有吸引力的工资报酬与福利标准和制度。工资报酬应随着员工的工作职务升降、工作岗位的变换、工作表现的好坏与工作成绩进行相应的调整，不能只升不降。

员工福利是社会和组织保障的一部分，是工资报酬的补充或延续。它主要包括政府规定的退休金或养老保险、医疗保险、失业保险、工伤保险、节假日，以及为了保障员工的工作安全、卫生而提供的必要的安全教育培训、良好的劳动工作条件等。

(9) 建立员工信息管理系统。

为了便于完成其他各项人力资源管理工作，人力资源管理部门有责任保管员工加入组织后的个人基本信息，以及工作表现、工作成绩、工作报酬、职务升降、奖惩、接受培训和教育等方面的记录材料，为员工的职业发展与在组织内的晋升、工资调整、培训等工作提供基本信息。

TIPS!

如何设计企业人力资源部门的组织结构

人力资源部门作为企业人力资源的主管部门，其组织结构可根据企业实际需要灵活设计。设计组织结构时主要考虑企业的规模和特点，对人力资源部门的基本定位、组织建构、编制规模、职责分工等进行系统的设计。

2. 人力资源规划的含义

1) 人力资源规划的概念

人力资源规划就是科学地预测、分析在变化的社会环境中人力资源的供给和需求状况，制定符合本组织发展的人力资源政策和措施，以确保组织规划的实施和任务的完成。

人力资源规划是人力资源管理的重要构成部分，也是组织战略规划的重要内容之一。它处于整个人力资源管理活动的统筹阶段，为整个人力资源管理活动制定目标、原则和方法。人力资源规划是企业计划的重要组成部分，是人力资源管理的起点和根据，直接影响着企业人力资源管理的效率。只有制订出完善的人力资源计划，才有可能避免不必要的人力资源浪费，并使企业的人力资源获得充分而合理的运用。

2) 人力资源规划的内容

人力资源规划的内容包括两个方面，即总体规划和各项业务计划。各项业务计划包括人员配置计划、人员增减计划、人员使用计划、员工培训开发计划、薪酬激励计划、员工职业生涯规划、劳动关系计划等。

(1) 人力资源总体规划。

人力资源总体规划指企业针对规划期内人力资源管理的总目标、总政策、实施步骤和总预算的安排。总体规划着重于人力资源总的、概括性的谋略和有关的重要方针、政策和原则的制定。其主要包括以下几个方面的内容：

① 阐述在企业战略规划期内组织对各种人力资源的需求和各种人力资源配置的总框架。

② 阐明与人力资源管理有关的重要方针、政策和原则，如人才的招聘、晋升、降职、培训与发展、奖惩和工作福利等方面的重大方针和政策。

③ 确定人力资源投资预算。

(2) 人员配置计划。

一个企业，从长远发展来看，其部门和岗位的多少是相对稳定的，所需要的人员必须与企业发展规划相适应。人员配置计划就是要根据企业发展的需要和企业的规模确定企业经营活动需要设立的职位、所需职位的数量、每个职位需要的员工数及每个职位对员工的要求条件等，并制定具体的职位与人员的配置方案。

人员配置计划在人力资源各项业务计划中处于基础地位，直接影响到人员增减计划、人员使用计划、人员培训开发计划的制订。通过编制人员配置计划，可以保证事得其人、人尽其才、人事相宜，使企业人力资源管理活动更加科学有效。

(3) 人员增减计划。

在企业发展中，退休、辞职、解雇等常规性的人事变动使得现有人力资源数量减少，或者由于企业规模的扩大和事业的发展，往往需要增加人力资源数量。人力资源补充计划就是以人力资源供求预测为基础，对未来一段时期内所需补充的人力资源的类别、数量及补充渠道等预先做出安排。

同时，新的生产设备减少、技术创新或管理创新以及市场萎缩、产品滞销等因素会导致人力资源需求的减少，转产、产品档次提高等因素可能导致人力资源需求的结构性调整，不适应新技术生产要求的员工、职工将到退休年龄等因素，都促使人力资源管理部门制订减员计划。近年来市场竞争激烈，减员增效成为企业提高竞争力的一个重要手段。

(4) 人员使用计划。

人员使用计划主要是指企业内部的岗位变动和一部分人的晋升。许多企业为了使员工更好地适应企业的工作，得到全面发展，经常采取岗位轮换的方法，使员工以最快的速度熟悉业务。

另外，一些员工经过一段时间的培养，可以胜任更高一级岗位的工作，为了充分调动员工的积极性，应计划好员工的晋升工作，制定好人员的晋升政策。对于企业来说，要尽量使人和事达到最大限度的匹配，即尽量把有能力的员工放在能够发挥其最大作用的岗位上。这对于调动员工的积极性和提高人力资源的利用率是非常重要的。晋升不仅可以使员工个人的目标得以实现，也意味着工作责任和挑战的增加，还可以在员工追求个人利益的同时，使企业也获得更大的发展。这对于企业和员工个人来说是一种双赢的结果。

(5) 员工培训开发计划。

人力资源是一种可再生的资源，企业通过有计划、有步骤地对现有人员进行分门别类的培训，充分开发现有人力资源的潜力，培养出企业发展所需要的合格人才和复合型人才，更好地使人与工作相适应。员工培训开发计划包括接受培训的人员、培训目标、培训内容、培训方式、培训费用等项目的设计和预算。

(6) 薪酬激励计划。

薪酬激励计划是企业人力资源管理的一项重要内容，是企业和员工最为关注的。对于企业来说，薪酬激励一方面是为了确保企业人力资源成本与企业经营状况保持相当的比例，另一方面是为了充分发挥薪酬的激励作用。薪酬总额取决于企业内部员工不同的分布状况和工作绩效。企业通过薪酬激励计划，可以在预测企业发展的基础上，对未来的薪酬总额进行预算和推测，并确定未来一定时期内的政策，如激励方式的选择、激励倾斜的重点等。同时，薪酬激励计划的制订本身也有利于调动广大员工的主动性和创造性，提高企业士气。薪酬激励计划主要包括薪酬的构成、总额、劳资关系和激励的范围、标准、方式和程度。

(7) 员工职业生涯规划。

企业中会有一些人因为达到退休年龄或者合同期满、企业不再续聘等原因而离开，在经济不景气、人员过剩时，有的企业还采用提前退休甚至解聘等手段裁撤冗员。因此，企业应该根据人员状况提前做好计划，对员工的职业发展做出系统的安排。员工职业生涯规划是员工个人的发展规划，也是企业人力资源规划的有机组成部分。企业通过员工职业生涯规划，能够把员工个人的职业发展和组织需要结合起来。特别是对于有发展潜力的员工，企业要设法将其留下来，使其成为企业宝贵的资源。

(8) 劳动关系计划。

劳动关系是人力资源管理的重要内容之一。随着我国经济体制改革的不断深入，社会主义市场经济体制的逐步建立，各种社会关系发生了很大的变化。劳动关系是社会关系的重要组成部分，是市场经济中的一个重要领域。正确认识并依法调整劳动关系是促进社会和谐的重要途径。

劳动关系计划是关于如何减少员工投诉与不满、减少和预防劳动争议，以及改进劳动关系的计划，可以通过让员工参与管理、加强沟通的方法来进行。

3) 人力资源规划的分类

人力资源规划可以按时间、范围、性质等进行不同的分类。企业在制定规划时，可以根据具体情况灵活选择。

(1) 根据人力资源规划的时间期限分类。

① 长期规划：指 3 年以上的计划。

② 中期规划：指 1～3 年的计划。

③ 短期规划：一般指 1 年或 1 年以内的计划，包括年度、季度、月度计划或更短期的计划。

长期规划适用于大型企业，往往是 3 年至 5 年的规划；中期规划适用于大型、中型企业，一般的期限是 1 年至 3 年；短期规划适用于短期内企业人力资源变动加剧的情况，是一种应急计划。人力资源规划与企业的战略目标、企业的发展息息相关，任何一个企业都要配合企业战略目标进行具体的人力资源规划。

(2) 根据人力资源规划的范围分类。

① 总体规划：指整个组织未来一定时期的人力资源平衡计划，更具战略性、总体性，是具有多个目标和多方面内容的计划。总体规划关系到整个组织的人力资源管理活动，规划的内容涉及各个部门，包括企业的人员招聘、人员培训、人员考核、人员激励等。这些活动都有各自的内容，但它们又互相关联、互相影响、互相制约，要使这些活动形成一个有机的整体，就要把它们当成一个有机的整体来规划。

② 部门规划：指组织各个职能部门根据总体规划和自身特点所制订的本部门未来的人力资源平衡计划，是人力资源总体规划的具体化。它包括各个职能部门制订的职能计划，如生产部门的人员补充计划、销售部门的员工培训计划等。部门规划是在总体规划的基础上制订的，它的内容专一性强，是总体规划的一个子计划。

③ 项目计划：指某项具体任务的计划，是针对人力资源管理活动的特定课题所做出的决策的计划，如生产员工培训计划、职业经理人培训计划。项目计划与部门计划不同，部门计划是单个部门的业务计划，可以包括多项人力资源管理内容，而项目计划是为某种特定的任务而制订的，可以跨部门。

(3) 根据人力资源规划的性质分类。

① 战略规划：指与企业长期战略相适应的人力资源规划，其内容是关于未来企业人力资源的大体需求和供给、人力资源结构和素质层级以及与此有关的人力资源政策和策略。它的作用是决定组织在人力资源方面的基本目标以及基本政策。战略规划一般由企业的人力资源管理委员会或人力资源部门制定，对战术规划和管理规划有指导作用。

② 战术规划：指将战略规划中的目标和政策转变为确定的目标和政策，并且规定达到各种目标的时间规划。它是在战略规划指导下制定的，要求周期短，对社会经济变化趋势预测准确，因此可以制定得详细一点，以增强对管理计划的指导作用。战术规划一般以年度为期限制定。

③ 管理规划：指由一系列可执行的人力资源管理项目计划所组成的规划。当战术规划在时间、预算和工作程序方面不能满足实际实施的需要时，战术规划的具体落实就需要具体的管理规划来贯彻及执行。

实践表明，规模较小的企业不适合制定详细的人力资源规划，因为规模小，各种内外环境对其影响较大，规划的准确性较低，制定的人力资源规划的指导作用也难以体现；同时，小型企业人力资源管理规划本身的成本也比较大。

4) 人力资源规划的作用

“人无远虑，必有近忧。”在现代管理中，人力资源规划越来越显示出其重要的作用，具体体现在以下几个方面。

(1) 人力资源规划可以保证组织在生存发展过程中对人力资源的需求。

21 世纪，所有企业均面临着一个不断变化的动态环境，如市场需求变化迅速、生产技术不断更新等。因此企业需要不断地开发新产品、引进新技术，这样才能在激烈的竞争中取胜，而这一切均依赖于人力资源的合理配置。人力资源规划的一个重要目标是确保组织在需要的时候和需要的岗位上获得所需要的合格人才(包括数量和质量两个方面)。不同的生产工种、不同的经营活动、不同的工作岗位，对人力资源的结构、质量和数量的要求有很大不同。这就需要企业对其所拥有的人力资源不断地进行调整，以保证新产品和新技术条件下工作对人的需要以及人对工作的适应性。

为了更好地应对环境变化对人力资源提出的要求，组织有必要制定人力资源规划，及时引进所需要的人才或调整现有的人员结构，为组织未来的人力资源供给提前做好安排，确保人力资源的供求平衡。

(2) 人力资源规划有助于高层领导制定组织的战略目标。

人力资源规划作为企业的战略决策，是企业制定各种具体人事决策的基础。人事决策对组织管理影响重大，且持续时间长、调整困难。为了避免人事决策的失误，准确的信息是至关重要的。而人力资源规划恰好能够为组织的人事决策提供准确、及时的信息。高层领导只有在了解企业本身拥有的各种资源的情况下，才有可能制定出科学合理的企业发展规划，而人力资源是企业中最重要、最活跃的资源。因此，人力资源规划有助于高层领导制定组织的战略目标。

(3) 人力资源规划是有效控制人工成本的重要工具。

人力资源规划还可以控制企业的人员结构、职务结构，从而避免企业发展过程中由人力资源浪费造成的人工成本过高的问题。企业人工成本中最大的支出项目是工资，而企业人员工资总额很大程度上取决于组织中的人员分布状况。

当一个企业处于创立发展初期时，企业员工的人均工资较低；随着企业逐渐成长并进入成熟期，企业的人工成本也将上升。所以，没有人力资源规划的企业，其人工成本是不确定的。人工成本上升，企业效益将会下降，进而使经营陷入困境。因此，通过人力资源规划可以预测企业人员的变化，逐步调整企业的人员结构，避免人力资源的浪费，使企业人员结构尽可能合理化。

例如，通过制订招聘计划，能够有效地节约组织招聘成本，提高招聘效率；运用人力资源预测工具，可以对组织未来的人力资源进行较准确的预测，从而估算出未来的人工成本，以便组织采取有针对性的措施来控制成本上升，提升利润空间。

同时，企业通过内部人员结构的优化，可以最大限度地实现人尽其才，提高企业的人力资源效益。人力资源规划着眼于发掘人力资源的潜力，谋求改进人员结构、人员素质，从而改变人力资源配置上的浪费和低效现象。某些单位不重视对本单位已有人才的培养和使用，却以高成本从外面引进“人才”，引进后又冷冻起来不充分使用，结果企业人浮于事的现象日趋严重，老员工、新员工都感觉有力无处使，这是对人力资源最大的浪费。通过制订人力资源规划，企业就可以发现这方面的弊端并及时采取措施，从而提高人力资源管理的效益。

(4) 人力资源规划有助于满足员工需求和调动员工的积极性。

人力资源规划显示了组织内部未来的发展机会，使员工充分了解自己的哪些需求可以在组织内得到满足以及满足的程度。通过人力资源规划的实施，可以给员工展示未来的发展机会，从而有效地激发员工的积极性、主动性、创造性。当企业提供与员工自身发展需求大致相符的机会时，员工就会去努力追求，从而在工作中表现出主动性和创造性；否则，员工的工作目标性不强，员工的个人利益和前途未卜，其工作积极性也会下降，长此以往将导致人员流失。

企业人力资源管理要求在实现企业目标的同时，实现员工的个人目标。例如，企业为了实现效益最大化，要求员工在工作上付出更多努力，那么企业也要从员工的待遇、员工的职业生涯发展规划方面给予更多的考虑。通过人力资源规划，企业员工可以对自己在企业中的发展方向和努力方向有清晰的认知，从而在工作中表现出积极性和创造性。

3. 人力资源规划的流程

人力资源规划的流程如图 1-1 所示。

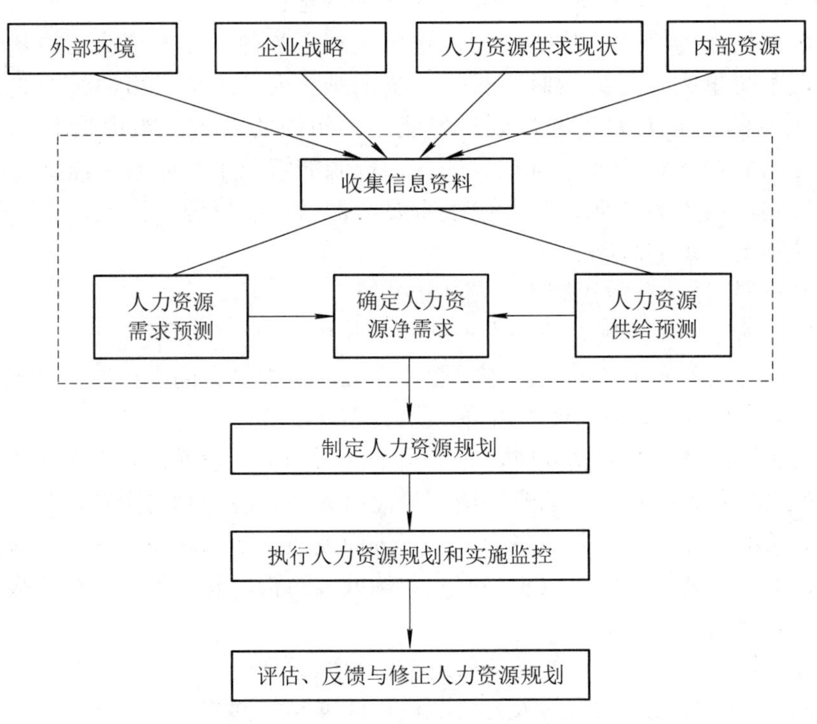

图 1-1 人力资源规划流程图

(1) 收集信息资料。

信息资料是制定人力资源规划的依据，包括组织外部环境信息和组织内部信息，收集信息资料是各阶段工作的基础。组织内部信息包括企业的经营战略和目标、工作岗位说明书及企业现有人力资源的数量、质量、结构及分布状况等；组织外部环境信息指的是企业经营环境，包括社会、政治、经济、法律环境等，这是企业制定规划的“硬约束”。比如

《中华人民共和国劳动法》(后文简称《劳动法》)规定，禁止用人单位招用未满 16 周岁的未成年人。企业拟定未来人员招聘规划时，应遵守这一规则，否则，将被追究责任，规划亦无效。

(2) 人力资源需求预测。

人力资源需求预测是企业根据组织外部环境信息和组织内部信息，对人力资源需求的结构、数量、质量进行预测。在预测人力资源需求时，应充分考虑各种因素，如企业技术、设备条件、规模的变化、企业经营方向的调整、原有人员的流动等。

(3) 人力资源供给预测。

人力资源供给预测包括内部人员拥有量预测和外部供给量预测。内部人员拥有量预测是根据现有人力资源及其未来变动情况，预测出计划期内各阶段所能提供的人员的数量和质量，预测的准确度较高。外部供给量预测，即确定在计划期内各阶段可以从企业外部获得的各类人员的数量和质量，但由于不确定因素太多常无法掌控。企业应把重点放在内部人员拥有量的预测上。

(4) 确定人力资源净需求。

预测得出的全部人力资源需求减去组织内部可提供的人力资源，即可得出人力资源净需求。净需求如果是正值，表明未来组织人员供给小于需求，需要通过招聘、内部晋升或调配等方式进行补充；净需求如果是负值，表明未来组织人员供给大于需求，需要采取裁员、缩短工作时间等方式进行精简。

(5) 制定人力资源规划。

企业应根据组织战略目标及本组织员工的净需求量，制定人力资源规划并明确完成时间。根据供求预测的不同结果，对供大于求和供不应求的情况分别制定不同的政策和措施，使人力资源达到供求平衡。同时，要注意各项业务计划的相互联系，以确保各项业务计划之间的衔接与平衡。

(6) 执行人力资源规划和实施监控。

实施是人力资源规划执行中最重要的步骤。在总规划及各项分类计划的指导下，企业应确定如何具体实施计划，并建立一整套报告程序来保证对规划的监控。如果没有这个步骤，人力资源具体业务计划的实施就会流于形式。实施前要做好充分的准备工作，实施时应严格按照规划执行，并设置完备的监督和控制机制，以确保人力资源规划实施的顺利进行。

(7) 评估、反馈与修正人力资源规划。

虽然人力资源规划的结果只有过了预测期限才能完成最终的检验，但为了给企业人力资源规划提供正确决策的可靠依据，有必要事先对预测结果进行初步评估，通常由专家、用户及有关部门主管人员组成评估组来完成评估工作。

评估主要从两个方面来进行。首先是对人力资源规划本身的合理性进行判断；其次是对人力资源规划的实施结果及人力资源规划所带来的效益进行评价。人力资源规划是一个动态的过程，在规划实施过程中，随时检查、及时反馈实施效果及修正原计划的一些项目非常重要。只有适当修正和调整人力资源规划的不足和不当之处，才能保证企业总体目标的实现。需要注意的是，反馈要保持信息的真实性，只有获得真实的信息，才有助于人力资源计划的修正。

评估者应考虑以下具体问题：

① 预测所依据的信息的质量、广泛性、详尽性、可靠性以及信息的误差及产生误差的原因。

② 预测所选择的主要因素的影响与人力需求的相关性，预测方法在使用的时间、范围以及对象的特点与数据类型等方面的适用程度。

③ 人力资源规划者熟悉人事问题的程度及重视程度。

④ 人力资源规划者与提供数据和使用人力资源规划的人事、财务部门以及各业务部门经理之间的工作关系如何，在各有关部门交流信息的难易程度。

⑤ 决策者对人力资源规划中提出的预测结果、行动方案和建议的利用程度。

⑥ 人力资源规划在决策者心目中的价值。

⑦ 人力资源规划实施的可行性。评估预测结果是否符合社会、环境条件的许可，能否达到预测成果所必需的人、财、物、信息、时间等条件。

评估要客观、公正和准确；同时要进行成本效益分析以及人力资源规划有效性的审核；在评估时一定要征求部门经理和基层领导人的意见，因为他们是规划的直接受益者，最有发言权。

该阶段是人力资源规划的最后阶段，也是最容易被忽视的一个阶段。评估结果出来后，应及时进行反馈，进而对原规划进行适时的修正，以确保规划的可操作性和滚动发展与衔接。

任务演练

根据以上所学知识，陈小力收集的公司人力资源规划所需资料应该有哪些呢？

1.1 任务演练

任务实施

请选择一家中小微企业，讨论其在进行公司年度人力资源规划时需要考虑哪些因素，并通过合适的信息收集渠道收集好信息，形成书面材料。

任务 1.2　人力资源供给预测

情境导入

陈小力通过调查，了解到大华公司本年末各部门的工人数量如表 1-1 所示。

表 1-1　各部门的工人数量

部门	生产部	组装部	品质部	其他部门
工人数量	60	310	90	40

本年末各级管理人员的数量如表 1-2 所示。

表 1-2　各级管理人员的数量

级别	基层管理人员	主管级管理人员	经理级管理人员
人数	60	20	5

各级人员的变动概率如表 1-3 所示。

表 1-3　各级人员的变动概率

原职位	职位变动的概率				
	经理级管理人员	主管级管理人员	基层管理人员	工人	离职
经理级管理人员	0.8				0.2
主管级管理人员	0.05	0.75	0.1		0.1
基层管理人员		0.05	0.8	0.05	0.1
工人			0.05	0.75	0.2

另外，他还了解到目前劳动力市场的一些情况。大多数企业对明年经济形势持乐观态度，估计会大幅度招聘普通员工，但是目前公司的薪资水平在众多的企业中处于中等偏低的水平。

知识链接：人力资源供给预测概念及方法

1. 人力资源供给预测的概念

企业人力资源供给预测就是为满足企业发展的需求，对将来某个时期内企业能从其内部和外部得到的员工的数量和质量进行预测。

企业人力资源供给预测包括两个方面的内容：一是内部供给预测(即对内部拥有量的预测)，指根据现有人力资源及其未来变化趋势，预测出各个时点上的人员拥有量；二是外部供给预测(即对外部的供应量进行预测)，确定在规划的各个时点上各类人员的可供应量。

1) 内部供给预测

企业未来内部人力资源供给一般来说是企业人力资源供给的主要部分(除新建企业外)。企业人力资源需求的满足，应优先考虑内部人力资源供给。企业内部人力资源供给量必须考虑下述因素：企业内部人员的自然流失(伤残、退休、死亡等)、内部流动(晋升、降职、平调等)、跳槽(辞职、解聘)等。

2) 外部供给预测

对于一个处于持续发展中的企业来说，企业所需的人员是无法单纯从企业内部供给中得到满足的。当企业的内部人员无法满足企业所需的人员供给时，企业要做的就是把目光转向企业外部人员，即劳动力市场上那些目前还不是本组织成员的人。

(1) 影响外部人力资源供给预测的因素。

① 总体经济状况和未来可能出现的失业率。通常情况下，失业率越低，劳动力供给就越少，人员招聘的困难就越大；反之则困难小些。

② 当地市场情况预测。这就要充分利用报纸、杂志等媒体所公布的经济状况分析数据，以及一些机构所提供的经济预测信息，来了解当地市场情况，从而预测劳动力市场的供求状况。

③ 劳动力市场预测。由此可预测出本企业所准备招聘的特定职业(如营销人员等)中，潜在的候选人可能性有多大。

④ 人口政策及人口现状。人口现状直接决定了企业现有外部人力资源供给状况，其主要影响因素包括人口规模、人口年龄和素质结构、现有的劳动力参与率等。

⑤ 社会就业意识和择业心理偏好。

TIPS!

当代人择业心理偏好

据调查，高校毕业生择业时考虑的因素按重要程度依次是：能否发挥自身才能、经济收入、单位前景、工作环境。他们希望就业单位提供的最重要的条件包括发展机会、深造机会、工资待遇。“发挥自身才能”已成为当代大学生择业时考虑的首要因素，这说明大学生求职观念更加灵活，择业不再一味追求金钱和物质利益，而是更注重个人兴趣爱好、能力的发挥和事业的发展。

(2) 外部人力资源的供给渠道。

外部人力资源的供给渠道主要有：大中专院校应届毕业生、复员转业军人、技术职业院校毕业生、失业人员、流动人员、其他组织在职人员等。

其中，大中专院校应届毕业生的供给比较确定，主要集中在夏季，且数量以及每个人的专业、层次、学历均可通过相关部门获取，预测工作相对简单。复员转业军人由国家指令性计划安排，对于组织而言也较易预测。其他组织在职人员的预测需要综合多方面的因素，如社会心理、个人情况、组织经济实力及福利待遇等。组织应通过与其他类似组织的横向比较，为外部人员的预测提供准确的资料。失业人员、流动人员的预测比较困难，在预测过程中必须考虑城镇失业人员的就业心理、国家就业政策等多种因素。

2. 人力资源供给预测的步骤

人力资源供给预测主要包括以下几个步骤：

(1) 对企业现有的人力资源进行盘点，了解企业员工队伍的现状。

(2) 分析企业的岗位调整和历史员工调整数据，统计出员工调整的比例；向各部门的人事决策人了解可能出现的人事调整情况，据此得出企业内部人力资源供给预测值。

(3) 分析影响外部人力资源供给的地域性因素及全国性因素，并依据分析结果，得出

企业外部人力资源供给预测值。

(4) 将企业内部人力资源供给预测值和外部人力资源供给预测值进行汇总，得出企业人力资源供给预测值。

3. 企业人力资源现状分析

企业人力资源现状分析的内容包括人员基本情况分析、人员流动分析、人员数量分析、人员素质分析和人员年龄结构分析等方面。

1) 人员基本情况分析

核查现有人力资源的基本信息，其内容包括以下几个方面。

(1) 个人自然情况，包括姓名、年龄、性别等。

(2) 录用资料，包括合同签订的时间、管理经历、技术水平等。

(3) 教育资料，包括受教育程度、专业领域和各类培训资格证书等。

(4) 工资资料，包括工资类别、工资等级、工资额等。

(5) 工作执行评价资料，包括上级的评价等级、评价报告等。

2) 人员流动分析

所谓企业的人力资源流动情况，是指企业内人员职务的升降情况，工作岗位间的人员变动情况，退休、工伤离职或病故情况，以及人员流入流出的情况。一般而言，一个企业内较简单的工作岗位上绝大多数员工都是从外部招聘的，即流入；而大部分管理人员和专业技术人员等，则可能是通过对本组织内较低层次的员工进行培训后提升的(即内部流动)，也可能是从外面招聘的(即外部流动)。

人员流动分析

因此，一个企业中现有职工的流动可能存在以下几种情况：滞留在原来的工作岗位上；平行岗位的流动，即平行性流动；在组织内的提升或降职变动；辞职或被开除出本组织(流出)；退休、工伤或病故。

人力资源流动率是衡量人力资源流动的一个重要指标，是指一定时期内人力资源变动(离职和新进)量与员工总数的比率。人力资源流动率是考察企业员工队伍是否稳定的重要指标。由于其直接影响到组织的稳定和员工的工作情绪，必须加以严格控制。适度的人力资源流动率是保证组织新陈代谢的条件，但过度的人力资源流动却是不可取的。由于人力资源流动率受到多种因素的影响，因此计算方法较多，下面介绍三种常用的指标。

(1) 人员离职率。

人员离职率等于某一单位时间(如以月为单位)内的离职人数除以工资在册平均职工人数，然后乘以 100%，即

$$\text{人员离职率}=\frac{\text{离职人员数量}}{\text{工资在册平均职工人数}}\times 100\% \tag{1-1}$$

离职人员数量包括辞职、辞退、除名、调离、离退休人员的数量，工资在册平均职工人数是指月初职工人数加月末职工人数后除以 2 所得的人数。人员离职率可用来测量人力资源的稳定程度。其之所以通常以月为单位，是因为如果以年度为单位，就需要考虑季节

与周期变动等因素，故较少采用。

例题 1-1　某公司 3 月份月初工资在册职工人数是 200 人，月末工资在册职工人数是 210 人，本月辞职 1 人，辞退 3 人，除名 2 人，新招聘 16 人。要求计算离职率。

解　本月工资在册平均人数$=\dfrac{200+210}{2}=205$(人)

$$\text{离职率}=\frac{1+3+2}{205}\times100\%\approx2.93\%$$

(2) 人员新进率。

人员新进率等于某一单位时间内的新进人员数量除以工资在册平均职工人数，然后乘以 100%，即

$$\text{人员新进率}=\frac{\text{新进员工数量}}{\text{工资在册平均职工人数}}\times100\% \tag{1-2}$$

例题 1-2　某公司 9 月份月初工资在册人数是 500 人，月末工资在册人数是 520 人，本月退休 4 人，调离 2 人，调入 5 人，新招聘 21 人。要求计算新进率。

解　本月工资在册平均人数$=\dfrac{500+520}{2}=510$(人)

$$\text{新进率}=\frac{5+21}{510}\times100\%\approx5.10\%$$

(3) 人员净流动率。

人员净流动率等于一定时间内补充人员数量除以工资在册平均职工人数，然后乘以 100%，即

$$\text{人员净流动率}=\frac{\text{补充人员数量}}{\text{工资在册平均职工人数}}\times100\% \tag{1-3}$$

所谓补充人员数量，是指为补充离职人员所雇佣的人数。

人员净流动率作为测量企业内部员工稳定程度的尺度，其大小与企业人力资源政策及劳动关系有着密切的关系。若流动率过大则表明人员不稳定，劳动关系存在比较严重的问题，可能导致企业生产效率降低，以及企业挑选、培训新进人员成本的增加。反之，若流动率过小，又不利于企业的新陈代谢，不能使企业保持活力。因此，人力资源不可没有变化，但变化又不能过大。实践表明，企业只有维持适当的人员净流动率，才能保证其稳定与发展。

3) 人员数量分析

人员数量分析的重点在于了解现有人力资源的数量是否与企业的工作量相匹配，也就是审查组织现有人力资源的配置是否符合工作需要。对企业人员数量进行分析的方法有以下几种。

(1) 工作量方法。

工作量方法是以工作说明书为基础，来测算各岗位所需的人力资源状况。

在进行工作量分析时，应对该岗位的工作项目内容、发生的频率和所用的时间等进行

调查，并以此为基础，计算其工作总量。然后，用每月的总工作量除以每人每月工作量，即可计算出每个岗位所需的人力。

$$需要人员数量=\frac{每月总工作量}{每人每天工作量\times每月工作日数} \tag{1-4}$$

例题 1-3　某高校某课程一个月需要讲授800课时，每位教师每天可讲授4课时，每月工作20天，要求计算该课程需要的教师人数。

解　每位教师一个月能够承担的教学工作量 = 4 × 20 = 80(课时)

$$需要教师人数=\frac{800}{80}=10\,(人)$$

(2) 时间动作分析法。

时间动作分析法是指到工作现场测量工作人员从事某一项工作或进行某一项操作所需要的时间，在考虑到工作人员因私事、疲劳延误工作等情况所需要时间的情况下，求出此项工作在正常技能、努力程度与工作环境等状况下的标准时间，再据此估计出所需要的标准人力。这种方法往往用来测定企业生产岗位上所需的人员数量。

$$需要人员数量=\frac{标准时间\times每天的业务目标量}{每人每天工作时间} \tag{1-5}$$

例题 1-4　某公司制作一件玩具的标准时间是2小时，每天的业务目标量是800件，每人每天的工作时间是8小时，要求计算该玩具制作岗位所需要的人员数量。

解　玩具制作岗位所需要的人员数量$=\frac{2\times800}{8}=200\,(人)$

(3) 工作抽样法。

工作抽样法是统计学中的一种推理方法，是应用统计学的统计概率原理，以随机抽样的方式，测定某个部门在一定时间内实际从事工作所占规定时间的百分比，再用此百分比测知人力运用的效率。此法不但可用来测定生产岗位所需的人力，对其他重复性的工作测定也有较好的效果。

(4) 工作成果分析系统法。

工作成果分析系统法是指对某一工作岗位上的一个月或两个月时间内每日工作的名称、工作时间及工作量进行详细的记录，从记录中可以了解某个工作岗位上的工作人员在某一时间可完成哪些工作量，并设定其标准工作时间及所需的人力，此法对测算重复性的工作很有用处。

(5) 管理幅度推算法。

管理幅度推算法比前面所述的方法都容易，它是依据管理幅度来推算人员数额的。所谓管理幅度，是指一位管理人员能够直接有效管理的下属人数。组织的政策越明确，管理幅度越可适当加宽。

4) 人员素质分析

人员素质分析即分析现有员工的业务知识水平和能力状况。人员素质分析的要点可以概括为两个方面：一是确保人员素质与工作内容相匹配；二是全面提高员工素质。

(1) 确保人员素质与工作内容相匹配。

在一个企业中，需要关注两种现象：一部分员工可能因能力不足，难以胜任目前的工作，从而影响了组织的工作效率；也可能有一部分人员有能力，但尚未被充分利用，这样不但浪费了人力，而且会导致这部分人的不满或跳槽。因此，为了达到适才适用的目的，必须使员工的素质与现在或未来的工作内容相匹配。

(2) 全面提高员工素质。

企业的管理人员，在重视提高员工的文化知识和技能素质的同时，也必须积极地提高员工的道德精神素质，以使员工保持高昂的士气。提高企业员工素质的方法有两种：一是对员工进行工作轮换和培训教育；二是进行工作分析，拟定详细的工作规范等。

5) 人员年龄结构分析

通过对人员的年龄结构进行分析，可以了解企业人员的年龄分布状况，以发现企业员工的年龄结构是否有老化现象。

一般而言，年龄增长具有两重性。一方面，随着年龄的增长，人们的经验和知识都在增加，其能力亦相应增加；但另一方面，其吸收新知识、新技能的愿望和能力亦相应降低，往往难以适应环境变化的需要。为此，企业员工的年龄结构要适当调整，防止老化现象。

正常情况下，企业员工的年龄结构分布为金字塔结构时是较为理想的。金字塔的顶端代表即将退休的人数(50～60 岁)，底部代表 18～25 岁的人数，而企业员工的平均年龄为 34～36 岁之间较为理想。

4. 人力资源内部供给预测的方法

一般情况下，企业内部人员拥有量是明确的，预测的准确程度较高；而外部人力资源的供给则无法掌握，难以预测。所以，企业应该把预测的重点放在内部人员拥有量的预测上，外部供给量的预测则应侧重于关键人员，如高级管理人员、技术人员等。适合企业内部人员供给量预测的方法主要有以下几种。

1) 知识技能清单法

知识技能清单描述的是个人的知识、技能、经验，是用来反映员工能力特征的列表，如表 1-4 所示。它是对员工竞争力的反映，可用于决定哪些员工去补充企业当前空缺、员工调换工作的可能性大小；还可用于员工的晋升、接班、分配、调动、奖励的分析。一般而言，企业中员工的知识技能档案应包括下列内容：

(1) 基本资料：姓名、年龄、性别、结婚与否等。

(2) 知识技能资料：教育程度、工作经验与担任过的职务等。

(3) 本组织资料：福利、退休、年功等。

(4) 个人能力：心理测验及其他测验成绩、健康情况等。

(5) 报酬资料：现在与过去的工资、调薪日期等。

(6) 工作偏好：地理位置、职务类型或其他嗜好等。

表 1-4　知识技能清单

<table>
<tr><td colspan="2">姓名：</td><td>性别：</td><td>出生年月：</td><td>填表日期：</td></tr>
<tr><td colspan="2">所属科室：</td><td>岗位：</td><td>职称：</td><td>到职日期：</td></tr>
<tr><td rowspan="4">文化程度</td><td>类别</td><td>毕业日期</td><td>学校</td><td>专业</td></tr>
<tr><td>专科</td><td></td><td></td><td></td></tr>
<tr><td>本科</td><td></td><td></td><td></td></tr>
<tr><td>研究生</td><td></td><td></td><td></td></tr>
<tr><td rowspan="2">技能</td><td colspan="2">技能种类</td><td colspan="2">所获证书</td></tr>
<tr><td colspan="2"></td><td colspan="2"></td></tr>
<tr><td rowspan="3">培训经历</td><td>培训日期</td><td>培训内容</td><td>培训证书</td><td>培训机构</td></tr>
<tr><td></td><td></td><td></td><td></td></tr>
<tr><td></td><td></td><td></td><td></td></tr>
<tr><td>特长</td><td colspan="2">有何特长：</td><td colspan="2">级别：</td></tr>
<tr><td rowspan="4">员工意愿</td><td colspan="2">你是否愿意接受调配以担任其他工作？</td><td>是</td><td>否</td></tr>
<tr><td colspan="2">你认为自己是否应进一步提高现有的工作技能？</td><td>是</td><td>否</td></tr>
<tr><td colspan="2">你是否愿意接受工作轮换以丰富工作经验？</td><td>是</td><td>否</td></tr>
<tr><td colspan="2">如果可能，你愿意从事哪类工作？</td><td colspan="2"></td></tr>
<tr><td colspan="3" rowspan="2">你认为自己需要接受何种训练？</td><td colspan="2">改善目前的技能和绩效的训练：</td></tr>
<tr><td colspan="2">晋升所需的经验和技能训练：</td></tr>
<tr><td colspan="3">你认为自己可以接受何种工作？</td><td colspan="2"></td></tr>
<tr><td colspan="2">员工签名：</td><td>部门主管签名：</td><td colspan="2">人力资源部签名：</td></tr>
</table>

建立员工的知识技能档案有两个明显的好处：第一，可以建立系统的员工晋升顺序资料，使员工知道自己也有晋升的机会；第二，有利于员工明确自己的发展方向，了解自己要晋升仍需在哪些方面做出努力。

国内外已有许多企业建立了比较健全的员工知识技能档案资料，特别是随着技术的发展，用计算机系统建立员工档案已相当普及。这样既有利于管理人员随时找到组织所需要的员工资料，也可以随时了解组织内的人力资源供给状况。

2) 人员替代法

人员替代法又称管理人员置换图法或管理人员接替图法，是通过一张人员替代图来预测组织内的人力资源供给的方法。IBM 公司、GE 公司自 20 世纪 60 年代以来均采用了这类方法来进行内部人力资源的供给预测。

这一方法的操作过程是：确定计划包括的工作岗位范围，确定每个关键职位上的接替人选，评价接替人选目前的工作情况和是否达到提升的要求，确定职业发展需要，并将个人的职业目标与组织目标相结合。其最终目标是确保组织未来能够有足够的合格的管理人员的供给。

人员替代法将每个工作职位均视为潜在的工作空缺，而该职位下的每个人均是潜在的供给者。人员替代法以员工的绩效作为预测的依据，当某位员工的绩效过低时，组织将采取辞退或调离的方法，而当员工的绩效很高时，他将被提升并替代他上级的工作。这两种情况均会产生职位空缺，其工作则由其下属替代。人员替代图中(如图 1-2 所示)给出了部门、职位名称、在职员工的现状和潜力。从图中我们可以清楚地看到组织内人力资源的供给与需求情况，这为人力资源规划提供了依据。

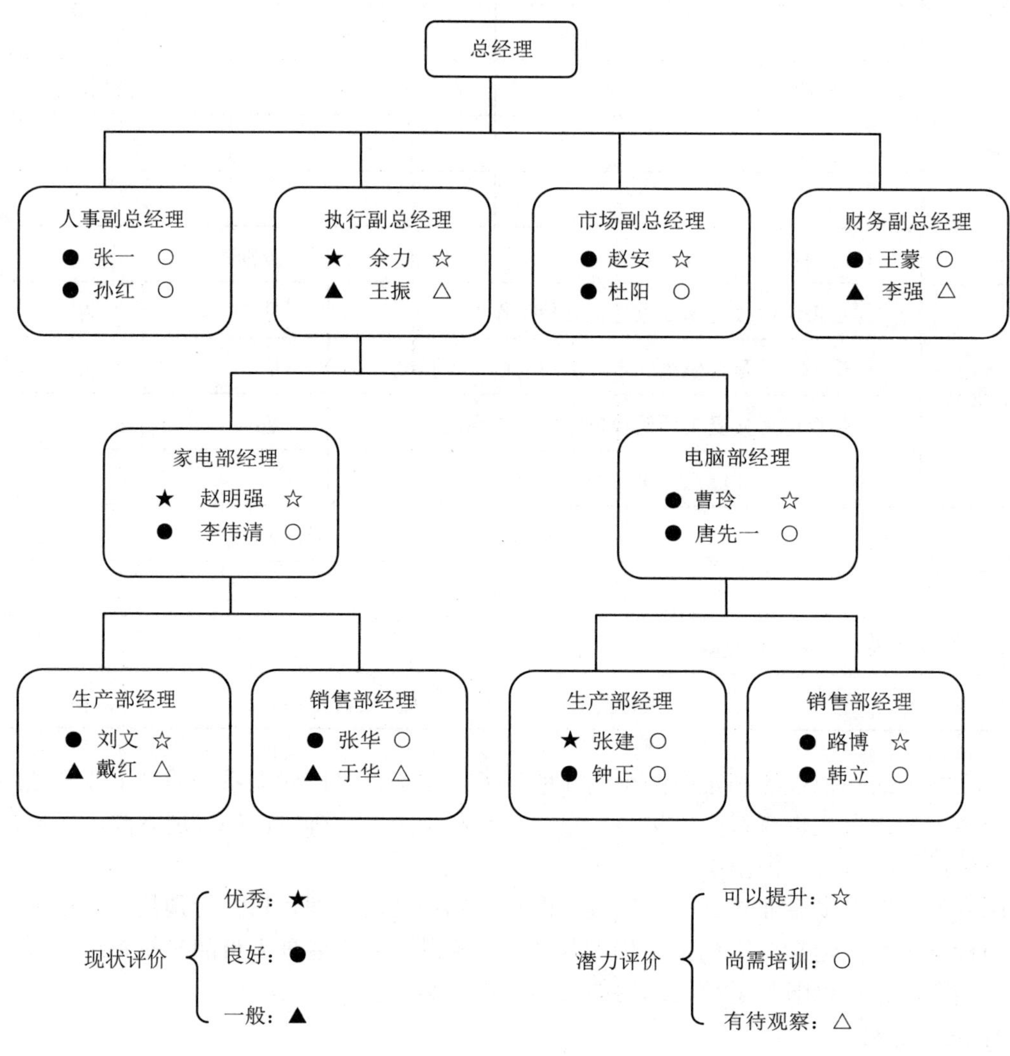

图 1-2 管理人员替代图

通过多张人员替代图可以设计出企业的管理人员接替模型，如图 1-3 所示。

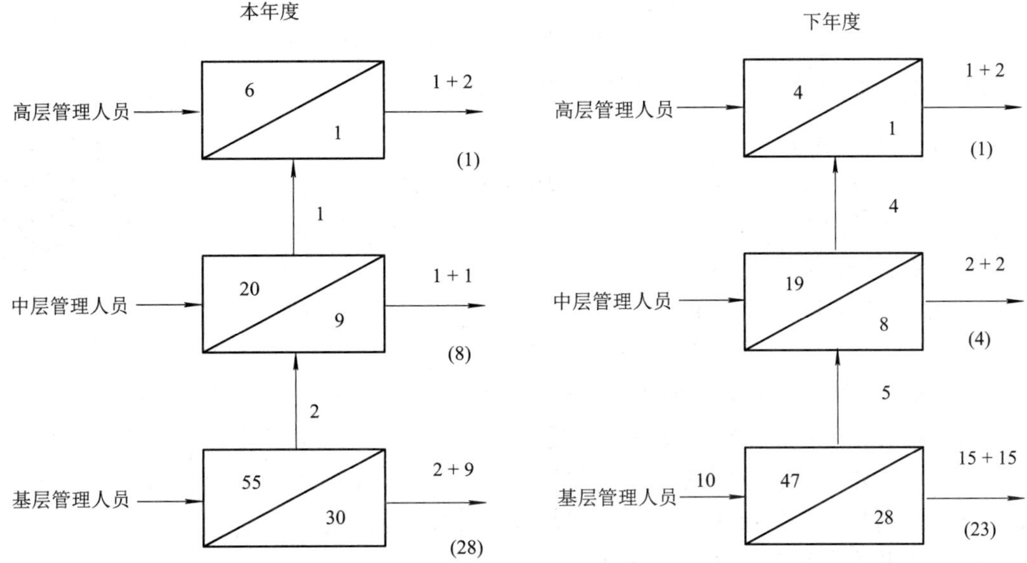

图 1-3　管理人员接替模型

备注：

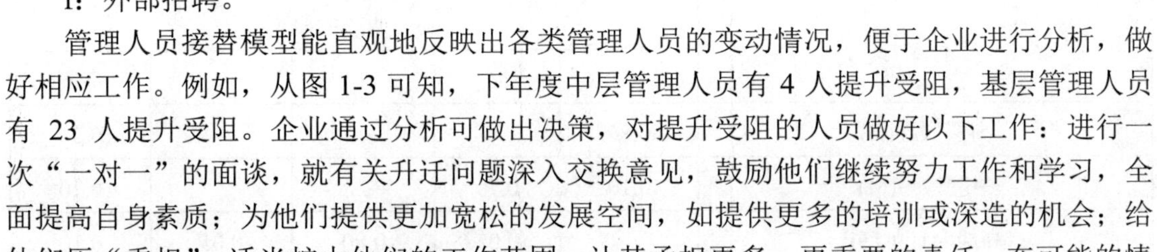

A：现有人数。

B：可提升人数。

a：将提升到上一层次。

b：将提升到本层次。

c：退休。

d：辞职。

e：提升受阻。

f：外部招聘。

管理人员接替模型能直观地反映出各类管理人员的变动情况，便于企业进行分析，做好相应工作。例如，从图 1-3 可知，下年度中层管理人员有 4 人提升受阻，基层管理人员有 23 人提升受阻。企业通过分析可做出决策，对提升受阻的人员做好以下工作：进行一次“一对一”的面谈，就有关升迁问题深入交换意见，鼓励他们继续努力工作和学习，全面提高自身素质；为他们提供更加宽松的发展空间，如提供更多的培训或深造的机会；给他们压“重担”，适当扩大他们的工作范围，让其承担更多、更重要的责任，在可能的情况下，即使不升职也可以提高他们的薪资等级等。

TIPS!

人 才 地 图

麦肯锡早在 1997 年就提出了“人才争夺战”的概念，企业想要赢得这场人才争夺战，绘制一张企业的“人才地图”至关重要。人才地图分对内和对外两种。对内就是指能够帮助企业明确关键人才发展的现状，了解关键人才的整体优势、弱势的战略地图，它可以方便企业构建人才发展体系，为内外部人才招聘和选拔提供标准及依据，进而提高组织效能和业绩。对外就是通过系统了解、绘制、掌握外部关键人才的区域分布，掌握人才所在公司、资历、背景、薪酬及人才兴趣点、跳槽动机等，其目的就是引进人才。

3) 马尔可夫分析法

马尔可夫分析法

马尔可夫分析法可以用来计算组织人力资源的数量和种类，还可以用来分析员工在一段时间内由一个职务调至另一个职务的变动概率。马尔可夫分析法的具体步骤如下：

(1) 根据历史资料，计算出每一类的每一员工流向另一类或另一级别的平均概率。

(2) 根据每一类员工流向其他类或其他级别的概率，建立一个人员变动矩阵表。

(3) 根据组织年底的种类人数和人员变动矩阵表，预测第二年组织可以提供的人数。

下面以一个会计师事务所的人员变动为例进行说明。表 1-5 显示该会计师事务所中有四类人员，分别是高层领导(G)、中层领导(M)、高级会计师(S)、会计员(Y)。在任何一年里，该会计师事务所的人员变动情况如下：

(1) 平均 80%的高层领导仍留在公司内，有 20%退出。

(2) 中层领导中有 70%留任原职，10%晋升为高层领导，20%离职。

(3) 高级会计师中有 80%留任原职，5%流动到中层领导岗位，5%流动到会计员岗位，10%离职。

(4) 会计员中有 65%留任原职，15%被评为高级会计师，20%离职。

用这些历史数据来代表每一种人员变动率，就可以推测出未来的人员变动(供给量)情况。将计划初期每一种人员数量与每一种人员变动率相乘，然后纵向相加，就可以得到公司内未来人员的净供给量，从而确定公司的人员内外部补充需要量计划。

表 1-5　某会计师事务所内部人员供给马尔可夫分析表

职位名称		人员调动的概率				
		G	M	S	Y	离职
高层领导(G)		0.80				0.20
中层领导(M)		0.10	0.70			0.20
高级会计师(S)			0.05	0.80	0.05	0.10
会计员(Y)				0.15	0.65	0.20
职位名称	初期人员数量	G	M	S	Y	离职
高层领导(G)	40	32				8
中层领导(M)	80	8	56			16
高级会计师(S)	120		6	96	6	12
会计员(Y)	160			24	104	32
预计人员供给量		40	62	120	110	68

从表中可知，如果下一年与上一年相同，可以预计下一年将有同样数量的高层领导人(40 人)，以及相同数量的高级会计师(120 人)，但是中层领导人员的数量将减少 18 人，会计员将减少 50 人。这些人员变动的数据，与正常人员的扩大、缩减或维持不变的计划相结合，可用来决策怎样使预计的劳动力供给与需求相匹配。

此外，马尔可夫矩阵还有助于企业对计划期内人力资源管理的重要决策提供依据。例如，公司的中层领导每年平均的离职率在 20%，那么这一职位在将来会出现短缺的现象，据此公司应提出以下具体的对策：

(1) 查明公司中层领导离职率高的原因，采取必要的措施以尽快降低离职率。

(2) 加大对公司高级会计师的培训力度，使他们尽快地晋升为中层领导。

(3) 采用多种方式，广开人员补充的渠道，吸引更多的专业人才填补岗位空缺。

任务演练

1.2 任务演练

请预测大华公司下一年度各岗位人力资源的供给情况。

任务实施

某商场有五类人员：商店经理(P)、商店经理助理(M)、地区经理(S)、部门经理(J)和销售协会成员(E)。在任何一年里，商店经理中有 90%仍留在该商场，余下 10%离职；商店经理助理中有 83%仍在原职，12%成为商店经理，5%离职；地区经理中有 66%仍在原职，11%晋升为商店经理助理，8%降为部门经理，15%离职；部门经理中有 73%仍留在原职，10%晋升为地区经理，2%降为销售协会成员，15%离职；销售协会成员中有 74%仍留在原职，6%晋升为部门经理，20%离职。

请用马尔可夫分析法分析该商场人力资源的供给情况，并给予必要的分析说明。

任务 1.3　人力资源需求预测

情境导入

有关人员收集到的大华公司关于人力资源需求的资料如下：

(1) 生产任务和产品工时定额资料如表 1-6 所示。

表 1-6　生产任务和产品工时定额

产品型号	计划产量/套	生产部工时定额/(小时/套)	组装部工时定额/(小时/套)	品质部工时定额/(小时/套)	备注
PH101	120000	0.3	1.5	0.5	原有订单和销售预测
FX101	180000	0.4	1.8	0.5	
FX102	90000	0.5	2.0	0.6	
MP101	100000	0.2	1.6	0.6	新订单

(2) 工作时间和工作效率资料。

大华公司每年正常工作时间为 250 天，根据生产需要可以安排加班，平均每天上班时间为 9 小时。由于转产或工人休息会损失一定的工时，工时效率为 90%。

(3) 人员比例的统计资料。

据统计，其他部门的辅助工人共占一线生产工人的 8%，基层管理人员占所有工人比例的 12%，主管级管理人员占所有工人的 4%，经理级管理人员占所有工人的 1%。

知识链接：人力资源需求预测概念及方法

1. 人力资源需求预测的概念

人力资源需求预测是指以企业的战略目标、发展规划和工作任务为出发点，综合考虑各种因素的影响，对企业未来人力资源的数量、时间等进行估计的活动。它是制定人力资源规划的核心和前提条件，其准确性对规划的成效有决定性的作用。预测的基础是企业发展规划和企业年度预算。

人力资源需求预测的影响因素大致可分为三类：组织外部因素、组织内部因素及人力资源自身状况，具体内容见表 1-7 所示。

表 1-7　人力资源需求预测影响因素表

组织外部因素	组织内部因素	人力资源自身状况
经济环境 技术环境 竞争对手情况	战略规划 业务量 预算	退休 辞职 解聘

(1) 组织内部因素。

组织的战略规划决定了组织的发展速度、新产品开发、产品市场覆盖率等各方面，因此它是组织内部影响人力资源需求最重要的因素。组织业务量、预算等因素发生变化时，都会对人力资源需求产生直接的影响。影响企业人力资源需求数量和质量的组织内部因素主要包括：

① 企业生产技术与设备的更新。企业生产技术水平的提高、设备的更新，会提高生产效率，从而使企业所需要的人员数量减少；同时，企业对人员的知识、业务技能的要求

也会越高。

② 企业规模的变化。如果企业的业务范围扩大或业务范围压缩，或者企业增加新的业务种类或放弃旧的业务种类，都会对人力资源需求的数量和结构产生影响。企业规模扩大或缩小，人力资源就需要增加或减少。

③ 企业经营方向的变化。企业经营方向的变化也会影响企业人力资源的需求并使其发生改变。比如，服装企业转向房地产行业，或者军工企业转向民用企业，从一个行业转向另一个行业就必须增加相关人员，否则就无法适应新市场。

(2) 组织外部因素。

组织外部因素对企业人力资源需求的影响，多是通过影响内部供给或内部因素而起作用的。影响人力资源需求的组织外部环境因素主要包括经济环境、技术环境、竞争对手情况等。经济环境的变化会影响到企业的规模和经营方向。技术环境的变化会影响到企业的技术和设备，这就间接地影响了企业的人力资源需求。竞争对手之间的人才竞争，则会造成企业间的人才流动，流出人才的企业就会产生新的需求。

(3) 人力资源自身状况。

组织人员的自身状况对其人力资源需求量也有重要影响，如退休、辞职、解雇人员的数量，合同期满后终止合同的人员数量，工伤、休假人数等都直接影响人力资源需求量。

2. 人力资源需求预测的程序

1) 预测企业未来的生产经营状况

企业未来的生产经营状况从根本上决定着企业的人员需求。反映企业未来生产经营状况的文件有：生产、销售、经营方面的各种计划、报表和数据，职能岗位的增减资料，产品结构改变的资料，生产率变化的资料。一般来说，从企业发展战略规划文件中可以直接看到未来生产、销售、经营方面的数据而不用费力去预测。根据以上资料中的数据，就可以知道为了完成以上任务至少需要多少人力资源。

2) 估计各职能活动的总量

各职能活动的总量是指生产总量、销售总量等。未来生产经营目标的实现，依赖于各职能活动，因而必须估算各职能活动的工作总量，以及不同活动在不同层次的工作量的分布状况。由于这些职能活动是在不同层次的员工中展开的，因而在总工作量确定后，应将其分配到不同层次的岗位上。

例如：根据以往销售活动资料的统计分析，我们得到每销售千元货物需要 0.3 人/小时，若在未来第五年预计销售额是 2100 万元，则可得到 7 万人/小时的销售活动总量。此时，若不考虑其他因素的影响，则可估算出销售人员需求量为 29 人(按 300 工作日计算)。

但是，仅有各职能未来活动总量的估算还是不够的，因为这些活动是不同质量或等级的。因此，在总量确定以后，还要将其分配到该职能的不同层次上。还以上例为准，我们可以把销售活动总量分配到推销、市场研究、宣传广告、销售管理等不同层次上，从而为确定各类销售人员需求量预测提供基础。

3) 确定各职能及各职能内不同层次类别人员的工作负荷

各职能内人员由于层次不同、水平不同、类别不同，工作负荷自然也不同，所以必须确定不同人员能做多少事情。由于生产技术和设备的改善，工作效率是不断提高的，因此必须考虑各种因素变化对工作效率的影响，以及其对工作负荷的大小造成的影响。

在不同条件下工作效率与工作负荷的相关性是不同的。例如，生产员工的工作效率会因为新技术的引进等原因而提高，同时工作负荷(劳动强度)会减少；还有可能因为需要做出更多的产品，工作负荷(劳动产品)保持不变。销售人员尽管提高了工作效率，但由于公司要求销售人员不断提高销售量，导致销售人员工作负荷(劳动强度)不断提高。

4) 确定各职能活动及各职能活动内不同层次类别人员的需求量

若以上预测活动的结果可靠，这一步就相当简单了，只需进行简单的转换即可。有一点需要注意，预测要留有充分的余地，以防不测。

3. 人力资源需求预测的方法

企业人力资源需求的预测受不确定因素的影响比较大，其具体方法多种多样，大致可以分为定性预测和定量预测两大类。

1) 人力资源需求预测的定性方法

(1) 经验推断法。

经验推断法是指企业各级管理者根据自己工作的经验和企业业务量的增减情况，结合员工的生产能力、销售能力和管理能力等特点，预测本组织将来某段时间内对人力资源的需求。例如，企业参照以往相关资料得知，一个纺纱车间的工人一般可以管理 20 台纺纱机，那么，就可以根据纺纱机的增减数量来预测纺纱工人需求的数量。经验推断法可以采用“自下而上”和“自上而下”两种方式。“自下而上”就是由直线部门经理向自己的上级主管提出用人要求和建议，征得上级主管的同意；“自上而下”就是由公司经理先拟定出公司总体的用人目标和建议，然后由各级部门自行确定用人计划。最好是将“自下而上”与“自上而下”两种方式结合起来运用：先由公司提出员工需求的指导性建议；再由各部门按公司指导性建议的要求，同人力资源部门、工艺技术部门、员工培训部门确定具体用人需求；最后，由人力资源部门汇总并确定全公司的用人需求，形成员工需求预测，交由公司经理审批。

需要注意的是，做出预测的不同管理者的经验是有所差别的，被预测的员工的能力大小也是不同的，因而预测的结果可能也有所不同，需要适当调整。这种方法适用于短期预测和规模小的企业的人力资源预测，生产经营稳定的企业也可以采用此种方法。

(2) 德尔菲法(专家预测法)。

德尔菲法又称专家预测法，是由有经验的专家在充分掌握与问题有关的资料的状态下，完全独立地对人才需求进行直觉判断并不断修正的预测方法，是一种简单、常用的主观判断预测方法。这种方法一般采用问卷调查或小组面谈的形式听取专家们对未来有关因素趋向的分析意见和应采取的措施，并通过多次反复以使他们在重大问题上取得较为一致的意见和看法。专家包括企业外部和企业内部对所研究的问题具有发言权的所有人员。这种方法适用于长期预测，调查对象往往采用背对背的形式开展预测。

德尔菲法的基本流程是：将有关人才需求的问题及相关资料分别寄给不同专家单独回

答，意见回收后，将专家们的意见归纳在一起并将综合结果反馈给所有的专家。如果专家重新修正自己的观点或不同意其中的观点，可以再回收、再归纳反馈、再修正，直到专家意见趋于一致。这样，通过让专家独立思考，并经过多次反复，往往能够收集到具有独创性且可行的意见。德尔菲法的实施过程如图 1-4 所示。

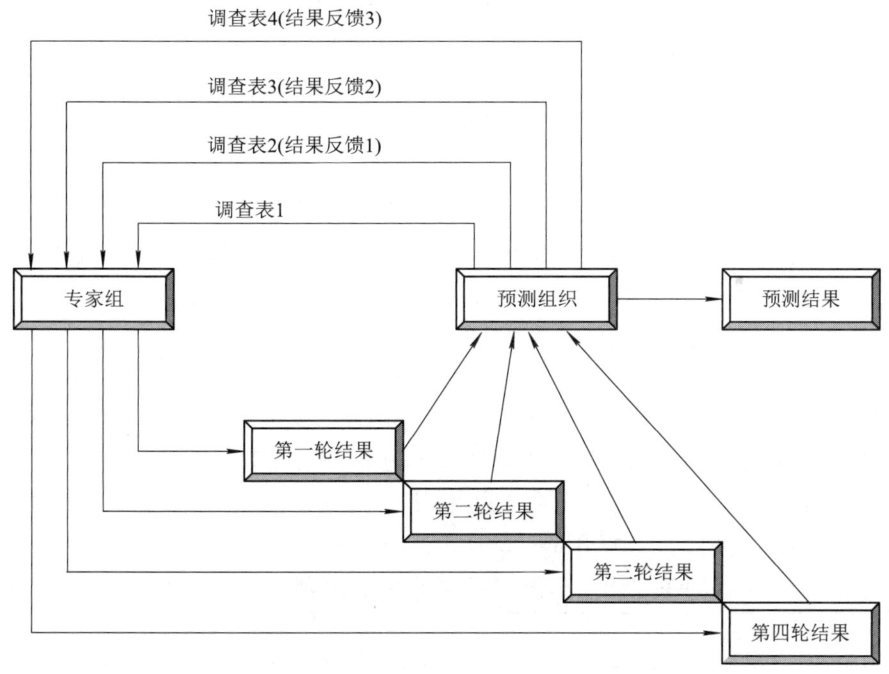

图 1-4　德尔菲法的实施过程

2) 人力资源需求预测的定量方法

(1) 转换比率法。

当需要对一个组织内的多个部门进行预测时，可采用转换比率法。企业人力资源需求分析实际上是要揭示未来的经营活动所需要的各种员工的数量。企业经营活动规模的估计方法是：

$$经营活动=人力资源的数量 \times 人均生产率$$

例如，销售收入=销售员的数量 × 每位销售员的销售额；产出水平=生产的小时数 × 单位小时产量；运行成本=员工的数量 × 每位员工的人工成本等。

转换比率法的目的是将企业的业务量转换为对人力的需求，这是一种适用于短期需求预测的方法。以一所大学的商学院为例，假设当学生的数量增加一个百分比时，就相应地要求教师的数量增加一个百分比，同时职员的数量也需要相应地增加一个百分比，否则难以保证学生培养的质量。这实际上是根据组织过去的人力资源需求数量同某个影响因素的比率来对未来的人力资源需求进行预测。类似的还有根据过去销售额与销售人员数量的比率来预测未来的销售业务量对销售人员的需求等。其计算公式为

$$人力资源的数量=\frac{业务总量}{人均业务量(生产率)} \tag{1-6}$$

需要指出的是，转换比率法假定组织的劳动生产率是不变的。如果考虑到劳动生产率的变化对员工需求量的影响，可使用下面的计算公式：

$$人力资源的数量=\frac{目前业务量+业务量增长量}{人均业务量\times(1+生产率的增长率)} \tag{1-7}$$

例题 1-5 某学校学生数量达到了 4000 人，由于教师参加了培训，教学效率在人均承担 40 名学生的基础上提高了 20%，请问需多少教师？

解 $$所需教师人数=\frac{4000}{40\times(1+20\%)}\approx 83\,(人)$$

(2) 工作负荷预测法。

工作负荷预测法的实施步骤为：根据历史数据，先算出某一特定工作的单位时间(如每天)内每人的工作负荷(如产量)，再根据未来的生产量目标计算出所要完成的总工作量，最后根据前面的工作负荷标准折算所需的人力资源数量。其计算公式为

$$人力资源的数量=\frac{每年工作的总工作量}{每年每人的工作量} \tag{1-8}$$

例题 1-6 日新公司是一个电子企业，打算年内新设立一个车间，其中有 A、B、C、D 四类工作，这四类工作的劳动定额分别为 0.5 小时/件、2.0 小时/件、1.5 小时/件、1.0 小时/件，公司未来三年每一类工作的产量如表 1-8 所示。假设每位员工每年工作 250 天，每天工作 8 小时，出勤率为 90%，请预测未来三年所需的最低人数。

表 1-8 日新公司新车间的产量估计

工作类别	劳动定额/(小时/件)	第一年工作量/件	第二年工作量/件	第三年工作量/件
A 工作	0.5	12000	12000	10000
B 工作	2.0	95000	100000	120000
C 工作	1.5	29000	34000	38000
D 工作	1.0	8000	6000	5000

解 第一步：已知四类工作的劳动定额分别为 0.5 小时/件、2.0 小时/件、1.5 小时/件、1.0 小时/件，公司未来三年每一类工作的产量如表 1-8 所示。

第二步：工作时数 = 产量(件数) × 劳动定额(小时/件)，将以上产量折算为四类工作的时数，结果如表 1-9 所示。

表 1-9 日新公司新车间四类工作时数

工作类别	劳动定额/(小时/件)	第一年时数/小时	第二年时数/小时	第三年时数/小时
A 工作	0.5	6000	6000	5000
B 工作	2.0	190000	200000	240000
C 工作	1.5	43500	51000	57000
D 工作	1.0	8000	6000	5000
每一年合计总工作时数/小时		247500	263000	307000

$$\text{第三步：人力资源的数量} = \frac{\text{每年工作的总工作时数}}{\text{每年每人的工作时数}}$$

$$\text{每位员工每年工作时数} = 250\text{天} \times 8\text{小时/天} \times 90\%(\text{出勤率}) = 1800\text{小时}$$

因此，第一年所需的人数为$\dfrac{247500}{1800}\approx 138$(人)。

同理，第二年所需的人数为$\dfrac{263000}{1800}\approx 147$(人)。

第三年所需的人数为$\dfrac{307000}{1800}\approx 171$(人)。

(3) 人员比率法。

采用人员比率法时，首先应计算出企业历史上某一类岗位人员与另一类岗位人员(如生产人员与管理人员)的比例依存关系，然后再根据可预见的变量计算出所需的各类人员数量。这种方法假设，过去的人员数量与配置是完全合理的，而且生产率不变，其应用范围有较大的局限性。过去管理基础较差的企业，可以参考标杆企业的一般情况。其计算公式如下：

$$\text{某类岗位人员需求量} = \text{预测期内另一岗位人员总量} \times \text{本岗位人员与另一岗位人员的比值} \quad (1\text{-}9)$$

例题 1-7 某企业计划扩大生产规模，已知条件如下：

(1) 该企业在过去五年中机床操作人员、机床维修人员、基层管理人员的人数比例一直是 60∶10∶7。

(2) 该企业明年计划需要新机床操作人员 600 人。

(3) 该企业生产效率不变。

(4) 该企业组织结构不变。

请问，该企业明年至少应补充多少机床维修人员和管理人员？

解 (1) 生产效率不变、组织结构不变，说明该企业的机床操作人员、机床维修人员和基层管理人员的人数构成不变，还是 60∶10∶7。

(2) 由扩大生产规模引起的需要补充的机床维修人员数=600 × (10/60)=100(名)。

(3) 由扩大生产规模引起的需要补充的基层管理人员数=600 × (7/60)=70(名)。

答：该企业明年至少应补充 100 名机床维修人员和 70 名基层管理人员。

任务演练

请预测大华公司下一年度各岗位人力资源需求状况。

1.3 任务演练

任务实施

A 公司是一家连锁餐饮企业，共有 15 家连锁店，去年年底有员工 508 人，单店年平均销售额为 1000 万，年销售总额为 1 亿 5 千万元。今年公司决定在全国新开 20 家店，年销售额预计达到 4 亿元。为了达到公司的战略目标，该公司的人力资源部根据现有的门店人力资源状况，制定了今年的人力资源规划。这份人力资源规划显示：A 公司今年预计新

增人员 892 人，即员工总数达到 1400 人。A 公司人力资源需求预测的逻辑是：上一年，公司有门店 15 家，单店平均人数为 34 人。今年，公司的门店达到 35 家，且营业额有所增长，故单店平均人数需达到 40 人，所以 40 × 35＝1400 人。人力资源部很快把人力资源需求上报领导审批，但没过多久，就被领导退了回来。领导的意思是：首先，如果按照这个人力资源需求，公司今年的利润会不升反降；其次，公司今年会实施机器人计划，所以会替代掉一些岗位；最后，公司现存在人员冗余的现象，故新开的店，需要从老店里调派一部分员工，精简人员。请问，A 公司在进行人力资源需求预测时存在哪些问题？

任务 1.4　编制人力资源规划书

情境导入

通过人力资源供需分析，大华公司高层充分意识到，企业之间的竞争很大程度上是人才的竞争，要使公司在激烈的市场竞争中立于不败之地，就必须形成良好的选人、用人、育人和留人机制。要做到这一点，就必须事先对本公司的人力资源进行全面规划。公司领导层要求人力资源部根据下一年度的人力资源供需情况，拟定一份新年度的人力资源规划书并提交公司董事会审议。

知识链接：人力资源规划书的制定流程

1. 确定人力资源净需求

人力资源需求和供给预测完成后，就可以将本企业人力资源需求的预测数与同期企业内部可供给的人力资源数进行对比分析，进而测算出各类人员的净需求数。如果净需求数是正值，则表明企业需要招聘新的员工或对现有员工进行针对性的培训；如果净需求数是负值，则表明企业这方面的人员是过剩的，应该精简或对员工进行调配。

确定人力资源净需求

需要说明的是，这里的净需求既包括人员数量，又包括人员结构、人员标准；既要确定“需要多少人”，又要确定“需要什么样的人”；要把数量需求和质量需求对应起来分析。

人员净需求的测算结果，不仅是企业调配、招聘人员的依据，还是企业制定其他人力资源政策的依据。企业根据某一具体岗位上员工的余缺情况，可以分析企业在这方面人员的培训、激励上的得失，从而及时采取相应的措施。

编制人力资源净需求表的方式通常有两类：一类是按部门编制的净需求表，表明组织未来人力资源规划的大致情况；一类是按人力资源类别(如按在企业中所处的管理层次)编制的净需求表，具体如表 1-10 及表 1-11 所示。

表 1-10 按部门编制的人力资源净需求表 单位：人

	项目		第一年	第二年	第三年	第四年	第五年
需求	1. 年初人力资源需求量		120	140	140	120	120
	2. 预测年内需求增加量		20	—	-20	—	—
	3. 年末总需求		140	140	120	120	120
内部供给	4. 年初拥有人数		120	140	140	120	120
	5. 招聘人数		5	5	—	—	—
	6. 人员损耗	合计	20	27	28	1	17
		退休	3	6	4	1	3
		调出或升迁	15	17	18	15	14
		辞职	2	4	6	3	—
		辞退或其他	—	—	—	—	—
	7. 年底拥有人数		105	118	112	101	103
净需求	8. 不足或有余		-35	-22	-8	-19	-17
	9. 新进人员损耗总计		3	6	2	4	3
	10. 该年人力资源净需求		38	28	10	23	20

表 1-11 按人力资源类别编制的人力资源净需求表 单位：人

主要工作类别(按职务分类)	现有人员	计划人员	余缺	预期人员的损失							本期人力资源净需求
				调职	升迁	辞职	退休	辞退	其他	合计	
1.高层主管	10	12	-2	1	—	—	—	—	—	1	3
2.部门经理	18	24	-6	2	2	1	—	—	—	5	11
3.部门主管	27	25	2	1	3	2	1	—	1	8	6
……											
合计	55	61	-6	4	5	3	1	0	1	14	20

2. 人力资源供求综合平衡的措施

人力资源供求平衡是人力资源规划的主要目的，供求预测就是为制定具体的人力资源平衡措施而服务的。组织的人力资源规划在实施过程中供求有可能是一致的，也有可能是不一致的。往往一致是暂时的、相对的；而不一致是长期的、绝对的。因此人力资源管理部门要经常性地对人力资源的供求关系进行调节，以达到相对的一致。一般来说，人力资源需求预测与人力资源供给预测存在以下四种关系：

(1) 供求平衡：人力资源需求与人力资源供给相等。

(2) 供不应求：人力资源需求大于人力资源供给。

(3) 供过于求：人力资源需求小于人力资源供给。

(4) 总量平衡：人力资源需求与人力资源供给在数量上相等，但是结构上不平衡。

现主要对人力资源供求不平衡时的两种状况下应采取的措施及方法进行讨论。

1) 企业人力资源供不应求

当预测到企业的人力资源在未来可能发生短缺时，要根据具体情况选择不同方案以避免短缺现象的发生。

(1) 将符合条件且处于相对富余状态的人调往空缺职位。

这样做既提高了工作效率，又节省了外部招聘成本，同时内部员工更加了解企业的情况，会比外部招聘人员更快地适应工作环境。但当企业缺乏生气或面临技术和市场的重大变化时，可以适当地考虑从外部招聘。

(2) 如果高技术人员出现短缺，应拟订培训和晋升计划。

要对企业现有员工进行必要的技能培训，使之不仅能适应当前的工作，还能适应更高层次的工作。这样可以保证企业在转型后，原有的员工能够符合工作规范的要求。这样做的最大好处是防止了企业的冗员现象。当然在企业内部无法满足人力资源要求时，应拟订外部招聘计划。

(3) 制订延长工时、适当增加报酬的计划。

如果短缺现象不严重且本企业的员工又愿意延长工作时间，则可以根据《劳动法》等有关法规，制定延长工、时适当增加报酬的计划。但长期延长工作时间会降低员工的工作质量，而且工作时间也受到政府法规的限制。因此，该方法一般作为一种暂时性的措施。

(4) 调宽工作范围。

当企业某类员工紧缺，在人才市场上又难以招聘到相应的员工时，可以重新设计工作以提高员工的工作效率，还可以通过修改工作描述调宽员工的工作范围或责任范围，从而达到增加员工工作量的目的。但这样做的同时必须提高其相对应的待遇，不然会造成员工的不满情绪，影响企业的生产活动。

(5) 提高企业资本技术有机构成，提高工人的劳动生产率，形成机器替代人力资源的格局。

(6) 制订聘用临时工计划，如返聘已退休者，或聘用小时工等。

对于一些临时性的工作，可以通过聘用临时工来解决暂时性的人员短缺。这样可以减少企业的福利开支，且用工形式灵活，在不需要员工的时候，可以随时与其解除劳动关系。企业产品季节性比较强或企业临时进行专项活动时，采取临时招聘比较合适。

(7) 非核心业务外包。

组织可以根据自身的情况，将非核心业务部分或整块地承包给外部组织去完成。

总之，以上这些措施虽是解决人力资源短缺的有效途径，但最为有效的方法是通过科学的激励机制、提高员工的生产业务技能、改进工艺设计等方式来调动员工的积极性，提高劳动生产率，减少对人力资源的需求。

2) 企业人力资源供过于求

企业人力资源过剩是现有企业人力资源规划的难点问题。解决企业人力资源过剩的常用方法有以下几种。

(1) 裁员。

解雇员工是组织解决人力资源过剩的最直接的方法。当然，裁员只是一种短期行为，

虽然可以有效地降低组织的人工成本，但会对员工造成较大的伤害，负面影响深远。

(2) 提前退休。

对一些接近但还未达到退休年龄的人，应制定一些优惠措施。例如，提前退休者仍然按照正常退休年龄计算养老保险工龄。有条件的企业，还可一次性发放部分奖金(或补助)，鼓励提前退休。组织实行提前退休计划，不仅可以减少预期出现的人员过剩现象，还可以降低组织的成本。

(3) 减少工作时间。

企业在人员过剩的情况下，可由两个或两个以上的人员分担一个工作岗位，并相应地减少工资。这是解决组织临时性人力资源过剩的有效方法。

(4) 再培训。

再培训是一种解决组织人员过剩的方法，也是一种员工培训与开发的方法。组织预测到有员工过剩的时候，可以采用待岗再培训的方法。这样一方面解决了人员过剩的问题，另一方面提高了员工的知识与技能水平，一举两得。该方法需要组织有雄厚的资金实力作为后盾。

(5) 拓展业务范围，如扩大经营规模、开发新产品等。

(6) 增加无薪假期。

当企业出现短期人力资源过剩的情况时，采取增加无薪假期的方法比较合适。这样做不仅可以使企业暂时减轻负担，而且可以避免企业在需要员工时再从外部招聘员工。

实际上，企业面临的往往不是单一的供大于求或供小于求，而是某些部门人力资源供过于求的同时，另外几个部门供不应求，或是高层次人员供不应求，而低层次人员的供给却远远超过需求量。所以，应具体情况具体分析，制定出相应的人力资源部门或业务规划，使各部门人力资源在数量、质量、结构、层次等方面达到协调平衡。

3. 编制人力资源规划

由于各企业的具体情况和具体要求不同，人力资源规划书的编制步骤也不尽相同，下面介绍编写人力资源规划的基本步骤。

(1) 编制人员配置计划。

应根据企业发展规划，结合企业人力资源盘点报告，制订人员配置计划。人员配置计划阐述了企业中每个职务的人员数量、人员的职务变动和职务人员空缺数量等。编制人员配置计划的目的是描述企业未来的人员数量和素质要求。

(2) 预测人员需求。

应根据人员配置计划，使用预测方法，预测人员需求。人员需求中应清楚地阐述职务名称、人员数量、希望到岗时间等，最好形成一个标明员工数量、招聘成本、技能要求、工作类别及为完成组织目标所需的管理人员数量和层次的列表。预测人员需求是整个人力资源规划中较难完成的部分，同时也是最重要的部分。因为它要求以富有创造性、高度参与的方法处理未来经营和技术上的不确定性问题。

(3) 确定人员供给计划。

人员供给计划是针对人员需求的对策性计划，主要阐述了人员供给的方式(外部招聘、内部招聘等)、人员内部流动政策、人员外部流动政策、人员获取途径和获取实施计划等。通过分析过去的劳动力人数、组织结构、人员流动、年龄变化和录用等资料，可以预测出未来某个特定时刻的供给情况。预测结果勾画出了组织现有人力资源状况以及未来在流动、退休、淘汰、晋升及其他相关方面的发展变化情况。

(4) 制订培训计划。

为了提升企业现有员工的素质，适应企业发展的需要，对员工进行培训是非常重要的。培训计划应包括培训政策、培训需求、培训内容、培训形式、培训考核等内容。

(5) 制订人力资源管理政策调整计划。

人力资源管理政策调整计划中应明确计划期内的人力资源政策的调整原因、调整步骤和调整范围等。人力资源管理政策包括招聘政策、绩效考评政策、薪酬与福利政策、激励政策、职业生涯规划政策、员工管理政策等。

(6) 编写人力资源部费用预算。

人力资源部费用预算主要包括招聘费用、培训费用、福利费用等费用的预算。

(7) 关键任务的风险分析及对策。

每个企业在人力资源管理中都可能遇到风险，如招聘失败、新政策引起员工不满等，这些事件很可能会影响单位的正常运转，甚至会对单位造成致命的打击。风险分析就是通过风险识别、风险估计、风险驾驭、风险监控等一系列活动来防范风险的发生。

人力资源规划编写完毕后，应积极地与各部门进行沟通，并根据沟通的结果对其进行修改，最后再提交公司决策层审议。

4. 人力资源规划的审核与评估

对一个组织人力资源规划的审核与评估是对该组织人力资源规划所涉及的各个方面及其所带来的效益进行综合的审查与评估，也是对人力资源规划所涉及的有关政策、措施以及招聘、培训发展和薪酬福利等方面进行审核与控制。

1) 审核与评估的原因

审核与评估之所以必要，主要基于以下原因：

(1) 通过审核与评估，可以听取管理人员和员工对人力资源管理工作的意见，动员广大管理人员和员工参与人力资源的管理，以利于调整人力资源计划和改进人力资源管理工作。

(2) 人力资源成本是企业中成本较高的方面之一。对这样一个重要的成本项目，管理者进行严格的审核与评估是必要的。

(3) 人力资源管理人员可以通过审核与评估，调整有关人力资源方面的项目及其预算。

2) 审核与评估中的组织保证

在西方的大企业中，一般都有人力资源管理委员会(或称人事管理委员会)。该委员会由一位副总裁、人事部经理及若干专家和员工代表组成。委员会的主要职责是定期检查各项人力资源政策的执行情况，并对政策的修订提出修改意见，交董事会审批。委员会的主席由委员们轮流担任，任期一年。除委员会外，人力资源部也定期地检查人力资源政策的执行情况以及具体项目的执行情况及执行效果。

我国企业也可以借鉴此种经验，但同时要考虑企业的实际情况。

3) 审核与评估的方法

审核与评估时可采用目标对照审核法，即以原定的目标为标准进行逐项的审核与评估；也可以采用广泛收集并分析研究有关的数据的方法，如管理人员、管理辅助人员以及直接生产人员之间的比例关系，在某一时期内各种人员的变更情况，如职工的跳槽、旷工、迟到、员工的报酬和福利、工伤与抱怨等方面的情况。

一个企业通过定期性与非定期性的人力资源规划的审核工作，能及时地引起企业高层领导的高度重视，使有关的政策和措施得以改进并落实，还有利于调动员工的积极性，提高人力资源管理工作的效益。

4) 审核与评估的反馈

对评价结果进行及时的反馈是实行人力资源规划不可缺少的一个步骤。通过反馈，可以了解原规划的不足之处，对规划进行动态的跟踪与修改，使其更符合实际，更好地促进组织目标的实现。

假设某企业的人力资源规划主要包括以下内容：

(1) 目标：今后两年将公司管理干部的平均年龄降低到 35 岁之内。

(2) 政策：重视对年轻人才的培养和使用，选聘和提拔年轻人进入管理层。

(3) 方案：加强对现任管理干部的高级管理培训，选拔优秀的一线员工接受管理培训及其他培训；在招聘工作中向有管理经验的年轻人倾斜；对现任管理干部进行规划，通过退休、聘为顾问等途径有计划地使大部分年龄高于 50 岁的干部退出现任管理岗位。

可以在两年后评价方案，评价的主要问题如下：

(1) 公司最初的目标定得太高吗？

(2) 公司是否真正重视管理干部年轻化，是否真正愿意为年轻人提供展示才能的舞台？

(3) 多大比例的现任管理干部参加了高级管理人力资源规划？参加这种人力资源规划的干部的平均年龄是多大？

(4) 接受管理培训的一线员工比例有多大？

(5) 有多少 50 岁以上的管理干部退出了原管理岗位？他们是否得到了妥善安置？

(6) 公司的管理思想、管理效果是否发生了变化？这种变化与干部年轻化有多大关系？

(7) 是否推迟或改变原来的目标？

通过反馈，可以看出企业人力资源管理规划的问题所在，在此基础上的不断调整可以为以后的人力资源规划的有效性提供强有力的保证。企业人力资源管理规划就是通过这样一个循环的过程得到了不断的修正，从而提高了人力资源规划的质量。

任务演练

请编制大华公司下一年度的人力资源规划书。

1.4 任务演练

任务实施

某五金制品有限公司共有生产工人 825 人，职能部门一线人员 143 人，管理人员 79 人，技术人员 38 人，销售人员 23 人。据统计，近五年来职工的平均离职率为 4%，预计未来一年不会有什么改变。不过，不同类别的职工的离职率并不一样，生产工人离职率高达 8%，而技术人员和管理人员则只有 3%。按照既定的扩产计划，销售人员要新增 10%，工程技术人员要增加 6%，职能人员和管理人员不增也不减，生产工人要增加

5%。此外，五金制品公司刚开发出几种有吸引力的新产品，所以预计公司销售额两年内会翻一番。

根据所给资料，完成五金制品有限公司的人力资源规划，编制人力资源规划书。

自我检测

自我检测答案

□ 单选题

1. 人力资源是指能够推动国民经济和社会发展的具有智力劳动能力和体力劳动能力的人的总和，(　　)。

A. 由人口总和构成　　B. 由人口质量构成
C. 由人口数量构成　　D. 包括数量和质量两部分

2. 不属于狭义人力资源规划内容的是(　　)。

A. 人员晋升计划　B. 人员补充计划　C. 劳动力市场计划　D. 人员配备计划

3. 以下各项企业人员需求分析的方法中，不属于量化分析方法的是(　　)。

A. 德尔菲预测技术　B. 回归分析方法　C. 劳动定额法　D. 转换比率法

4. (　　)导致组织内部人浮于事，生产或工作效率低下。

A. 人力资源供求平衡　　B. 人力资源供大于求
C. 人力资源供不应求　　D. 人力资源供求失衡

5. (　　)是人力资源规划活动的落脚点和归宿。

A. 人力资源供求协调平衡　　B. 人力资源的需求预测问题
C. 人力资源的供给预测问题　　D. 人力资源的系统设计问题

□ 多选题

1. (　　)属于企业人力资源规划的外部环境信息。

A. 经济环境　B. 人口环境　C. 科技环境
D. 企业文化　E. 文化法律等社会因素

2. 企业预测到人力资源在未来可能发生短缺时应对的方法是(　　)。

A. 将相对富余的员工调往空缺职位　　B. 拟定培训和晋级计划
C. 在《劳动法》允许的条件下延长工作时间，适当增加报酬
D. 提高工人的劳动生产率　　E. 返聘退休者

3. 企业人力资源供给预测的步骤包括(　　)。

A. 了解企业员工队伍的现状　　B. 统计出员工调整比例
C. 向各部门主管人员了解将来可能出现的人事调整状况
D. 依据分析结果得出企业外部人力资源供给预测
E. 将所有的数据进行汇总，得出对企业内部人力资源供给量的预测

4. 解决企业人力资源过剩的常用方法是(　　)。

A. 永久性辞退某些劳动态度差的员工　　B. 合并和关闭某些臃肿机构
C. 鼓励提前退休或内退　　D. 加强培训工作
E. 减少员工的工作时间

5. (　　)属于人力资源需求预测的定量方法。

A. 经验预测法　　B. 德尔菲法　　C. 人员比率法
D. 趋势外推法　　E. 工作负荷法

□ 简答题

1. 什么是人力资源？什么是人力资源管理？
2. 简述人力资源管理的内容？
3. 什么是人力资源规划？人力资源规划的内容有哪些？
4. 人力资源需求预测的方法有哪几种？
5. 人力资源供给预测的方法有哪几种？
6. 企业人力资源供求平衡的措施有哪些？
7. 简述编写人力资源规划的步骤。
8. 某公司 6 月份月初工资在册职工人数是 1200 人，月末工资在册职工人数是 1250 人，本月辞职 10 人，辞退 3 人，除名 7 人，新招聘 50 人，调入 20 人。要求计算人员离职率和人员新进率。
9. 某公司制作一件玩具用的标准时间是 4 小时，每天的业务目标量是 1200 件，每人每天的工作时间是 8 小时，要求计算该玩具制作岗位所需要的人员数量。
10. 某冰箱厂今年的产量为 1 万台，基层生产员工为 200 人，明年计划增产 5000 台，估计生产率的增长率为 0.3，那么明年需要招收多少基层员工？

互 动 讨 论

背景资料：

信达公司是香港速递行业的领袖，也是全球性速递公司 LDG 在香港的子公司。在香港本部，公司共有全时雇员 880 人，非全时雇员 100 人。在所有雇员中，经理级人员有 60 人，主管级人员有 100 人，一线员工有 300 人。公司的所有者是一个华人，管理层中的大部分人也都是华人。公司的人力资源运作包括人事及培训两部分，人事部分有职员 11 人，培训部分有职员 6 人。

目前，信达公司在官方文件递送市场上也居于领导地位。在过去的三年中，公司的利润及市场份额都保持了稳健的增长，人员流动比率保持在 30%左右。

(一) 人力资源管理的做法

公司的董事长赖先生把信达公司的人力资源哲学阐述为：“影响人的思想，将人力资源责任交给一线”。公司的人力资源行动纲领的焦点是对员工的承诺，它承诺公司要为员工创造良好的工作环境并提供培训机会。这种承诺最终将有助于形成公司在航空快运业的全球领导地位。

信达公司的企业文化非常强调团队精神，公司的人力资源计划过程就是一个团队协作的过程。这个过程涉及各个部门，高级主管和经理们也参加进来了。公司既强调全面化，也强调专业化，每个经理既要是他所在领域的专家，又要了解其他部门在做什么。因此，经理们就能够从公司整体来考虑问题，而不是只看到自己的部门。公司另一特色的文化是公司管理层的分权化和本地化，管理层对下属只给予指导而不发布指令，各国的子公司可以自行制定战略计划，这使得公司能对本地市场做出非常迅速的反应。这种做法与公司的全球化行动纲领是一致的：“在一个集中化管理的网络中的专业组织，既要跟整个组织协同工作，又要保持本地化的首创精神和及时做出适合当地特点的决策。”

公司通过定向课程将行动纲领传达给员工。行动纲领被印到能装进衣袋的卡片上，在上岗培训时发给员工。因为“满足顾客需求”在公司纲领中的重要性，公司就着重于培训顾客需求驱动导向。信达公司开发了自己的顾客满意评价方法，这些方法成为所有员工共同学习和遵守的标准。

为激励员工的自我发展，对所有员工参加的所有外部培训课程，公司都提供其花销的50%的资助，即使培训内容可能与工作无关，而且，公司对员工参加培训不做任何限制。

(二) 最成功的实践——人力资源计划

信达公司最成功的实践之一是人力资源计划(MP)。这一计划是人力资源部门在五年前开发的，它得到了总经理的全力支持。人力资源部门开发该计划主要是因为人力成本是公司仅次于航运成本的第二大成本项目，MP 能控制支出并最大限度地促进收入增长。

信达公司的 MP 是一个非常综合的、互动的过程，从高级经理到主管层都参与其中，总共包括三个阶段：

第一个阶段：企业计划。

首先，市场部根据历史因素、总部战略、市场调查情况等提出公司的战略，并提交给由不同职能经理组成的高级管理小组，人力资源主管也是这个小组中的一员。然后，职能经理们开始共同讨论企业战略对各部门职能的影响。

这种头脑风暴式的讨论结束后，紧接着就是一个持续两天的管理层会议，会议将讨论企业战略中 10 个左右关键性的方面，这些方面是公司总部提出来的，它们都非常简短，各地子公司在制定自己的战略计划时都要以此为指南。与会的经理们要熟悉其中的每一个方面并再次讨论这些问题对本部门动作的影响。

两天会议的一个特别之处是会议没有领导，大家轮流主持。某一方面对哪个部门影响最大，在讨论这个方面时，该部门的经理就自动来主持讨论。例如，如果主题是业务的增长——如何实现计划的收入，目标是提高 GTP 和出口，这个主题跟市场营销关系最大，那么，市场经理就会成为会议的主持者。如果讨论主题是通过销售战略来实现业务增长，这时做主持的就是销售经理。在两天会议的整个过程中，总经理都只是作为一个参与者来提出建议。

人力资源部是两天会议的组织者。在会议开始前，总经理会跟人力资源部对会议的风格、议程进行充分讨论并给予全力支持。为提高会议的有效性，培训经理在会议开始前对会议的主持者和参加者都要提出几条准则。主持人的准则包括“开放”“引起讨论”；参加者的准则包括“即使你可能不是专家，也要敢于发表意见”。

这些会议的主持者并没有受过什么培训，但他们在公司会议中已经接受了大量的训练，从而在演讲技巧、组织讨论等方面都具备了相当的经验和能力。

第二阶段：一系列的专门小组会议。

专门小组会议的核心成员包括总经理、人力资源主管、人事经理、培训与发展经理、财务与行政主管以及首席会计经理。各部门经理要向专门小组汇报他们部门的人力资源计划(包括人数、未来一年的人员结构)、培训计划、资本支出、IT 设备计划。讨论资本支出和 IT 设备计划的原因是它们直接或间接地影响到人力资源和培训资源的安排。如果有的领域跟其他部门有关系，这些部门的经理也要参与其中。

在制订各部门的人力资源计划时，部门经理要遵守以下格式：

(1) 本部门的特殊问题：包括即将制订的战略计划对本部门有何影响。例如，如果公司战略准备涉足重物运输，航空服务部就要列出以下问题：提高公司在重物运输业务上的信誉；为员工提供手工搬运重物方面的培训；帮助员工取得重型卡车的执照。

(2) 优先级。

(3) 预定完成时间。

(4) 责任(包括其他相关部门)。

在会上，人力资源经理、其他核心成员和业务经理们一起讨论他们的计划并做出必要的修改。讨论的最终结果将制作成文件并由人力资源部存档，而共同讨论所通过的计划将成为各部门制订行动计划的基础。

第三个阶段：行动计划。

行动计划的内容包括：

(1) 各单位、部门的人数。

(2) 加班时间。

(3) 预计人员流动。

(4) 激励计划。

(5) 培训计划：将参加人力资源部组织的内部培训的人数；将参加部门培训的人数；将参加公司外部培训项目的人数。

每个职能经理都要保留一份本部门的行动计划，总经理则掌握各部门的行动计划。职能经理对行动计划的执行负有责任，绩效评估就以行动计划为基础，每季度和年底都要对行动计划的执行情况进行审核。

整个过程大概持续半年(6～12 月)。这一人力资源计划过程的优点之一是所有部门的共同参与，从高级主管到最高管理层都参与其中。为了提出一个完整的、彻底的计划，部门经理需要主管和助理经理为他提供信息。另一个优点是经理们不只顾自己的资源和目标，所有部门都顾及共同目标，因而使其思考方式更富于战略性。他们可以更好地管理自己的资源，更好地处理公司需要与员工发展的关系，有的经理甚至与他们的助理以及别的主管共同制订人力资源计划。对于人力资源部，由于它较早介入战略计划阶段，人力资源计划与企业计划保持了一致性；而且，人力资源部也通过这一过程理解了一线经理面临的困难并了解了他们是如何工作的。

经过五年的运行，合作关系已经在经理们中间建立起来。然而，在开始的时候，来自一线经理的阻力是非常大的。一些经理想建立自己的势力范围，不愿意人力资源部控制他们的人数。为了保证各部门提供的信息的准确性，人力资源部要反复核对。对那些不能很好地理解资源投资概念的经理，人力资源部就选做得最好的部门作为样本，把他们的人力资源计划发给这些部门作参考。别的克服阻力的方法还包括在进行工作分析时吸收别的部门的经理来讨论如何进行绩效测定。

请问：

1. 信达公司制订人力资源计划的过程是怎样的？

2. 信达公司的人力资源计划过程有哪些特点？这些特点哪些具有普遍性？哪些具有特殊性？

3. 信达公司为什么如此重视人力资源计划？

拓 展 阅 读

1.《人力资源规划：结合业务量的测算分析》：作者，张明辉；出版社，清华大学出版社；出版时间，2017 年 06 月。本书介绍了人力资源规划的方法，利用具体案例进行测算分析。首先，由企业发展战略引出人力资源规划，并在两者之间增加业务规划，包括产供销分析、营业收入与净利润的经营分析和盈亏平衡分析，具体落实到工序确定、工时测定等。其次，从业务规划量引出人员需求量预测、人员供给量预测、人员净需求量和人力资源平衡分析。本书重点介绍了一种先进的工序工时测定方法，即在生产现场对特定产品拍摄视频，然后利用视频剪辑软件精确计算工时，制定标准工序。再次，本书介绍了年度人力资源计划预算。最后，本书介绍了生产线的工序、车间、班组等相关内容，还介绍了研发技术人员、销售人员等需求量的预测方法。

2.《人力资源战略与规划》：作者，赵曙明；出版社，中国人民大学出版社；出版时间，2017 年 01 月。本书是对人力资源战略与规划进行专门介绍的一本开创性教材。全书从人力资源环境分析、人力资源战略的制定、人力资源供给和需求的预测、人力资源体系方案的制定、人力资源规划的实施以及人力资源规划的评价与控制等方面，构建了一个统一的人力资源战略与规划体系。本书作为一本概念明确、逻辑清晰、内容新颖的教材，适合作为高校人力资源管理和相关专业的教学用书，也适合用作企业实务人员的培训和自学教材。

模块2　工 作 分 析

在日常工作中，我们经常会提出一些问题，例如：市场营销部经理的职责和权限是什么？这个职位与其他部门经理在权限上是怎样界定的？什么样的人才能担任这一工作？他们的工作绩效怎样评估？要从本质上解决这些问题，必须依靠科学的工作分析。通过工作分析帮助企业了解各岗位的工作性质、价值与特征，制作工作说明书等文件，并根据此类文件有针对性地进行人力资源招聘、考核、规划等工作。

知识目标

◎ 了解工作分析的基本术语。
◎ 掌握工作分析的概念、原则、要求和流程。
◎ 掌握工作说明书的编写原则和基本内容。

能力目标

◎ 能够给企业各岗位制定工作分析方案。
◎ 能够有效地进行工作信息的搜集和分析。
◎ 能够根据给定的背景资料编写工作说明书。

模块学习导图

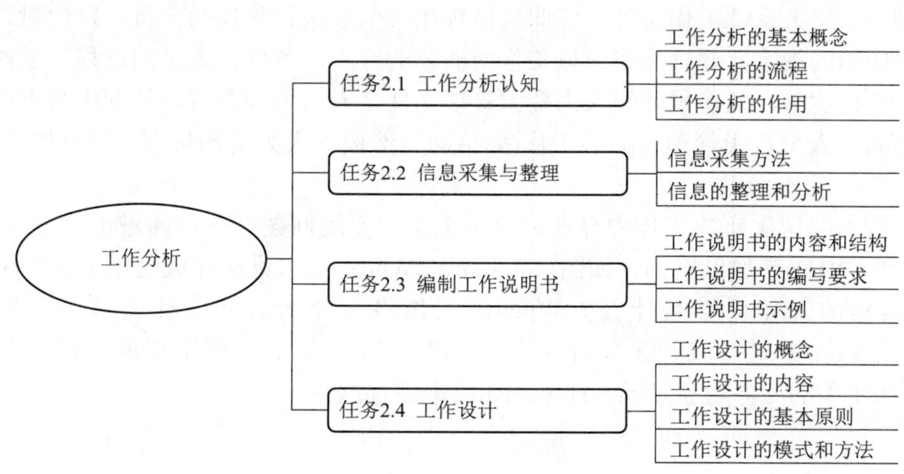

任务 2.1 工作分析认知

情境导入

随着公司的发展壮大和员工人数的增加，大华公司人力资源管理中的各种问题也逐渐显露出来。公司现有的组织结构还是创业时期设计的，随着业务的扩张，原有部门之间、岗位之间的职责和权限界定不够明确的缺陷逐渐突显，有的部门抱怨人手不够、任务完不成，有的部门又觉得人员冗杂、效率低下。在人员招聘方面，各用人部门的招聘标准含糊不清，主观成分很高，加之表述随意，导致招聘主管往往无法准确把握，招来的人员往往不能令人满意。在激励制度方面，考核主观性和随意性非常强，员工报酬不能体现员工的工作价值和业务能力，尽管公司整体薪酬水平并不低于同行业其他公司，但是人力资源部门还是经常会听到大家对薪酬的抱怨和不满。

针对这些问题，公司要求人力资源部着手进行人力资源管理改革，先从梳理部门岗位任职情况与工作内容以及优化岗位结构开始。公司人力资源部准备针对物流部门进行一次专项工作分析试点。

人事专员陈小力接到经理安排的任务后，需要针对公司物流部门制定一个工作分析项目流程计划表。

知识链接：工作分析概述

1. 工作分析的基本概念

1) 工作分析

工作分析又称为职务分析或岗位分析，是对组织中某个特定工作职务的目的、任务或职责、权利、隶属关系、工作条件、任职资格等相关信息进行收集与分析，以便对该职务的工作做出明确的规定，并确定完成该工作所需要的行为、条件、人员的过程。工作分析所形成的工作说明书、工作规范等人力资源管理文件是人力资源开发与管理中必不可少的资料，它与其他人力资源管理方面的工作(如招聘与选拔、人力资源规划、薪酬管理等)有着密切的关系。

工作分析主要用于解决工作中存在的以下七个重要的问题，这些问题可以用六个 W 和一个 H(即 6W1H)来加以概括，如图 2-1 所示。Who：要求谁来完成这项工作？What：这一职位具体的工作内容是什么？When：工作将在什么时间、什么节奏下完成？Where：工作将在哪里完成，工作环境怎么样？Why：从事这些工作的目的是什么？Whom：这些工作的服务对象是谁？How：如何来进行这些工作？

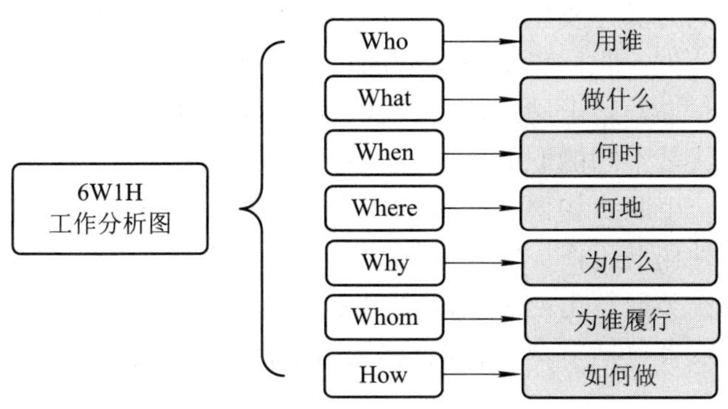

图 2-1　6W1H 工作分析图

以上七个问题涵盖了一项工作的职责、内容、工作方式、环境以及要求五个方面的内容。工作分析要在调查研究的基础上，理顺一项工作在这五个方面的内容。

2) 工作分析的相关术语

工作分析是一项专业性较强的人力资源管理工作，涉及许多专业术语。这些术语的含义经常被人们混淆，理解并掌握它们的含义，对科学有效地进行工作分析是十分重要的。

行动：行动又叫工作要素，是工作中不能再分解的最小动作单位。例如，一位秘书所进行的从文件篓中取出文件、开机、敲击键盘打字等都属于工作要素。

任务：为了完成某种目的所从事的一系列活动。它可由一个或多个工作要素组成，如讲课、出考题、改考卷、答疑等都是教师的工作任务。

责任：员工在工作岗位上需要完成的主要任务或大部分任务，可由一项或多项任务组成。例如，人力资源部人员的责任之一是“员工的满意度调查”，它由设计调查问题、把调查问卷发给调查对象、将结果表格化并加以分析、把调查结果汇报给管理者或员工等组成。这里的“责任”并不是指工作的责任感。

职位：又称为岗位，是根据组织目标为员工个人规定的一组任务及相应的责任。一般情况下，职位与个体一一匹配，有多少职位就有多少员工，二者数量相等。职位是以“事”为中心确定的，强调的是人所担任的岗位，而不是担任这一个岗位的人，如市场部经理、培训主管等都是职位。

职务：又称工作，由一组主要责任相似的职位所组成。在企业中，通常将所需知识技能及所需要的工具类似的一组任务和责任视为同类职务(或工作)，从而形成同一职务、多个职位的情况，如计算机程序员、生产统计员、推销员等均可由两个或两个以上的员工共同完成，这些职位分别构成对应的职务。总裁、市场部经理可由一人担任，其既可以是职位，也可以是职务。

在实际工作中，职位与职务往往是不用区分的。但是，职位与职务在内涵上是有区别的：职位是任务与责任的集合，它是人与事有机结合的基本单元；职务则是同类职位的集合，它是职位的统称。职位的数量是有限的，职位的数量又称为编制。一个人所担任的职务不是终身的，可以是专任，也可以是兼任，可以是常设的，也可以是临时的，是经常变化的。职位不随人员的变动而改变，当某人的职务发生变化时，是指他所担任的职位发生了变化，即组织赋予他的责任发生了变化，但他原来所担任的职位仍然存在，并不因为他的离去而发生变化或消失。职位可以按不同的标准加以分类，但职务一般不加以分类。

职业：在不同时间内、不同组织中个人所从事的相似工作活动的总称，如医生、教师、会计、采购员等就是不同的职业。

工作：指组织中一组职责相似的职位的集合。例如，某企业办公室有三名秘书，这三个秘书职位就构成一种秘书工作。它在我国企业人力资源管理中与岗位、职务同义。

工作族：又称工作类型，由两个或两个以上的工作所组成。这些工作，或者要求工作者具有相似的特点，或者包括多个平行的任务。例如，销售工作和生产工作分别是两个工作族。

职位分类：指将所有的职位(即工作岗位)按其业务性质分为若干职组、职系(从横向上讲)，然后按责任的大小、工作的难易、所需的教育程度及技术高低分为若干职级、职等(从纵向上讲)，对每一个职位给予准确的定义和描述，制成职位说明书，并以此作为对聘用人员管理的依据。与职位相关的术语有职系、职组、职级、职等。

职系：指一些工作性质相同，而责任轻重和困难程度不同，从而职级、职等不相同的职位系列。

职组：工作性质相近的若干职系的总和，又叫职群。

职级：将工作内容、难易程度、责任大小、所需资格皆很相似的职位划为同一职级，进行同样的管理、使用并给予同等的报酬。

职等：工作性质不同或主要职务不同，但其困难程度、责任大小、工作所需资格等条件充分相同的职级可归纳称为职等。

TIPS!

《中华人民共和国职业分类大典》

《中华人民共和国职业分类大典》，是由劳动和社会保障部、国家质量监督检验总局、国家统计局依据《中华人民共和国劳动法》规定“国家确定职业分类，对规定的职业制定职业技能标准，实行职业资格证书制度”而联合编制的，由中国劳动社会保障出版社出版。新修订的 2022 版《中华人民共和国职业分类大典》中职业分类结构包括大类 8 个、中类 79 个、小类 449 个、细类(职业)1636 个。职业分类作为制定职业标准的依据，是促进人力资源科学化、规范化管理的重要基础性工作。职业分类大典是职业分类的成果形式和载体，对人力资源市场建设、职业教育培训、就业创业、国民经济信息统计和人口普查等起着规范和引领作用。

3) 工作分析的成果

工作分析最直接的成果是形成工作说明书(又称为职务说明书)，它是把某一职务的职责、权限、工作内容、工作程序和工作方法、执行标准、任职资格等信息以文字的形式记录下来以供管理人员使用的专门文件。工作说明书在人力资源管理体系中处于重要的地位，该说明书将为招聘、培训、薪酬和考评等提供标准。

工作说明书的基本内容包括工作描述(Job Description)和工作规范(Job Specification)。工作描述指的是某种工作岗位所包括的任务、职责以及责任的说明，主要包括工作岗位的目的、任务或职责、权利、隶属关系、工作条件等内容。工作规范又称任职资格说明，指的是一个人为了完成某种特定的工作所必须具备的知识、技能、能力以及其他特征的说明，主要包括完成工作所需要的知识、能力、行为以及人员条件等内容。

2. 工作分析的流程

工作分析是一个全面的评价过程，由一系列活动组成，一般可以分为 6 个阶段，这几个阶段相互影响，相互联系。

工作分析的流程

1) 准备阶段

在准备阶段需要确定工作分析的目的，限定所要收集的信息类型，选择被分析的工作，建立工作分析小组，制定工作分析规范，培训、宣传、动员，取得分析对象的配合。在这一阶段主要解决以下几个问题：

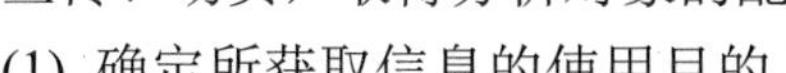

(1) 确定所获取信息的使用目的。

信息的用途直接决定了需要收集哪些类型的信息，以及使用哪些方法来收集这些信息。信息的价值对于不同需求的对象是不一样的。因此在进行工作分析时，首先要明确目的，做到有的放矢。有了明确的目的，才能正确确定分析的范围、对象和内容，规定分析的方式、方法，并弄清应当收集什么资料，到哪儿去收集，用什么方法去收集。

(2) 成立工作分析小组。

工作分析小组通常由工作分析专家、各部门主管和岗位在职人员组成，是进行工作分析的组织保证。工作分析小组人员要有丰富的经验、良好的分析能力、较高的教育层次和职业操守，熟悉各个方面的工作。

工作分析专家是局外人，专业性强，可以保证客观公正，保持信息的一致性，但是费用比较高，他们可能会因为对组织情况不够了解而忽略工作中的某些问题。各部门主管对所需要分析的工作有全面深入的了解，收集信息的速度比较快，但是可能缺乏工作分析的方法、技巧等知识，需要培训，且由于他们是局内人，可能带有一定的主观性。岗位在职人员对工作熟悉，收集信息的速度是最快的，特别是工作日志等信息的获取是依靠岗位在职人员去完成的，但是他们所收集到的信息的标准化程度和职责的完整性比较差。这三种人员综合起来会使得工作分析小组更加专业。

(3) 建立良好的工作关系。

工作分析涉及面很广，需要占用大量的时间、人力和费用，没有各方面的支持和合作是很难完成的。因此，应当把工作分析的有关设想报告给最高领导，并争取得到他们的支持。同时，要争取中层管理者的支持，因为在工作分析的实施过程中，他们起着举足轻重的作用。此外，还要把工作分析的作用向各类人员做出清晰而完整的说明，使他们充分理解计划方案，更好地配合分析工作。

(4) 制定规范用语。

工作分析过程中，信息的表达方式是多种多样的，对于一个问题的理解也是不尽相同的。为了消除对所获取的信息的误解，便于对其进行整理和归类，事先要确定用语的规范性，不能随意使用不规范的术语。

2) 方案设计阶段

在方案设计阶段需要落实具体的人事安排，选择信息来源，选择岗位分析人员，选择收集信息的方法，准备资料并制订工作计划。这一阶段的工作主要包括以下几个方面：

(1) 建立工作分析计划。

工作分析计划包括整个工作的进程、各个职务的名称、任职者的人数、每个工时需要的人数、所需费用、分析过程中各环节的责任划分等各方面的计划。

(2) 选择分析的目标职务。

选择分析的目标职务，就是确定将哪些工作岗位作为工作分析的对象。一般而言，工作分析的对象包括以下几个方面：

① 重要的职务要进行工作分析。

② 需要培训的工作要进行分析。

③ 工作内容与所制定的职务描述有差异时，需要对这些职务进行分析。

④ 设置新的工作岗位时应进行工作分析。

(3) 信息来源的选择。

信息的来源是多种多样的，有的来自组织外部(如产品消费者、顾客)，有的来自组织内部(如岗位在职者、管理者、工作分析人员)，也有的来自培训部门和各种文字资料。要弄清楚各种信息来源的可靠性，避免信息的失真。

提取有关工作任务、工作活动、工作职责、绩效标准、工作成果(如报告、产品等)内容的信息时，岗位在职者、监督管理者都可以作为可靠的信息来源。

提取有关工作的特征，如职位对企业的贡献与过失损害、管理幅度、所需承担的风险、工作的独立性、工作的创新性、工作中的矛盾和冲突、人际互动的难度与频繁性的信息时，岗位在职者之外的人士可以提供较可靠的信息，尤其是工作分析者提供的信息最可靠。

有关任职资格方面，如教育程度、专业知识、工作经验(包括一般经验、专业经验、管理经验等)、各种技能、各种能力倾向、各种胜任素质要求(包括个性特征与职业倾向、动机、内驱力等)的信息，则可从下属、顾客或用户中获取。

总之，不能选择有利害关系的信息来源。例如，不能从任职者中提取有关工作负荷、薪酬待遇等方面的信息，因为人们往往会受利害关系的驱使而不够客观。

(4) 信息收集方法的选择。

收集信息的方法多种多样，主要包括观察法、资料分析法、工作实践法、访谈法、问卷调查法、工作日志法、关键事件法等。每一种方法都有自己的特点和优缺点，也有其适应范围。例如，如果工作分析的目的是编写工作描述和决定人员的任用，就可以采用访谈法向员工了解工作的内容及职责；如果要决定薪酬的标准，可能就需要采用比较复杂的资料分析法和问卷调查法等。

3) 收集分析阶段

工作分析调查信息的整理

在收集分析阶段需要搜集相关资料和信息，并整理、审查所搜集到的资料和信息，分析有关工作和工作人员的关键信息，归纳、总结工作分析的必需材料和要素。信息收集的内容应根据已确定的工作分析的目的而定。一般来说，工作信息包括工作内容、工作职责、有关工作的知识、灵巧程度、经验和适应的年龄、所需教育程度、技能训练的要求、学习要求、与其他工作的联系、工作环境、作业对身体的影响、所需的心理品质、劳动强度等。

需要分析的信息包括以下几方面的内容：

(1) 岗位名称：名称必须明确，使人看到岗位名称，就可以大致了解工作内容(如办公室主任)。如果该工作已完成了工作评价，在工资上已有固定的等级，则名称上可加上等级，如麦当劳门店的二级助理。

(2) 员工数目：同一工作所聘用的员工数目和性别，也应该加以记录。例如，聘用员工的数目经常变动，其变动范围应加以说明。若所聘用人员是需要轮班的，或分于两个以上工作单位，也应加以说明，由此可以了解工作的负荷量及人力配置情况。

(3) 工作单位：工作单位显示的是工作所在的单位及其上下左右的关系，也就是说明工作的组织位置，包括上级、下级和平级。

(4) 职责：就是这项工作的权限和责任有多大，包括与工作相关的人、事、物等的职责。不同的岗位，职责也不尽相同。

(5) 工作知识：工作知识是为圆满完成某项工作，工作人员应具备的实际知识。这种知识应包括任用后为执行其工作任务所需获得的知识，以及任用前已具备的知识。

(6) 智力要求：指在执行工作过程中所需运用的能力，包括判断、决策、警觉、反应、适应等能力。

(7) 熟练及精确度：熟练程度无法用“量”来衡量，但可以用精确度来说明。

(8) 机械设备工具：在从事工作时，所需使用的各种机械、设备、工具等，其名称、性能、用途均应记录。

(9) 经验：工作是否需要经验，若需要，则以何种经验为主，其程度如何。

(10) 教育与培训：反映从事该职位前应进行的基本的专业培训，否则就不允许上任或不能很好地胜任工作。其具体是指员工在具备了教育水平、工作经历、技能要求后，还必须经过哪些培训，一般包括内部培训、职业训练、技术训练和一般教育。

(11) 体能要求：对于体力劳动型的工作，这一项非常重要。有些工作有必须站立、弯腰、半蹲、跪下、旋转等消耗体力的要求，应对其加以记录并做具体说明。

(12) 工作环境：包括工作场地的舒适度、清洁度、照明度、振动、粉尘污染、气候条件、通风设备、安全措施、建筑条件、工作时间安排和人机配合甚至工作的地理位置等，各有关项目都需要做具体的说明。

(13) 与其他工作的关系：表明该工作在工作中与其他工作人员的正式联系以及上下级关系。

(14) 工作时间与轮班：指该项工作的时间、天数、轮班次序，这些都是招聘时的重要信息，均应予以说明。

(15) 工作人员特性：指执行工作的主要能力，包括手、腿、臂的力量及灵巧程度，感觉辨别能力，记忆、计算及表达能力。

总之，工作分析的项目很多，凡是与工作有关的资料均在分析的范围之内，分析人员可视不同的目的全部予以分析，也可选择其中必要的项目予以分析。

在收集信息时，可以收集企业的组织结构图、工作流程图、设备维护记录、设备设计图纸、工作区的设计图纸、培训手册和以前的工作说明书等，这些信息对工作分析都有重要的参考价值。分析人员在收集信息的过程中，应该让任职者和他的直属上司确认所收集到的资料。这样既可以使资料更加完整，也可以使任职者易于接受人力资源部门根据资料制定的工作说明书。

4) 结果表达阶段

结果表达阶段主要解决如何用书面文件的形式表达分析结果的问题。分析结果的表达形式可以分为两类：工作描述和工作规范。

5) 运用实施阶段

运用实施阶段的内容是将工作说明书用于招聘选拔、人员配置、培训、绩效考核等工作。本阶段的核心问题是如何促进工作分析结果的运用。它包括两个方面的具体任务：制作各种具体应用文件、培训工作分析结果的使用者。

6) 反馈调整阶段

反馈调整阶段的内容是发现工作分析结果在运用过程中的不足并及时对其进行调整修改。此项活动贯穿于全部的工作分析过程。它的实践前提是：岗位不是一成不变的，岗位需要通过反馈才能不断优化。

3. 工作分析的作用

工作分析是人力资源管理的基础工作，在整个人力资源管理中占有非常重要的地位，发挥着非常重要的作用，具体如图 2-2 所示。

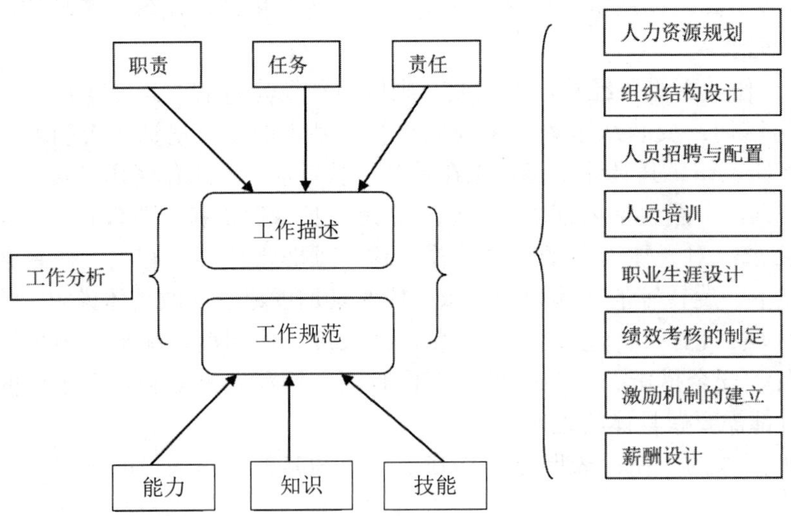

图 2-2 工作分析在人力资源管理中的作用

工作分析是现代人力资源管理的基础和前提。因此，全面、深入地进行工作分析，形成高质量的工作说明书，可以使组织充分了解工作的具体特点和对员工的要求，为组织做出正确的相关决策提供保证。具体地说，工作分析有以下八个方面的作用：

(1) 为人力资源规划提供必要的信息。

(2) 为组织结构的设计提供依据。

(3) 为组织有效地招聘、选拔及合理配置人员提供明确的标准。

(4) 为人员的培训开发提供明确的依据。

(5) 为员工的职业生涯发展提供科学的咨询。

(6) 为科学的绩效管理提供帮助。

(7) 为激励机制的建立提供必要的条件。

(8) 为制定公平合理的薪酬政策奠定基础。

2.1 任务演练

任务演练

根据以上所学知识，陈小力应怎样编制公司物流部门的工作分析项目流程计划表呢？

任务实施

随着近几年经济的迅速增长，杭州某家用电器有限公司的规模持续扩大，逐步发展成为一家中型制造企业。随着公司的发展和壮大，员工人数大量增加，众多的组织和人力资源管理问题逐步凸显出来。其中，比较突出的问题就是岗位职责不清，有的事情没有人管，有的事情大家都在管，但又发生推诿扯皮的现象。现在公司中使用的工作说明书已经是几年前的版本了，实际情况已经发生了很大变化，根本就无法起到指导工作的作用。由于没有清晰的岗位职责，因此各个岗位的用人标准也比较模糊。人员的招聘选拔、提升方法全凭领导的主观意见；公司的薪酬激励体系也无法与岗位的价值相对等。员工在这些方面意见很大，士气也有所下降。最近，公司进行了一系列重组工作，年轻有为的新的高层团队也开始发挥作用。他们看到公司当前面临的问题，决定开始着手进行人力资源管理的变革。由于工作分析是各项人力资源管理工作的基础，因此他们决定首先从工作分析入手。请你为公司制定一个工作分析项目流程计划表。

任务 2.2　信息采集与整理

情境导入

根据前一阶段的工作内容，大华公司人力资源部人事专员陈小力已经完成了物流部门的工作分析项目流程计划表。但是由于工作分析方法众多，陈小力还没有决定到底使用哪一种方法进行信息采集与整理，除了常用的问卷调查法、访谈法，还有工作日志法、关键事件法等。物流部门岗位信息如表2-1所示。

表 2-1 物流部门岗位信息表

物流部门岗位			
物流部门经理	仓储组长	配送组长	采购组长
采购副经理	仓库管理专员	调度专员	采购专员
仓配副经理	装卸专员	配送专员	

陈小力接到经理安排的新任务后，需要针对公司物流部门的工作分析项目制定一个信息搜集方法的实施方案。

知识链接：信息采集与整理的方法

1. 信息采集方法

工作分析中采集信息的方法多种多样，国外已开发出许多较为成熟的方法，并已在国内外实践中得到广泛应用。因为工作分析的内容取决于工作分析的目的与用途，所以不同企业进行调查分析的侧重点会有所不同。合适的方法是相对于不同用途而言的，现实中并不存在一种“最佳”的、放之四海而皆准的具有普适性的方法。

1) 资料分析法

资料分析法是尽量利用现有的资料进行信息采集的方法。这种方法是一种低成本的方法，也便于对各项工作的任务、责任、权利、工作负荷、任职资格等有一个初步的、大致的了解，为进一步调查奠定基础。例如，可利用企业现有的岗位责任制中粗略规定的工作的责任和任务信息，再根据各企业的具体情况对岗位责任制添加一些必要的内容，如工作的社会条件、企业环境、聘用条件、工作流程以及任职条件等其他要求，这样就可以形成一份完整的工作描述和工作规范了。再如，在运用资料分析法这一方法时，还可利用作为建立工作标准的重要依据的作业统计方法，对每个生产工人的出勤、产量、质量、消耗进行统计，从而对工人的工作内容及负荷有更深入的了解。此外，包含任职者基本素质资料的人事档案也是工作分析信息的重要来源，其作用是不容忽视的。在使用这一方法时要注意的是：工作分析实践中很少单独采用资料分析法，而是与其他方法结合使用。

2) 工作实践法

工作实践法是指工作分析人员直接参加或从事某项工作，从而细致地体验、研究所做的工作，由此掌握工作要求的第一手资料的方法。

(1) 工作实践法的优点：

① 可以客观地了解工作的实际任务，以及工作在体力、环境、社会等方面的要求。

② 可以弥补观察不到的内容。

③ 适用于短期内可以掌握的工作。

(2) 工作实践法的缺点：

① 由于现代企业中的许多工作高度专业化，工作分析者往往不具备从事多项工作的知识和技能，无法采取这种方法。

② 对于需要大量训练和存在危险的工作，这种方法也是不适用的。

3) 观察法

观察法是工作分析人员到现场实地查看员工的实际操作情况，予以记录、分析、归纳，并整理成适宜的文字资料的方法。观察法是一种实证方法，有助于形成对特定工作的感性认识。这种方法最先见于泰勒建立的“科学管理”思想中。在对主要由身体活动构成的工作(如流水线上的操作工之类的以体力劳动为主的、标准化的、任务周期较短的工作)进行分析时，直接观察是一种有效的信息采集方法。但它不适用于脑力劳动比重较高的工作，如科研人员、律师的工作。此外，在企业规模较大时，观察法也不适用，必须结合其他方法才有效。

在分析过程中，分析人员应注意的是：研究的对象是工作而不是个人的特性。分析人员应经常携带员工手册、分析工作指南以便随时参考。分析人员观察工作时，必须注意员工的工作内容、方法、原因以及工作技能水平的高低，对可改进、简化的工作事项也要记录。观察某工作场所人员如何执行某工作时，应综合、对比同一工作在不同工作场地被不同多人执行的情况，以此获得关于某工作的客观真实的工作内容信息，避免因所观察的特定员工的个人习惯所产生的误差。

(1) 观察法的种类。

由于不同的观察对象的工作周期和工作事件突发性有所不同，所以观察法可分为直接观察法、阶段观察法和工作表演法。

① 直接观察法。这是一种工作分析人员直接对员工工作的全过程进行观察的方法。直接观察法适用于工作周期很短的职位。例如，公寓管理员的工作基本上是以一天为一个周期的，工作分析人员可以一整天跟随公寓管理员进行直接工作观察。

② 阶段观察法。有些员工的工作具有较长的周期，为了能完整地观察到员工的所有工作，必须分阶段进行观察。比如，行政文员需要在每年年终时筹备企业总结表彰大会，工作分析人员就必须在年终时再对该职位进行观察。

③ 工作表演法。工作表演法对于工作周期很长和突发性事件较多的工作比较适合。例如保安工作，除正常的工作程序外，保安人员还需要处理很多突发事件，如盘问可疑人员等，工作分析人员可以通过让保安人员表演盘问的过程来进行该项工作的观察。

(2) 观察法的优点。

通过对工作的直接观察，分析人员可以更深入地了解工作要求，从而使所获得的信息比较客观和准确，也更广泛。观察法适用于大量标准化的、周期短的、体力劳动为主的工作。

(3) 观察法的缺点。

观察法不适用于工作周期长和脑力劳动为主的工作，有些工作包含了许多思想和心理活动，使用此法不易观察到。此外，这种方法也要求观察者要有一定的实际操作经验。

(4) 观察法的观察提纲。

观察提纲如下：

观 察 提 纲

观察者姓名：＿＿＿＿＿＿　　观察日期：＿＿＿＿＿＿
被观察者姓名：＿＿＿＿＿＿　　观察时间：＿＿＿＿＿＿
工作类型：＿＿＿＿＿＿　　工作部门：＿＿＿＿＿＿
观察内容：＿＿＿＿＿＿
1. 何时开始工作？＿＿＿＿＿＿
2. 工作之前的准备时间是多长？＿＿＿＿＿＿
3. 上午工作几小时？＿＿＿＿＿＿
4. 上午休息几次？＿＿＿＿＿＿
5. 每一次休息时间分别是从＿＿＿＿＿＿到＿＿＿＿＿＿。
6. 上午一共完成产品多少件？＿＿＿＿＿＿
7. 在工作中平均多长时间完成一件产品？＿＿＿＿＿＿
8. 出了多少次品？＿＿＿＿＿＿
9. 去洗手间的次数及每一次所用的时间？＿＿＿＿＿＿
10. 喝了几次水且每一次喝水所用的时间？＿＿＿＿＿＿
11. 室内的温度是多少摄氏度？＿＿＿＿＿＿
12. 室内的噪声是多少分贝？＿＿＿＿＿＿
13. 室内的光照情况怎么样？＿＿＿＿＿＿
14. 工作中与同事交谈了几次？＿＿＿＿＿＿
15. 每次交谈时间约＿＿＿＿＿＿分钟。

(5) 观察法的注意事项：

① 在使用观察法时，工作分析人员应事先准备好观察表格，以便随时进行记录。

② 有条件的最好用摄像机将员工的工作过程记录下来，以便进行分析。

③ 观察和记录的工作行为要有代表性，并且尽量不要引起被观察者的注意，更不能干扰被观察者的工作。

④ 在运用观察法时，一定要有一份详细的观察提纲，这样才能使观察及时准确。

观察法在进行动作研究的时候常为工程师所运用，但在工作分析时，仅运用此方法所获得的资料往往不足以撰写工作描述或工作规范。所以，在实践中，观察法多应用于了解工作条件、危险性或所使用的工具及设备等项目方面，且通常与访谈法结合使用，可先观察、后访谈，或二者同时进行。

4) *访谈法*

访谈法，又称面谈法，指工作分析人员就某一个工作面对面地询问任职者、主管、专家等人对工作的意见和看法的方法。该方法是目前在国内企业中运用最为广泛、最成熟、最有效的信息采集方法，主要适用于工作任务周期长、工作行为不易直接观察的工作，特

别是需要更多的脑力劳动的职务，如开发人员、设计人员、高层管理人员等。

(1) 访谈的内容：

① 工作目标：组织为什么设立这一职务，根据什么确定对职务的报酬。

② 工作内容：任职者在组织中有多大的作用，其行动对组织产生的影响有多大。

③ 工作的性质和范围：这是面谈的核心，主要了解该工作在组织中的定位，其上下属职能的关系，所需的一般技术知识、管理知识、人际关系知识，需要解决的问题的性质以及自主权。

④ 工作责任：设计组织、战略政策、控制、执行等方面。

(2) 访谈的形式。

① 个别员工访谈法：找一个员工进行工作谈话以收集有关资料的方法，适用于大量员工做相同的工作的情况，这种方法可以用较低的成本了解到大量员工的工作信息。

② 集体员工访谈法：找多个员工进行工作谈话以收集有关信息资料的方法，适用于较小的集体共同作业的情况，集体成员之间可以相互补充要了解的信息。

③ 主管领导访谈法：找一个或多个主管领导谈话以收集有关信息资料的方法，可对其进行独立的观察并证实相关情况。

运用访谈法时，将以上三种方式加以综合运用，才能对工作分析真正做到透彻了解，避免偏差。

(3) 访谈注意事项：

① 访谈时所提的问题应和工作分析的目的有关，避免离题。

② 工作分析人员语言表达和逻辑思维能力应较强，语言表达要清楚，所提问题必须清晰、明确，含义准确。

③ 为避免问题的遗漏，保证访谈的质量，应该准备好访谈问题的提纲，按照预定的计划进行。

④ 所提问题和谈话内容不能超出被谈话人的知识和信息范围。

⑤ 要注意营造一种良好的气氛，使双方都感到轻松愉快，所提问题和谈话内容不能引起被谈话人的不满或涉及被谈话人的隐私。

⑥ 在进行访谈时，分析人员应该启发和引导被访谈人，应避免发表个人看法和观点，如果与被访谈人认识不同，不要争论。

⑦ 访谈结束后，要将收集的信息资料请任职者及其主管浏览核对一遍，要注意对获得的资料进行检查与核对，并有针对性地做出适度的修改与补充。

⑧ 必须通过被访者认可的方式与他们建立起融洽的关系。

通过访谈法收集的资料准确、广泛，可以了解到组织结构和工作流程图中看不到的工作活动和信息。当然，这种方法也有弊端，如耗时较多、成本较高。另外，访谈双方的谈话技巧对效果影响较大。此种方法需要专门的技巧，工作分析人员一般要接受专门的训练，并且不能单独作为信息收集的方法，只适合与其他方法一起使用。

TIPS!

访谈法的实施技巧

为保证获取信息的真实性和有效性，应运用好访谈技巧。

- 自我介绍，是访谈的第一步。
- 提问，是访谈成功的关键。
- 倾听，是访谈的基本功。
- 回应，是访谈不可缺少的环节。
- 资料记录，是访谈中的难点。
- 其他，如时间的确定、地点的选择、保密承诺、致谢、汇总等。

5) 问卷调查法

当工作分析牵涉到分布较广的大量员工时，问卷调查法是最有效率的方法。在问卷调查法中，由人力资源部门设计或提供问卷，交由任职员工并让其对有关工作内容、工作行为、工作特征和工作人员特征的重要性和频次做出描述或打分，然后对结果进行统计与分析，找出共同的有代表性的回答，并据此编写出工作说明书，再征求该任职者的意见以对其进行补充和修改。

问卷调查法所使用的问卷主要可分为几种类型：有通用的，适合于各种工作的问卷，也有专门为特定的工作职务设计的问卷；有工作定向的问卷和人员定向的问卷，前者比较强调工作本身的条件和结果，后者则集中于了解职工的工作行为；有结构化程度较高的问卷，也有开放式的问卷。下面主要介绍“人员导向型”的职位分析问卷(PAQ)和“工作导向型”的管理职位描述问卷(MPDQ)。

(1) 职位分析问卷。

职位分析问卷是于 1972 年由美国普渡大学研究员麦考密克(E. J. McCormick)等人做出的研究成果，是最常用的一种以人员为中心的工作分析方法。它是一种结构化的、定量化的职务分析问卷，所含的项目代表了能够从各种不同的工作中概括出来的各种行为、工作条件以及工作本身的特点。虽然它的格式已定，但仍可用来分析许多不同类型的工作。它的专业性较强，需要交由熟悉待分析工作的职务分析员填写。该问卷共涵盖了 194 个不同的工作任务，其中有 187 项工作元素和 7 项与薪资有关的问题，这些问题可分为 6 个类别：

① 资料投入——任职人员在进行工作时获取资料的来源及方法，共 35 个工作元素。

② 思考过程——在执行工作的时候需要完成的推理、决策、计划以及信息加工活动，共 14 个工作元素。

③ 工作产出——任职人员在执行工作的时候所发生的身体活动以及所使用的工具和设备等，共 49 个工作元素。

④ 人际关系——在执行工作的时候要求同其他人之间发生的关系，共 36 个元素。

⑤ 工作环境——执行工作的时候所处的物理环境以及气候环境，共 19 个元素。

⑥ 其他特征——除了上面所描述过的同工作有关的其他活动、条件以及特征，共 41

个元素。

在使用 PAQ 时，工作分析人员要依据 6 个计分标准对每个工作元素进行衡量并评分：使用程度、工作所需时间、对各部门及部门内各单元的适用性、对工作的重要程度、发生的可能性以及特殊计分。例如，对“资料投入”这一类别中的 11 个工作元素用“使用程度”这一计分标准进行评分，具体如下：

职位分析问卷(部分)

使用程度

1. 资料投入

1.1 工作资料来源：

(请对下列诸项工作资料来源依其应用频度，评其等次)

1.1.1 肉眼可及的工作资料来源：

1.1.1.1 __4__ 书面资料(书籍、报告、笔记、说明书、工作指令等)

1.1.1.2 __2__ 计量性资料(与数量有关的资料，如图表、报表、清单等)

1.1.1.3 __1__ 图片资料(如图形、设计图、X 光片、地图、描图等)

1.1.1.4 __1__ 铸模及有关的工具(如模板、模型、铸具等)

1.1.1.5 __2__ 指示器(拨号盘、度规、信号灯、雷达、计速器等)

1.1.1.6 __5__ 测度计(尺、天平、温度计、量杯等)

1.1.1.7 __4__ 机械器具(工具、设备、机械等)

1.1.1.8 __3__ 在制物料(工作中、修理中和使用中的零件、原料和物体等)

1.1.1.9 __4__ 非在制物料(未经过处理的零件、原料、材料和物体等)

1.1.1.10 __3__ 自然的特征(风景、原野、地质、植物、气候等)

1.1.1.11 __2__ 人为的环境特征(房屋建筑、水坝、公路、桥梁、船坞、铁道等)

符号使用范围：

NA	不适用
1	不常
2	偶尔
3	适中
4	相当频繁
5	大量应用

可以看到，书面资料被评定为第 4 等级，这说明书面资料在被分析的工作中的使用相当频繁。一旦填完问卷的所有工作项，就能够以 5 个尺度去衡量所有工作。这 5 个基本尺度分别是：

① 决策、沟通与社交能力。

② 执行技术性工作的能力。

③ 身体灵活度。

④ 操作设备与器具的技能。

⑤ 处理资料的能力。

根据这 5 个基本尺度，就可得出每个工作的数量性分数，工作与工作之间就可相互比较和划分工作族，而工作族可用于人员配备，也可用于工作描述与工作规范。同时，职位分析问卷无须修改就可用于不同组织、不同的工作，使得各组织间的工作分析更加容易，这种比较将使组织的工作分析更加准确与合理。职位分析问卷运用广泛，但也存在不足：一是它要求问卷的填写者有较高的阅读水平，或只有经过问卷填写培训的专业人员才能使用；二是它的通用化与标准化格式导致了工作特征的抽象化，进而使它不能很好地描述构成工作的特定的、具体的任务活动。因此，在编写工作描述以及进行工作再设计时，该方法可以与其他方法结合使用。

(2) 管理职位描述问卷。

管理职位描述问卷是一种以工作为中心的职务分析问卷法，由托纳(W.W.Tornow)和平托(P.R.Pinto)在 1976 年提出。它包括 197 个用来描述管理人员工作的问题，涉及管理者所关心的问题、所承担的责任、所受到的限制，以及管理者的工作所具备的各种特征。

这 197 个问题被划分为 13 个工作因素，包括：

① 产品、市场、财务计划与战略计划；

② 组织机构与人事关系的协调因素；

③ 内部事务管理因素；

④ 产品和服务因素；

⑤ 公共关系与顾客关系因素；

⑥ 高级咨询因素；

⑦ 工作主动性因素；

⑧ 审批财务事项因素；

⑨ 人员配备因素；

⑩ 监督管理因素；

⑪ 复杂性和工作压力因素；

⑫ 财务决策权因素；

⑬ 广泛的人事责任。

管理职位描述问卷主要是为分析管理职务而设计的，管理者的级别不同，所处的部门不同，他们对各个项目的回答也不同。该方法适用于不同组织内管理层次职位的分析，有利于发现管理方面的人才，为员工从事管理方面的培训提供了依据；还有利于正确评价管理工作，划分管理工作的工资等级，也为制定管理者、员工的招聘和选拔程序以及绩效评价工作提供了依据。该问卷受工作及工作技术的限制，灵活性较差，耗时长。

6) 关键事件法

所谓关键事件，是指(让)工作成功或失败的行为特征或事件。关键事件法的原创者是约翰·弗拉纳根(John Flanagan)。它是在第二次世界大战中由军队开发出来的，当时是一种识别各种军事环境下人力绩效关键性因素的手段，在当代的工作分析中得到了广泛应用。其特点是侧重于对人员本身的特征进行分析和研究，其主要目的在于对工作行为准则的研究。关键事件识别对于员工招聘、选拔、培训及制定绩效评估标准，都是极为有效的工具。

如何设计工作分析调查问卷

采用这种方法时，首先要对工作行为中的关键事件进行记录，记录者一般是管理人员、员工或熟悉工作的其他员工；其次，要对这些记录进行分类，总结出该工作的关键特征和行为要求。关键事件记录应包括以下几方面的内容：

(1) 导致事件发生的原因和背景。

(2) 员工特别有效或多余的行为。

(3) 关键行为的后果。

(4) 员工自己能否支配或控制上述后果。

关键事件法的主要优点：主要研究焦点在职务行为上，具有可观察性、可测量性；通过这种岗位分析可以确定行为的任何可能的利益和作用。

关键事件法的主要缺点：需要花费大量的时间去搜集那些关键事件，并加以概括和分类；主要针对工作绩效有效或无效的事件加以分析，遗漏了平均绩效水平；所收集的信息量有限，不能提供有关工作职责、工作任务、工作环境等相关信息。

7) 工作日志法

工作日志法是要求员工自己以工作日记或工作笔记的形式就其实际工作的内容、责任、权利、人际关系及工作负荷坚持记工作日志，再经过归纳提炼取得所需工作信息的一种工作信息获取方法，具体如表 2-2 所示。

例如：某家公司让其所有业务员每天写详细的工作日志，这种方法不仅使人力资源部门获得了所需信息，而且业务员们也了解到每天的工作时间是如何花费的，从而改进了工作的方向。

该方法运用得好，可以获得更为准确的、大量的信息，所需费用也较低，适用于获取有关工作职责、工作内容、工作关系、劳动强度等方面的信息。但这种方法适用的工作类别范围有限，不适用于工作循环周期较长、工作状态不稳定的职位。在实际工作中，任职者往往有夸大自己工作重要性的倾向。填写工作日志是对工作执行者正常工作的一种记录，填写时的疏漏会在一定程度上影响工作分析的有效性。

工作日志法的实施策略

表 2-2　工作日志表示例

姓名		岗位名称		
填写日期	年　　月　　日		所属部门	
开始时间	结束时间	工作任务和活动内容	活动结果	备注
8:00	8:06	复印文件	4 张	存档
		……		
说明： 1. 请按工作活动发生的顺序及时填写，切勿在一天工作结束后合并填写。 2. 严格按照表格要求进行填写，不要遗漏细小的工作活动。 3. 请你提供真实的信息，以免损害你的利益				

前面介绍的几种方法各有优缺点，表 2-3 是这几种方法的比较，各种方法的优缺点与适用性一目了然。在实际工作分析活动中应视具体情况将各种方法综合使用。

表 2-3 信息采集方法的比较

方 法	优 点	缺 点	适用范围
资料分析法	成本低；工作效率高	信息不全；不能单独使用，要与其他方法结合使用	有现成相关资料的工作
工作实践法	客观地了解工作的实际任务以及工作在体力、环境、社会等方面的要求；弥补观察不到的内容	如果不具备从事多项工作的知识和技能，就无法采取这种方法；对需要大量训练和存在危险的工作，这种方法也是不适用的	适用于短期内可以掌握的工作
观察法	工作分析人员能较全面深入地了解工作要求	不适用于脑力活动为主的工作和处理紧急情况的间歇性工作，不能得到任职资格的要求，被观察者可能会反感	标准化、任务周期较短、以体力活动为主的工作
访谈法	能了解到工作者的工作态度和工作动机等深层次的内容；收集信息简单、迅速、具体，有助于缓和工作压力	访谈者要接受专门训练；费时；成本高；信息易于失真	任务周期长，工作行为不易被直接观察的工作
问卷调查法	成本低；速度快；适用范围广；结果可量化	问卷设计费时；员工与调查者之间交流不足	各种类型的工作；样本数量较大的场合
关键事件法	行为标准明确；能更好地确定每一行为的利益和作用	费时费力；无法描述工作职责、任务、背景、任职资格等；对中等绩效员工难以涉及	以招聘选拔、培训、绩效评估等为目的的工作分析
工作日志法	便于获取工作职责、内容与关系、劳动强度等信息；费用低；分析复杂工作时比较经济有效	关注过程而非结果；整理信息量大；存在误差；可有影响正常工作	任务周期较短，工作状态稳定的工作

2. 信息的整理和分析

1) 岗位职责信息确认

可通过编制任务清单来确定部门职责与岗位职责。

(1) 填写工作日志。各部门连续填写 10 个正常工作日的工作日志，以便查清岗位目前所从事的所有工作和工作任务构成，了解每个工作的不同职能的时间分配。工作日志填写表格如表 2-2 所示。

(2) 汇总个人工作日志。每个人汇总自己的工作日志，汇总要求和格式如表 2-4 所示。

表 2-4　个人工作任务汇总表

部门：　　　职务：　　　姓名：　　　　　自　　年　　月　　日　　总工作时间：　时　分

职责	工作清单		工作名称	时间消耗	时间累计
1	1				
	2				
	3				
2	1				
	2				
	3				
3	1				
	2				
	3				

(3) 各部门汇总每个员工的工作日志汇总表，建立初步的部门工作任务清单，汇总要求和格式如表 2-5 所示。

表 2-5　部门工作任务清单分类表

部门：　　　　　　　　　　　　　　　　填表时间：

大类	子类	细目	时间消耗/分钟	比率/%

(4) 在汇总的部门工作任务清单的基础上，组织全部门的人逐项进行讨论，以便确认：

① 是不是本部门的工作，如果是，它与其他部门的哪些工作相关；如果不是，那么

它应当属于哪个部门；

② 在汇总的工作任务清单中，有没有重叠或遗漏的，如果有，进行补充和修改；

③ 考虑企业发展要求，讨论是否有目前尚未开展的工作，如果有，需进行补充。

(5) 整理清单结构。各部门对清单进行整理，按逻辑关系和工作任务的同类性归类，其结构为：

第一级，部门的主体功能；

第二级，反映部门主体功能的职责；

第三级，把任务清单归并在相应的职责内。

(6) 各部门对工作任务清单进行集体讨论，目的是解决工作任务交叉、遗漏和界定不清的问题，同时确认相关工作或任务的衔接点，以便确认和区分部门职责。

(7) 将工作任务清单交由上级主管领导审核确认后，提交专家组进行评审，对于不合格的部门，需返回修改。

(8) 部门职责的确认。将部门任务清单中的第一级和第二级提出，形成部门的基本职责。

各部门在确认部门职责的基础上，进行权限划分。其具体做法是，对每一项工作职责进行判断，凡有以下情况者，必须列入部门职责权限表(见表 2-6)，并赋予相应的权限，包括：需要做出决策(决定)的；具有关键责任判断点的；具有需要控制环节的；与其他部门重要工作任务相关的。

表 2-6 部门职务权限表

部门： 填表日期：

序号	项目区分	摘要	权限								相互联系
			提案	承办	呈报	审核	核准	复核	核准	协作单位	通知

(9) 各部门确定自己部门的岗位设置和人员配置，画出部门组织结构图，并将工作任务清单中的每一项具体工作任务划归各个工作岗位，形成工作任务分配表。绘制部门组织结构图时，应注意：

① 部门职位编号，如人力资源部编号为 RX，人力资源部经理编号为 RX-01，人力资源部主管编号为 RX-01-01 等；

② 初步确定编制人数；

③ 补充岗位(职位)职责中与管理有关的项目，如经理级的部门工作任务分派、工作指导与监督、职场管理、人员激励、员工绩效评估与绩效改善、部门业绩的改善与提高、

冲突的处理、下属工作中问题的解决、部门的工作计划、工作总结和工作汇报等。

(10) 将部门结构、部门权限、部门职责、岗位职责等文件提交主管领导进行审核确认后，提交专家组进行评审，在需要的情况下，组织进行修改。

(11) 将修改后的文件提交高层审核批准。

2) 任职资格的确认

可通过对每一个岗位(职位)的工作职责和任务清单进行评估来确认任职资格要求，其具体做法如下：

(1) 对工作职责与任务进行二维评估，即重要程度和时间消耗评估。评估表格式如表 2-7 所示。

表 2-7　工作任务清单评估表

部门：　　　　　　　　　　　职位名称：　　　　　　　　　　　职位编号：

重要程度	时间消耗				
	5	4	3	2	1
5	清单号	……			
4	……				
3					
2					
1					

重要程度：根据发生的问题对工作的影响程度和影响的持久程度进行判断，划分为 5 个等级：5(极为重要)、4(非常重要)、3(比较重要)、2(不重要)、1(极不重要)。

时间消耗：根据该项工作占总作业时间的比例进行评估，划分为 5 个等级：5(极多)、4(非常多)、3(比较多)、2(相对少)、1(极少)。

(2) 对不同工作任务(工作项目)的知识、能力和经验要求进行初步评估，填写相应的评估表，如表 2-8 所示。

表 2-8　任职资格评估表

部门：　　　　　　　　　　　职位名称：　　　　　　　　　　　职位编号：

清单编号	学历要求	特定知识要求	特定能力要求	特定经验要求

(3) 合并整理任务清单中的要求，取最高者，得到该职位的任职资格要求。

(4) 针对上面表格中整理出的任职资格进行再次评估确认。最后任职资格的评估确认，将通过表 2-9 完成。

表 2-9　任职资格确认表

部门：　　　　　　　　　　　职位名称：　　　　　　　　　　　职位编号：

评估项目		评估内容			
		是否为招聘必须具备的要求	是否为区分优秀员工的重要标志	若不具备，是否会给工作带来麻烦	如果不具备这一要求，是否可以勉强通过
特定知识(能力、经验)要求					

(5) 将本职位的职责权限和任职资格等综合表述，得到工作说明书。

任务演练

2.2 任务演练

根据以上所学知识，陈小力应怎样设计公司物流部门的岗位信息搜集的实施方案呢？

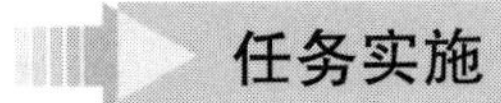

任务实施

杭州某家用电器有限公司人力资源部开始寻找进行职位分析的工具与技术。在阅读了国内目前流行的基本职位分析书籍之后，他们从其中选取了一份职位分析问卷，来作为收集职位信息的工具。然后，人力资源部将问卷发放到了各个部门经理手中，同时他们还在公司的内部网上发了一份关于开展问卷调查的通知，要求各部门配合人力资源部的问卷调查。

据反映，问卷在下发到各部门之后，一直搁置在各部门经理手中，没有发下去。很多部门是直到人力资源部开始催收时才把问卷发放到每个人手中。同时，由于大家都很忙，很多人在拿到问卷之后，都没有时间仔细思考，草草填写完事。还有很多人在外地出差，或者任务缠身，自己无法填写，而由同事代笔。此外，据一些较为重视这次调查的员工反映，大家都不了解这次问卷调查的意图，也不理解问卷中那些陌生的管理术语，不知何为职责、何为工作目的。很多人想就疑难问题向人力资源部进行询问，可是也不知道具体该找谁。因此，在回答问卷时只能凭借个人的理解来进行填写，无法把握填写的规范和标准。

与此同时，人力资源部也着手选取一些职位进行访谈。但在试着谈了几个职位之后，发现访谈的效果并不好。由于经理们都很忙，能够把双方的时间凑一块儿，实在不容易。因此，两个星期时间过去之后，只访谈了两个部门经理。在对经理级别以下的人员进行访谈时，出现的情况却出乎意料。大部分时间都是被访谈人在发牢骚，指责公司的管理问题，抱怨自己的待遇不公等。而在谈到与职位分析相关的内容时，被访谈人又往往言辞闪烁，顾左右而言他，似乎对人力资源部这次访谈不太信任。访谈结束之后，访谈人都反映对该职位的认识还是停留在模糊的阶段。这样持续了两个星期，访谈了大概 1/3 的职位。请分析该公司所采用的职位分析工具和方法主要存在哪些问题？请用所学知识为该公司设计工作分析信息搜集的实施方案。

任务 2.3　编制工作说明书

情境导入

根据前一阶段的工作内容，大华公司人力资源部人事专员陈小力已经制定了物流部门的工作分析项目流程计划表和岗位信息搜集方法实施方案，并搜集整理了相关信息。

现在陈小力接到经理安排的新任务，要根据收集到的信息编制出“物流部经理”的工作说明书。

知识链接：工作说明书的编制

1. 工作说明书的内容和结构

工作说明书的基本内容包括工作描述和工作规范。工作描述指的是某种工作岗位所包括的任务、职责以及责任的说明，主要包括工作岗位的目的、任务或职责、权利、隶属关系、工作条件等内容。工作规范又称任职资格说明，指的是一个人为了完成某种特定的工作所必须具备的知识、技能、能力以及其他特征的说明，主要包括完成工作所需要的知识、能力、行为以及人员条件等内容，具体如表 2-10 所示。

如何写一份
工作说明书

工作说明书的编写要注意信息准确完整，贴合实际，并且要定期进行评审，看其是否符合实际的工作变化，同时要让员工参与到工作分析的每个过程，一起探讨每个阶段的结果，共同分析原因，遇到需要调整时，也要员工加入调整工作。只有亲身体验才能加强员工对工作分析的充分认识和认同。

表 2-10 工作说明书

<table>
<tr><td rowspan="11">工作说明书</td><td rowspan="8">工作描述</td><td>职位标识</td><td>职位编号、职位名称、所属部门、直接上级和职位薪点</td></tr>
<tr><td>职位概要</td><td>职位的主要工作职责</td></tr>
<tr><td>履行职责</td><td>职位承担的职责以及每项职责的主要任务和活动</td></tr>
<tr><td>业绩标准</td><td>职责的工作业绩衡量要素和衡量标准</td></tr>
<tr><td>工作关系</td><td>与企业内部哪些部门和哪些职位发生工作关系</td></tr>
<tr><td>使用设备</td><td>工作过程中需要使用的各种仪器、工具和设备等</td></tr>
<tr><td>工作环境</td><td>工作的时间要求、工作的地点要求</td></tr>
<tr><td>工作条件</td><td>工作的物理环境条件</td></tr>
<tr><td>工作规范</td><td>任职资格</td><td>所学的专业、学历水平、资格证书、工作经验、必要的知识和能力以及身体状况</td></tr>
<tr><td colspan="2">其他信息</td><td>其他需要说明，但不属于以上范围的信息</td></tr>
</table>

2. 工作说明书的编写要求

1) 工作描述的编写

工作描述的格式不是固定的，可以根据自己的需要选择。但其内容是相对固定的，一般包括职位标识、职位概要、履行职责、业绩标准、工作关系、使用设备、工作环境和条件等几个方面。

(1) 职位标识。

职位标识是识别某一工作的基本要素，即与其他的工作区别的基本标志。它就像个标签，能让人们对职位有一个直观的印象。职位标识一般包括职位编号、职位名称、所属部门、直接上级和职位薪点这几项内容。

职位编号主要是为了方便职位的管理，企业可以根据自己的实际情况来决定应包含的信息。例如，在某个企业中，有一个职位编号为 HR-03-06，其中 HR 表示人力资源部，03 表示主管级，06 表示人力资源部全体员工的顺序编号。

职位名称是指在重要职责上相同职位的总称。首先，职位名称要能准确反映主要的工作职责，如招聘专员、质检员等。其次，职位名称应明确职位在组织中的相关等级位置，如“销售总监”就应该高于“销售经理”。此外，职位名称要尽量参照社会上通行的提法，便于大众接受，同时也有利于公司的薪酬调查。最后，职位名称要照顾任职者的心理，对其进行适当的美化可以提高工作的社会声望，也可以提高员工对工作的满意度。例如，“理发师”可以称为“形象设计师”。

(2) 职位概要。

职位概要是对工作内容的简单概括，通常是一句话，即对工作内容和工作目的进行简单归纳。职位概要能将该工作与其他工作区分开来。职位概要的书写有严格的规范：“工作依据”+“工作行动”+“工作对象”+“工作目的”。例如，人力资源部经理的职位概要可以这样描述，“根据公司的战略，制定、实施公司的人力资源战略和年度规划，主持制定完善人力资源管理制度以及相关政策，指导解决公司人力资源管理中存在的问题，努力提高员工的绩效水平和工作满意度，塑造一支爱岗敬业、团结协作的员工队伍，为实现

公司的经营目标和战略意图提供人力资源支持”。

(3) 履行职责。

这部分内容实际上是对职位概要的细化，描述这一职位承担的职责以及每项职责的主要任务和活动。

描述岗位具体职责时最好采用职责模块化的方法，即将职位所有工作划分为几项主要职责，然后再将每项职责进一步细分，分解为不同的任务。其优点在于一目了然，可使读者迅速掌握各岗位的主要职责，可以清晰地看出岗位之间的职责是否有模糊、重叠或脱节的现象，以便对其进行调整；同时，方便日后岗位的增减或人员职责的调整，将岗位职责按模块进行拆分和组合。模块及模块包括的职责细则要完全包含所有职责；模块与模块之间、模块的细则都要相互独立。

在职责模块下列出所有具体的工作，每一工作可以遵循 PDCA 的思路来编写，也就是我们所说的“PDCA 原则”。例如，人力资源部培训主管的职责可以按照拟定培训计划、实施培训计划、评估培训效果和总结培训经验等依次编写。对于职责没有逻辑顺序的职位，可以按照各个职责占用的时间多少进行排列。

在编写岗位细则时，一般按照“动词+宾语+目的状语”的格式进行描述。其中，动词表明这项任务是怎么进行的，宾语表明任务的对象，目的状语表明了这项任务要取得什么样的结果，如“监督和控制部门年度预算，以保证符合业务计划要求”。此外，要准确使用动词，使用的动词要能够准确地表示出员工如何进行该项任务以及在这项任务上的权限，不能过于笼统。例如，“负责公司的培训工作…”虽然使用的也是动词短语，但是“负责”的概念太模糊，可以描述为“制订公司的培训计划……”。

TIPS!

动词归纳

根据不同的任务对象和主体可使用的动词如表 2-11 所示。

表 2-11　针对不同对象和主体可使用的动词

对象和主体	动　词
计划、制度	编制、制定、拟订、起草、审定、审查、转呈、转交、提交、呈报、存档、提出意见
信息、资料	调查、收集、整理、分析、归纳、总结、提供、汇报、通知、发布、维护、管理
思考行为	研究、分析、评估、发展、建议、参与、推荐、计划
直接行动	组织、实行、执行、指导、控制、采用、生产、参与、提供、协助
上级行为	主持、组织、指导、协调、指示、监督、控制、牵头、审批、审定、批准
下级行为	核对、收集、获得、提交、制作
其他	维持、保持、建立、开发、准备、处理、翻译、操作、保证、预防、解决

(4) 业绩标准。

业绩标准又称绩效标准，是在明确界定工作职责的基础上，对如何衡量每项职责完成情况的规定。它是提取绩效考核指标的重要基础和依据，因此，在以考核为导向的职业描述中，业绩标准是其所必须包含的关键部分。

业绩标准包括每项职责的工作业绩衡量要素和衡量标准。衡量要素是指它应该从哪些方面来衡量每项职责完成的情况；衡量标准则是这些要素必须达到的最低要求，这一标准可以是具体数字，也可以是百分比。例如，销售经理这一职位，工作完成的好坏主要看销售收入和销售成本，因此这两项就属于衡量要素；收入要达到多少，成本控制在多少，就属于衡量标准的范畴。

业绩标准分为正向和反向两种。当容易从正面衡量时，就应使用正向的业绩标准衡量工作职责的完成情况，如目标达成率、计划执行质量、准确性、及时性等；当不容易从正面衡量时，就从相反的角度来考察职责的完成效果，如差错率、失误率等。一般可从两个方面提取正向的业绩标准：一是从工作的结果提取，将职责所要达成的目标的完成情况作为业绩标准；二是分析在职责完成的整个流程中存在着的关键点。业绩标准的筛选要注意关键性、可操作性、可控性等原则，同时业绩变量的选取还必须得到该职位上级的认可。

(5) 工作关系。

一个岗位的工作关系包括内部关系和外部关系两部分。内部关系针对的是内部业务往来的部门、岗位，主要包括监督谁、受谁监督等；外部关系则是该岗位与政府、科研院所、行业协会、客户、供应商等相关机构人员的协作关系。

(6) 工作环境和条件。

工作环境是员工平时工作时所处的环境，这里主要指的是物理环境。由于在一开始的工业社会中工作描述主要是针对操作工人的，对工作环境和条件的关注主要集中在工作环境条件对人体的影响方面。因此，其在职位描述中的表现形式往往是根据不同的物理环境因素对身体的影响进行等级的评定。但是到了后工业化社会的今天，知识型员工在组织中的比例越来越大，他们的工作环境基本一样，而且条件不断改善。此时工作对员工身体和心理方面的影响主要来自工作的压力，所以工作描述中对工作压力因素的描述变得重要起来。在众多的工作压力因素中，我们主要关注工作时间的波动性、出差时间的比重、工作负荷的大小这三个方面的特征，具体如表 2-12 所示。

表 2-12 工作压力有关因素的等级描述示例

维度	具 体 界 定	选择
工作时间的波动性	定时制：一个工作周期内(管理人员一般为一个月，或者更长)，基本上工作量没有太大的变化，如出纳员	
	适度波动：一个工作周期内，出现以天计的工作忙闲不均的情况，如工资发放的主管，在月末比较忙，而平时工作比较简单	
	周期性：在长期的工作过程中，出现强烈的反差，如市场人员，在投标前期工作极其紧张，但是交接工程部门以后，相对轻松	

续表

维度	具 体 界 定	选择
出差时间的比重	经常出差，占总时间的40%以上	
	出差较为频繁，占总时间的20%~40%	
	出差时间不多，占总时间的10%~20%	
	很少出差，占总时间的6%~10%	
	偶尔出差，占总时间的0%~5%	
工作负荷的大小	轻松：工作的节奏、时限自己可以掌握，没有紧迫感	
	正常：大部分时间的工作节奏、时限可以自己掌握，有时比较紧张，但持续时间不长，一般没有加班情况	
	满负荷：工作的节奏、时限自己无法控制，明显感到紧张，出现少量加班	
	超负荷：要想完成每日工作，就必须加快工作节奏，持续保持注意力的高度集中，经常感到疲劳，有经常的加班现象	

2) 工作规范的编写

如前所述，工作规范是指任职者胜任该职位所具备的最低的资格和条件，主要包括完成工作所需的知识、能力、行为及人员条件等，如身体素质、受教育程度、工作经验、工作技能、心理素质等。

(1) 身体素质。

身体素质是指从事该职位的任职者所需要的身体条件，包括身高、体力、身体的健康状况等。

(2) 受教育程度。

受教育程度显示的是一个职位对任职者的知识要求(如表2-13所示)。知识的测量一般难以进行或者成本高昂，但是通过一个人的受教育程度能够得到一部分的体现。受教育程度一般的度量方法有两种，一种是“教育年限+专业”，如“财务管理本科”；另一种是“教育水平+职业培训”。两者都是对任职者是否具备职位所要求的专业知识的基本的衡量。

表2-13 某公司人力资源部经理受教育程度要求示例

普通教育程度——16年以上			
	推理能力	数学能力	语言能力
具体描述	1. 能够用逻辑或科学的方法界定概念、搜集数据、确定事实，并得出有效的结论； 2. 根据数据和实施分析的结果，能进行有效的演绎推理； 3. 能够解释以数学或图表形式出现的技术指标	1. 具备高等数学知识和统计技术方面的知识； 2. 能运用与本职业相关的属性概念，并能运用统计方法进行分析、预测； 3. 能运用图纸或者其他数学方法解决问题	1. 能撰写计划、报告、总结，会编审文献； 2. 能起草契约和合同； 3. 能为各类人员提供咨询意见

(3) 工作经验。

工作经验指的是参加工作后的所有工作经验。根据和现任职位的相关性，可将其分为一般工作经验、相关专业工作经验、专业工作经验、管理工作经验，如表 2-14 所示。

表 2-14 某房地产开发公司市场部经理的工作经验要求示例

工作经验分类	具 体 要 求
一般工作经验	10 年以上社会工作经验
相关专业工作经验	6 年以上房地产开发公司或 8 年以上建筑公司工作经验
专业工作经验	4 年以上房地产市场策划或 5 年以上房地产销售工作经验
管理工作经验	3 年以上担任中等规模企业部门副职

(4) 工作技能。

工作技能包括通用技能和专业技能，是指对与工作相关的工具、技术和方法的运用。不同的职位对工作技能的要求有很大的差异，为了便于对不同职位的技能要求进行比较，往往只关注通用技能和核心能力。通用技能包括计算机技能、外语技能与公文处理技能等；核心能力是完成岗位工作的前提和保证，如销售人员说服他人、影响他人的能力。

(5) 心理素质。

心理素质是指认知、感知、记忆、想象、情感、意志、态度、个性特征(兴趣、能力、气质、性格、习惯)等方面的素质，也就是工作中应具备的耐心、细心、沉着、诚信、主动性、责任感、情绪稳定性等。

3. 工作说明书示例

1) 护士工作说明书示例

背景资料：某医院注册护士的基本职责是负责病人从入院到转院或出院的全部护理工作。其直接上级是护士长。

具体任务：评估患者的体力、感情和心理；撰写患者从住院到出院的书面护理计划；实施护理计划。

基本的任职资格要求：授权护士学校的毕业生，持有相关职业资格证书，拥有一年以上相关工作经历，符合该职位的身体素质要求。

护士工作说明书具体如表 2-15 所示。

表 2-15　护士工作说明书

工作职称	注册护士
工作概述	负责病人从入院到转院或出院的全部护理工作
工作职责	(1) 评估患者的体力、感情和心理。 标准：在患者入院一小时内，或者每次值班时，出具一份书面诊断；按照医院规定，把这份诊断交给患者的其他医护人员。 (2) 撰写患者从住院到出院的护理书面计划。 标准：在患者入院 24 小时之内，设计短期和长期的目标，然后在每次值班中，根据新的诊断检查修改护理计划。 (3) 实施护理计划。 标准：在日常护理中，按照(但是不局限于)《注册护士技能手册》在指定护理区域内应用相关技能；以一种系统的、及时的方式，完成患者护理活动，并恰当地重新评判轻重缓急
工作关系	报告给：护士长。 监督下列人员的护理：注册见习护士、助理护士、勤杂工。 合作者：协助护理部。 外部关系：医生、患者和患者家属
资格	教育背景：授权护士学校毕业生。 工作经历：关键护理要求一年及以上的医疗或外科护理经验(有特殊护理经验者优先，应届毕业生可以考虑非重要职位)。 证书要求：持有注册护士证书
身体要求	(1) 能够屈体、运动或者帮助转运 50 磅(1 磅 = 0.454 kg)以上的重物。 (2) 能在 8 小时值班中站立或行走 80%以上的时间。 (3) 视力和听力敏锐

2) *人力资源部经理工作说明书示例*

背景资料：某公司由于业务需要，设人力资源部经理一名。该人力资源部经理的基本职责是负责人力资源部的各项管理工作，并对日常事务进行处理。其直接上级是公司总经理。

具体任务：制订及执行公司人力资源规划及各项计划；处理各项人事变动事宜；处理员工工资、福利、职称的审定工作；处理员工在公司内的调动；负责人事档案的管理及审批；协调公司内外部人际关系，向公司高层提出处理人事危机的解决方案。

基本的任职资格要求：大学本科及以上学历，具有两年及两年以上相关管理工作经历，具备良好的处理突发事件的能力，具有良好的人际关系协调能力及战略技能。

根据以上资料为该岗位草拟的工作说明书如表 2-16 所示。

表 2-16 人力资源部经理工作说明书

<table>
<tr><td>职位名称</td><td colspan="2">人力资源部经理</td><td>直接上级</td><td colspan="2">公司总经理</td></tr>
<tr><td>定员</td><td>1 人</td><td>所辖人员</td><td>12 人</td><td>工资水平</td><td></td></tr>
<tr><td>分析日期</td><td></td><td>分析人</td><td></td><td>批准人</td><td></td></tr>
<tr><td colspan="6">工　作　描　述</td></tr>
<tr><td>工作概要</td><td colspan="5">制定、执行与人力资源管理活动相关的各方面的政策，为填补职位空缺而进行雇员招聘、面谈、甄选等活动；计划和实施新雇员的上岗引导工作，培养其对公司目标的积极态度；指导工资市场调查，确定竞争性市场工资率；制定人力资源管理经费预算；与工会及政治工作部的主管人员共同解决纠纷，在雇员离职前与其进行面谈，确定离职的真正原因；在与人力资源有关的听证会和调查中担任公司代表；监督、指导本部门工作人员</td></tr>
<tr><td rowspan="9">工作职责</td><td colspan="5">1. 提交公司人力资源管理规划及人事改革方案，贯彻、落实各项计划</td></tr>
<tr><td colspan="5">2. 雇员的招聘、录用、劳动合同签订，定岗、定编、定员计划制订</td></tr>
<tr><td colspan="5">3. 处理职工调配、考核、晋升、奖惩和教育培训工作，对中层干部调整提出方案</td></tr>
<tr><td colspan="5">4. 负责劳动工资、职工福利、职称审定的工作</td></tr>
<tr><td colspan="5">5. 处理雇员离职、人才交流、下岗分流、再就业等人事变动事宜</td></tr>
<tr><td colspan="5">6. 负责人事档案、安全保卫、出国政审及人事批件事宜</td></tr>
<tr><td colspan="5">7. 负责雇员健康检查、献血、保险事宜</td></tr>
<tr><td colspan="5">8. 分析公司业务情况，预测公司发展前景，制订部门发展计划，参与制定公司发展战略</td></tr>
<tr><td colspan="5">9. 协调公司内外部人际关系，向公司高层提出处理人事危机的解决方案</td></tr>
<tr><td colspan="6">资　格　要　求</td></tr>
<tr><td>因素</td><td>细分因素</td><td colspan="4">限　定　资　料</td></tr>
<tr><td rowspan="2">知识</td><td>教育</td><td colspan="4">最低学历要求为大学本科，工作中能较频繁地综合使用其他学科的一般知识</td></tr>
<tr><td>经验</td><td colspan="4">至少从事公司职能部门管理工作两年与业务工作满三年；在接手工作前还应接受管理学原理、组织行为学、人力资源管理、财务管理等相关知识培训</td></tr>
<tr><td rowspan="2">责任</td><td>技能</td><td colspan="4">在工作中要求具有高度的判断决策能力，要求积极地适应不断变化的环境；经常需要处理一些工作中出现的问题；由于工作多样化，灵活处理问题时需要综合使用多种知识和技能；具有良好的人际关系协调和人事组织的能力</td></tr>
<tr><td>分析</td><td colspan="4">具有较强的分析公司战略发展与业务需要的能力，能预测未来的人力资源供求状况</td></tr>
</table>

任务演练

根据以上所学知识，陈小力应怎样编制“物流部经理”的工作说明书？

2.3 任务演练

任务实施

小王来到公司的人力资源部，对张经理说，“可能我无法适应目前的工作，我希望在这个月末试用期结束时离开公司。”张经理听了很惊讶。小王是两个月前到公司市场部担任市场部经理助理的。在这段时间的工作中，人力资源部通过市场部经理及其他同事了解了小王试用期的工作情况，大家对其表现都反映很好，想不到小王会主动提出辞职。

三个月以前，市场部经理提出了增加经理助理职位的需求，这是因为市场部将加强与国外厂商的业务联系，急需熟练使用英语口语和处理英语书面文件的员工，并希望新增加的员工具有一定的计算机水平，同时可兼顾公司对外网站的管理工作。人力资源部就所需增加的工作岗位进行分析，经过与市场部经理协商，编写了该岗位的工作说明书。其中对工作职责的描述是：

(1) 协助经理处理国外业务的联系及英文书面文件、合同。

(2) 在需要的情况下可担任英文翻译。

(3) 整理销售部内部业务文档。

(4) 负责在网站上发布有关公司的业务信息，并进行公司网页的更新、调整。

工作岗位对语言能力方面的要求决定了应聘人员最好是英语专业的毕业生或在国外生活过的人员；而计算机网站管理又对应聘人员的计算机水平提出了较高的要求，要求其能制作网页和进行数据库处理，应聘者最好是具备计算机专业学历的人员。看到这样的任职资格要求，人力资源部感到这个岗位的招聘工作难度较大。当招聘信息在网站发布后，应聘人员不多。小王是某商学院毕业的学生，毕业后在广告公司做过业务工作，后来留学深造，学的是计算机应用专业，经过两次面试后，人力资源部和市场部经理都觉得小王是最佳人选，于是通知小王来公司报到上班。

“我不了解我们公司生产产品的技术参数和生产能力，在与客户联系的过程中，需要根据客户的需要为客户量身订制产品的技术参数并在合同中注明交货期限。市场部要求我向客户提供技术方案和我们能为客户量身订制的产品的规格、型号，有时还要决定我们什么时候能给客户供应哪些种类的产品。这些工作需要较多技术方面的知识，何况我不是市场部经理，我也无法决定。目前我承担的工作与应聘时对我提出的工作要求完全不一样。”请分析市场部经理助理这一职位的工作说明书存在哪些问题，并重新编制一份“市场部经理助理”的工作说明书。

任务 2.4　工 作 设 计

情境导入

通过此次工作分析访谈，员工反映生产车间因采用高度自动化流水作业线生产，工人对工作厌倦，缺勤和流动率提高。大华公司人力资源部计划对生产车间的工作岗位进行重新设计，以增加员工作业的丰富性，提升员工的技能、积极性、责任感，增强其归属感和团队精神。

知识链接：工作设计的概念和方法

1. 工作设计的概念

工作设计，又称岗位设计，是指根据实际工作需要，在兼顾个人的需要的同时，规定每个岗位的任务、责任、权力以及组织中与其他岗位关系的过程，它是把工作的内容、工作的资格条件和报酬结合起来，目的是满足员工和组织的需要。工作设计问题主要是组织向员工分配工作任务和职责的方式问题。工作设计是否得当对于激发员工的积极性、增强员工的满意度及提高工作绩效都有重大影响。

工作分析和工作设计是相辅相成、相互促进的两个方面。工作分析侧重于对特定职位的职责、任务、所需技能和资格等进行详细的解读和分析，以此来确定工作的基本要求。工作分析旨在明确工作的具体内容和程序以及工作对人的能力和素质的要求。工作设计则是一个更广泛的概念，涉及整个组织结构和业务流程的规划。工作设计关注的是如何将各个工作任务有机地结合在一起，形成一个高效的业务流程，以达到组织的整体目标。工作设计可能包括制定工作说明书、明确职责和要求，以及确定人员配备和培训计划等。工作分析是工作设计的基础和前提，因为它提供了关于工作内容和要求的清晰定义，这成了后续工作设计的起点和指南。反过来，工作设计的结果——明确的职责、任务和流程又可以作为工作分析的补充数据和信息，进一步丰富和完善对工作的理解和描述。它们共同构成了组织管理的基石，有助于提高工作效率和质量，同时也提升了员工的工作满意度。工作设计与工作分析的关系具体如图 2-3 所示。

图 2-3　工作设计与工作分析的关系

知识经济与传统工业经济的不同在于知识已经成为一种生产要素，知识对于经济发展的贡献率在不断增长。这种新经济要求从新的视角来看待员工——尤其是知识员工的需要；传统的工作设计更多地考虑了组织管理的方便性，更多的是在“以事为中心”的思想指导下对员工的工作职责与要求予以严格限定，同时也就限制了员工的职业发展，忽略了员工的高层次需要，挫伤了员工的积极性和创造性，降低了员工对工作的满意度，工作本身的激励不足，员工的绩效水平只是维持、停滞于一定的水平上，不会有大的突破。工作再设计就是改变这种现状的有效方式。目前，实现工作丰富化成为流行的方法，具体指的是“以员工为中心”的工作再设计，其特点是将组织的战略、目标、使命与员工对工作的满意度相结合。工作设计中要充分采纳员工的意见，但是必须要求员工说明这些意见对现有组织的整体目标有哪些好处，又如何得到有效实现，从而在提高员工满意度的同时有效实现组织的发展目标。

一般而言，当组织出现以下情况时，就可以考虑工作的重新构筑或设计问题：一是建立新组织时，二是组织变革时，三是工作设置不合理时。

2. 工作设计的内容

工作设计的内容包括工作内容、工作职能、工作关系、工作结果和结果反馈。

(1) 工作内容。

这里的工作内容包括两个方面：一是工作所包含的需要员工完成的特定任务、员工的义务和责任；二是工作要求的员工的行为。

有这样一个小故事：有一户人家，全家人都非常懒惰。爸爸叫妈妈做家务，妈妈不想做就叫大姐做，大姐不想做就叫妹妹做，妹妹也不想做就叫小狗做。有一天，家里来了一个客人，发现小狗正在做家务。客人很惊讶，问小狗："你会做家务啊？"小狗就说："他们都不做，就叫我做！"客人更惊讶："你还会说话啊？"小狗说："嘘！小声点儿！让他们知道我会说话，又该叫我去接电话了！"

合格的管理者必须能将所管员工的责任及考核界定清楚。"能者多劳"的本质就是懒人对能人的剥削。工作分析某种程度上就是对员工的工作职责、任务、责任及考核的界定。

(2) 工作职能。

工作职能是指工作的基本要求与方法，包括工作责任、工作权限、信息沟通方式、工作方法以及协作配合等方面。

同样有一个小故事：三只老鼠一同去偷油喝，找到了一个油瓶。三只老鼠商量，一只踩着一只的肩膀，轮流上去喝油。于是三只老鼠开始叠罗汉，当最后一只老鼠刚刚爬到另外两只的肩膀上时，不知什么原因，油瓶倒了，惊动了人，三只老鼠逃跑了。回到老鼠窝，大家开会讨论为什么会失败。最上面的老鼠说："我没有喝到油，而且推倒了油瓶，是因为下面第二只老鼠抖动了一下，所以我推倒了油瓶。"第二只老鼠说："我抖了一下，但我感觉到第三只老鼠也抽搐了一下，我才抖动了一下。"第三只老鼠说："对，对，我因为好像听见门外有猫的叫声，所以抖了一下。""哦，原来如此呀！"谁都没有责任。

在管理中，划清每个员工和每个小团队的责任界限是非常重要的。大家都有责任，就等于大家都没有责任。

(3) 工作关系。

工作关系是指在工作中发生的人与人之间的关系，包括在工作中与其他人相互联系及交往的范围、建立友谊的机会以及工作班组中的相互协作和配合等方面。

有这样一个小故事：在非洲大草原上，三只瘦弱的猎狗正与一只高大的斑马进行一场生死搏斗。乍一看来，三只弱小的猎狗很难是大斑马的对手。但实际情况是，一只猎狗咬住斑马的尾巴，任凭斑马的尾巴如何甩动，都死死咬住不放；一只猎狗咬住斑马的耳朵，任凭斑马如何摇头，也绝不松口；一只稍显强壮的猎狗咬住斑马的一条腿，任凭斑马如何踢踏，一点也不敢懈怠。不一会儿，在三只猎狗的齐心攻击下，"庞然大物"斑马终于体力不支，瘫倒在地，成为三只猎狗的盘中餐。

在组织内部，管理者有一个很重要的职能，即科学分工，根据实际动态对人员进行最佳配置。只有每个员工都明确自己的岗位职责，各司其职，才不会产生推诿、扯皮等不良现象。

(4) 工作结果。

工作结果是指工作的绩效与效果的高低，包括标志工作的完成所要达到的具体标准(如产品的产量、质量和效益等)，以及工作者的工作感受与反应(如满意度、出勤率、缺勤率和离职率等)。

(5) 结果反馈。

结果反馈包括两个方面：一是自身对工作的客观反馈；二是别人对工作结果的反馈，如同事、上级和下级对工作的评价。

3. 工作设计的基本原则

从整个企业的生产经营过程来看，工作设计应符合下列四项基本原则。

(1) 因事设岗原则。

一般来说，企业设置的任何工作岗位类型与数量都取决于该企业具体的工作职能划分和总的工作任务量，此即因事设岗。随着企业规模的逐渐扩大、职能范围的加大、生产任务的增加，当企业现有的职能岗位不能满足新的职能需求，或工作总量增加到大于现有工作职位能够承担的工作量时，企业就需要为新出现的职能和业务增加新的职位。

企业在设计每个工作职位时，应尽可能使工作量达到饱和，使有效的劳动时间得到充分利用。如果职位的工作量处于低负荷状态，必然会增加企业的运作成本，造成企业资源的浪费。但是，理想的因事设岗原则本身就涵盖了弹性冗余的理念。

(2) 规范化原则。

工作职位名称的表述应遵循规范化的原则。一个好的职位名称除了是一个代码，能给人一种理念上的认识外，同时还应增加人们对该职位的感性认识。企业经营性质和企业规模的多种多样带来了职位名称的千差万别，有一点却是相对稳定的：职位名称必须与该职位的任务、职责等相匹配，否则就会给具体工作造成很多不便。

(3) 系统化原则。

任何一个完善的组织机构都是一个相对独立的系统。职位是组织系统的基本单元，虽然每个职位都有其独特功能，但组织中任一职位都不是孤立存在的，各职位间都存在着不可分割的联系，其相互配合度、支持度和协作关系极大地影响着组织系统的功能。每个职位都应在企业中发挥积极的作用，它和上下左右的其他职位间的关系应该非常协调。

(4) 最低数量原则。

“最低数量原则”要求以最少的职位数量来承担企业中尽可能多的工作，如此可最大限度地节约人力成本，降低企业负担，还可减少工作过程中信息传递的层次和缩短职位之间信息传递的时间。此外，遵循最低数量原则还可提升组织的凝聚力，有助于管理效度的提高。

4. 工作设计的模式和方法

工作设计是为了有效地达到组织目标，提高工作绩效和满足员工个人需要，对岗位的工作内容、工作职能、工作关系等有关方面进行科学、系统、合理的配置。

1) 工作设计的模式

为了有效地进行工作设计，工作人员必须全面了解工作的当前状态(工作分析就可以

达到该目的)，以及该工作在整个组织流程中的位置或地位(通过工作流程分析来把握)。工作设计的模式有很多，下面介绍几种常见的模式。

(1) 工作轮换。

工作轮换是指在不同的时间阶段，员工在不同的岗位上进行工作。此模式不要求改变工作设计本身，但员工要定期地从一个工作职位转换到另一个职位，即工作不变人要变。例如，人力资源部门的“招聘主管”工作和“薪酬主管”的工作，从事该项工作的员工可以一年进行一次工作轮换。

员工进行工作轮换的好处在于：可以给员工更多的发展机会，让员工感受到工作的新鲜感和工作的刺激；使员工掌握更多的技能；增进不同工作之间员工的理解，提高协作效率。但它也存在一定的局限性：只能限于部分工作轮换，大多数的工作是无法进行轮换的，因为很难使双方正好都能适合对方职务资格要求；轮换后由于需要熟悉工作，可能会使职务效率降低。

(2) 工作扩大化。

工作扩大化是指横向和(或)纵向扩大工作范围。横向扩大化的做法是：将分工很细的作业单位合并，由一个人负责一道工序，改为几个人共同负责几道工序；或者在单调的流水线工作中增加一些变动因素，比如让流水线工作人员从事一部分维修保养、清洗润滑之类的辅助工作；还可以采用包干负责制，由一个人或一个小组负责一件完整的工作。这种方法可以降低流水线转动的速度，延长加工周期，用多项操作代替单项操作等。纵向扩大化的做法是将经营管理人员的部分职能转由生产者承担，工作范围沿着组织形式的方向垂直扩大。例如，让生产工人参与计划制订，自行决定生产目标、作业程序、操作方法、检验衡量工作数量和质量，并进行经济核算；又如，生产工人不仅承担生产任务，还参与产品试验、设计工艺等技术工作。工作扩大化使员工的工作责任增加，改变了他们对工作感到单调乏味的状况，因而有利于满足员工的身心需要，也有利于提高员工的工作效率。

(3) 工作丰富化。

工作丰富化是指通过增加工作责任、工作自主权以及自我控制来满足员工的心理需要，达到激励的目的。例如，一家公司的会计业务原来被分割成发票、审核和查询 3 个业务，分别由不同的部门人员完成，后改成每个会计对一笔买卖的全过程负责；又如，某家具企业的员工对办公桌的所有部件都负有安装责任，员工有机会看到自己的劳动成果，干劲大涨。工作丰富化不仅使员工感到自己有一定的自主权和更多的责任感，也使员工感受到工作的多样性和结果反馈，因而其满意度和生产率都上升了。

(4) 以员工为中心的工作再设计。

以员工为中心的工作再设计是一个将组织的战略与员工对工作的满意度相结合的工作设计理念。它鼓励员工参与其工作的再设计，有效的“以员工为中心的工作再设计”可以形成对员工的有效激励，大大提高其工作主动性和创造性，进而使企业的效益显著增加。在工作设计中，员工可以提出对工作进行某种改变的建议，以使自己的工作更让人满意，但员工还必须说明这些改变如何更有利于实现组织整体目标。运用这一方法可以使每位员工都得到认可，同时也强调了组织使命的有效完成，有助于实现员工与组织的和谐共赢。

2) 工作设计的方法

为了提高工作设计的成功率，有必要掌握一些工作设计的方法。下面介绍几种在工作设计中经常会用到的基本方法。

(1) 科学管理和机械方法。

泰勒的科学管理理论是系统设计工作职位的最早的方法之一。这种方法的思想是通过时间-动作的研究，即寻求人在生产操作过程中的最佳肢体运动轨迹和所需的标准时间以及适宜的体力消耗，找出完成工作的“一种最好的方法”，以达到合理操作和提高工作效率的目的。它的基本方法是工作简单化和标准化，降低工作的复杂程度，把每项工作进行简化，然后让员工在严密的监督下运用标准的方法完成它。它的主要目标是通过特定的操作和程序使工作变得安全、简单、可靠，从而使员工在工作中的精神需要最小化。

现今的知识经济发展阶段，适合这种工作设计方法的适用场景并未完全消失，它在某些情景下仍有应用价值。例如，在教育水平、个人判断和决策活动要求比较少的加工制造行业，其应用还是比较广泛的。但机械地应用这些原理的结果是对严密的监督和僵硬的标准的过分强调。这种工作设计方法在实践中重点关心的是工作任务，而很少考虑工人的社会需要和个人需要，因此产生了很大的副作用，如工作单调乏味、令人生厌，管理者和工人之间产生隔阂与直接冲突，离职率和缺勤率上升，发生怠工等消极对抗行为，工作质量下降。这些因强调专业化而使工作简单化，进而导致的消极后果，可以通过工作扩大化的方式予以改观。

(2) 人际关系法。

人际关系法是指人际关系思想在工作设计中的运用，通过在枯燥的工作内容中增加管理的成分，可以增加工作对员工的吸引力。这种方法强调工作对承接这一工作的员工心理的影响。尽管按照科学管理方法设计工作为企业和员工都带来了利益，但是随着时间的推移，人们发现员工需要从工作中得到的不仅仅是经济的报酬，还需要内在的精神满足，如成就感和满足感。内在的满足只能来自工作本身，因此，工作的难度越大，越有挑战性，越容易给人满足感，内在报酬也就越高。根据人际关系法提出的工作设计方法包括工作扩大化、工作轮换和工作丰富化等。

(3) 工作特征模型法。

工作特征模型一般指工作特征丰富化模型，通过工作扩大化和工作丰富化激发人的工作动机，提高人对工作的满意感。汉克尔曼(Hackerman)与奥德姆(Oldham)提出的工作特征模型说明了任务特性与员工激励、员工绩效和员工满意度之间的关系。这个模型用 5 个核心任务特性来描述任何工作，即：

① 技能的多样性，即完成一项工作所涉及的范围，包括各种技能和能力。

② 任务完整性，即完整完成任务单元的程度，也就是说，个人可以从头到尾完成一项任务的程度。

③ 任务的重要性，即这项工作对周围人的工作或生活的影响程度——不论是在组织内还是在工作环境外。

④ 任务的自主性，即个人能够自主地安排自己完成任务并控制任务进度的程度。

⑤ 绩效的反馈性，即员工能及时获得的关于他所从事的工作的绩效及其效率的表现。

根据这一模型，一个工作岗位可以让员工产生 3 种心理状态：感受到工作的意义、感受到工作的责任和了解到工作的结果。这些心理状态又可以影响个人和工作的结果，即内在的工作动力、绩效水平、工作满足感、缺勤率和离职率等，从而给员工以内在的激励，使员工以自我奖励为基础的自我激励产生积极循环。工作特征模型强调的是员工与工作岗位之间的心理上的相互作用，并强调最好的工作设计应该给员工以内在的激励(见图 2-4)。

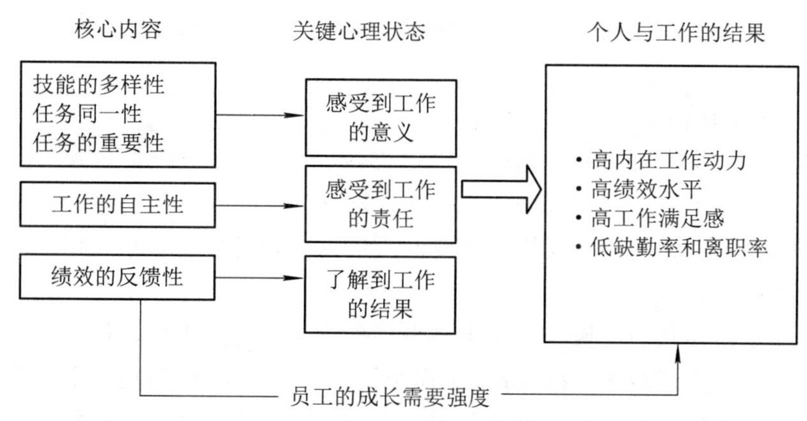

图 2-4　工作激励的工作特征模型

(4) 社会技术系统法。

社会技术系统法是于 20 世纪 80 年代创建的一种工作设计方法，它强调确立工作群体的工作职责并平衡工作的社会和技术部分。社会技术系统法通过全面完善工作特征和建立组织气氛来激发员工的工作积极性，它是对人际关系法的进一步扩展。社会技术系统法的实质是设计工作时考虑工作的技术体系和相伴随的社会体系两个方面。根据这个概念，雇主应该通过对整个工作场所的物理环境和社会环境进行整体或系统的观察来进行设计工作。因为很少有工作涉及同样的技术要求和社会环境，所以社会技术系统法是因情景而定的。社会技术系统法要求工作设计者仔细地考虑员工在这个社会技术体系中的职责、所要完成的任务的本质和工作小组的自主权。在理想情况下，社会技术系统法把组织的技术需要与决策中所涉及的员工的社会需要结合起来。下面是利用社会技术系统法进行工作设计的一些指导原则：

① 在工作中，企业需要在一定条件上对员工做出合理的要求，同时也要提供某些变化，以激发员工的积极性和创造力。

② 当员工工作达到目标时，需要对员工进行一些反馈，这对他们的学习过程有很大的帮助。

③ 员工要对他们的工作拥有一定的自主权，要能够决策和自行处理一些问题。

④ 员工需要从具有多种技能的工作中获得满足感，并得到社会的认可。

⑤ 员工需要能够把工作内容与成果和自己的社会生活联系起来；

⑥ 员工需要相信这项工作能带来某种理想的未来。

工作设计的社会技术系统法已被应用于许多国家，通常被冠以“自治工作小组”或“个人民主”这样的名称。以自我管理工作小组或团体为基础的现代工作设计通常是以社会技术系统法为基础的。在知识经济时代，组织最重视的资源是员工的热情和忠诚。通过工作设计的社会技术系统法把员工安排在相应的工作岗位上，让人与工作相匹配，满足员工各自独特的需求以及技术、能力与个性要求，强化员工对工作意义的体验，增强其对工作结果负责的精神，进而增加工作激励和工作满意度，有效提高个人成就和工作绩效，达到激励员工的目的，从而使员工的终生兴趣得以实现，提高了员工的工作和生活质量，增加了留住人才的机会。

(5) 优秀业绩工作体系。

优秀业绩工作体系(High Performance Work Systems)，又称HP职位设计方法，是将科学管理哲学与人际关系方法结合起来的一种综合标准工作设计方法。这一模型的特点是：同时强调工作社会学和最优技术安排的重要性，认为二者是相互联系、相互影响的，必须将它们有效地予以结合。

在优秀业绩工作体系中，操作者不再从事某种特定任务的工作，每位员工都具有多方面的技能，由这些员工组成团队(Team，工作小组)，团队的目标与整个组织的目标保持一致。由两个或者多个员工组成的一个团队中，各员工以独立的身份相互配合以实现特定的工作目标。团队可以是暂时的，也可以是长期的；可以是半自治的，也可以是自我管理的；可以由具有相同技能的员工组成，也可以由具有不同技能的员工组成；可以包括管理者，也可以没有管理者。工作任务被分配给团队，团队有权在既定的技术约束和预算约束下，自行决定工作任务的分配方式，决定团队成员的工作内容、工作时间，大家只需要对最终产品负责。优秀业绩工作体系非常重视员工的自我管理和团队的运用，但是，团队中通常需要有一个领导来处理纪律问题和对付工作中的困难。团队领导者的责任是建立团队，确保团队成员拥有完成工作所需要的资格，而不是去设计具有内在激励作用的工作岗位，因此团队领导者更像是一个教练和激励者。这种工作职位设计方法特别适合于扁平化和网络化的组织结构。

(6) 其他方法——辅助性的工作职位设计方法。

辅助性的工作职位设计方法包括缩短工作周和弹性工作制。它们并未完全改变完成工作的方法，严格来说说并非工作设计的内容，但是它们改变了对员工个人工作时间的严格规定，并在实际中产生了促进生产率的作用。所以，可以把它们作为辅助性的工作职位设计方法。

① 缩短工作周。

缩短工作周是指员工可以在 5 天内工作 40 个小时，或是每周工作 4 个 10 小时工作日，后者在缩短工作周方面的效果更明显，是更为典型的方式。其优点是：员工每周工作的次数减少，使得缺勤率和迟到率都下降，有助于经济上的节约；员工花在往返工作场所的路上的时间减少，工作的交易成本下降，工作的满足感提高。其缺点是：单个工作日时间的延长使员工感到疲劳，并可能导致危险；员工在工作日的晚间活动还会受到影响；在

实行不同的缩短工作周安排的企业之间(5 天×8 小时与 4 天×10 小时)会发生联络时的时间障碍问题。

② 弹性工作制。

弹性工作制的典型做法是要求员工在一个核心期间(如上午 10 点到下午 4 点)必须工作，上下班时间则由员工自己决定，只要工作时间总量符合要求即可。其优点是：员工可以自己掌握工作时间，为实现个人要求和组织要求的一致性创造了条件；可降低离职率和缺勤率，提高工作绩效。其缺点是：每天的工作时间延长，增加了企业的公用事业费；要求企业有更加复杂的管理监督系统来确保员工工作总量符合规定。弹性工作制虽然对企业的生产率没有明显的影响，但却能使员工得到利益。目前，实行弹性工作制的企业越来越多，特别是工作比较独立的专业人员，弹性工作制的益处在理论上和现实中都得到了证明。

在以上工作设计的各种方法中，工作特征模型法和社会技术方法是企业再造时进行工作再设计的主要方法。各组织所使用的工作职位设计方法可能存在差异，在同一组织中，对不同层次的员工和不同工作职位类别也可使用不同的工作职位设计方法。根据组织的实际情况，可以单独使用一种工作职位设计方法，也可同时综合使用多种职位设计方法。

任务演练

2.4 任务演练

根据以上所学知识，陈小力应怎样重新为大华餐饮有限公司生产车间进行工作设计？

任务实施

某摄影公司的主要业务是摄影、冲印底片和制作艺术照片。该公司有 50 名雇员，有 8 位管理人员。艺术部(8 名雇员和 1 名管理人员)的基本工作是挑选相片，进行艺术处理，并装订成册。如果组织得当，这些工作其实是很有趣的。在工作设计之前，主管人员接收所有的任务并将它们归类整理，然后按工人的技术水平分派任务，指定完成期限。工作负担过重时，主管本人也要完成一部分工作，完成工作后，他必须检查所有的产品，并修补有问题的部分。对主管人员而言，修补有问题的相片是个令人头痛的问题。主管虽然花费了大量的时间和精力在上面，但工作仍有积压，以至顾客和其他部门经常抱怨。结果就是他忙得几乎没有时间培训和管理员工，雇员的出错率也越来越高，工作积压也越来越多，工作的效率也越来越低下。同时，不合理的计酬方式使情况更加恶化。报酬的高低以完成任务的数量来定而不考虑工作难易程度。这使那些有经验的员工从事耗时多的复杂工作而报酬偏低，而那些做着简单工作的新雇员却得到高收入。因此部分员工的不满情绪日益增加，2 个月内，有 3 个员工离开了该部门。公司于是对艺术部的工作进行了重新设计，整个部门共分成两个组：普通艺术照组和婚礼肖像组，每个组由一名熟练工任组长，负责分工和训练新员工，除了刚来的新人，每个工人负责自己的工作质量，一旦出现错误直接返回给本人，主管不再负责修复，加工过程出现问题时员工直接与顾客协商，工资支付方式在原有数量基础上乘工作难度系数，工作难度越高，系数也越大，工资也越高。这些改变使艺术部的月产量增加了 30%，工作质量也大大提高了，工人也能安心工作。请分析该摄影公司是如何进行工作设计的？是否有其他更好的工作设计的方法？

自我检测答案

自 我 检 测

□ **单选题**

1. 下列不属于问卷调查法的优点的是(　　)。

A. 调查深入　B. 便于计算机信息处理　C. 成本低　D. 方便快捷

2. 下列不属于工作分析成果的是(　　)。

A. 工作说明书　B. 工作分析报告　C. 工作描述　D. 工作规范

3. 工作分析的第三个阶段是(　　)。

A. 方案设计阶段　B. 搜集分析阶段

C. 结果表达阶段　D. 运用实施阶段

4. 工作设计模式不包括(　　)。

A. 工作轮换　B. 工作扩大化

C. 工作丰富化　D. 以业务为中心的工作再设计

5. 工作规范的内容不包括(　　)。

A. 人员条件　B. 岗位权责　C. 任职要求　D. 工作能力

□ **多选题**

1. 工作分析的方法有(　　)。

A. 资料分析法　B. 访谈法　C. 人际关系法

D. 职位设计方法　E. 问卷调查法

2. 6W1H 包含以下(　　)。

A. What　B. When　C. Where　D. How　E. Who

3. 工作分析准备阶段的内容包括(　　)。

A. 落实具体人事安排　B. 选择分析岗位　C. 建立分析小组

D. 选择信息搜集方法　E. 动员分析对象

4. 工作设计方法包括(　　)。

A. 缩短工作周　B. 人际关系法　C. 工作特征模型法

D. 优秀业绩工作体系　E. 弹性工作制

5. 工作描述的内容包括(　　)。

A. 人员条件　B. 岗位权责　C. 岗位目的

D. 工作能力　E. 岗位隶属关系

□ **简答题**

1. 什么是工作分析？试说明工作分析的作用与意义。

2. 在进行工作分析时，首先要做哪些准备工作？如何收集、整理岗位信息？

3. 试说明工作分析中各种信息搜集方法的优缺点？
4. 试说明工作设计的意义以及工作设计的方法。
5. 工作分析的流程是什么？
6. 试说明工作分析与人力资源其他模块的关系。
7. 编写工作说明书要注意哪些问题？

互 动 讨 论

清扫工作该由谁来做？

某公司于 2018 年 10 月正式成立，主要开发与生产电子产品，公司现任总经理刘家祥原是一家国有研究机构的高级工程师，他在技术领域和学术造诣上堪称泰斗，而对于现代企业管理却不甚精通。为了配合刘家祥的工作，公司为他配备了两名总裁助理，他们都是近几年从高校招聘的本科毕业生，了解企业管理知识。公司设立了财务部、人力资源部、营销部和生产部 4 个职能部门，部门经理分别为杨斌、张杰、王阳和李静。杨斌、张杰和王阳都是原来研究机构的技术骨干，李静是总经理的一个朋友，以前从事私营企业经营。在四个职能部门当中，李静主管的生产部实际上处于中心位置。在生产部之下，依次设有各车间、班组。

公司满怀信心地投入了运营，各路人马按部就班，各司其职。然而，开业尚不足两个月，公司在内部员工职责权限划分上接连出现了问题。

先是组装车间，一个包装工不小心将大量液体洒在操作台周围的地板上。正在一旁的包装组长见状立即走上前要求这名工人打扫干净。不料，这名工人一口回绝道："我的工作职责中没有要求我打扫卫生。我的职责是包装产品，您应该让勤杂工处理这样的工作。"组长无奈，只好去找勤杂工，而勤杂工不在。因为勤杂工要在正班工人下班后才开始清理车间。于是，包装组长只好自己动手，将地板打扫干净。

第二天，包装组长向车间主任请求处分包装工，得到了同意，谁料人力资源部却不予支持，反而警告车间主任越权。车间主任感到不解，并向李静反映了这一情况，请求得到支持。包装组长更是满腹委屈，他反问道："难道我就该什么都负责？我的职责中也没要求我做清扫工作呀！"

李静觉得自己的车间主任受了委屈，就向总经理反映了这一问题，要求刘总警告人力资源部不要过多地干涉车间内部事务，否则，生产运作会受到不利的影响。但刘总却说："我只管战略性的重大事务，内部的分工与沟通，你们自己去协商。"

李静尽管感到很吃惊，但还是表示理解总经理的指示，并且与人力资源部经理张杰进行协商。张杰的态度也很积极，马上让秘书拿来工作说明书一起分析。包装工的工作说明书规定：包装工以产品包装工作为中心职责，负责保持工作平台以及周围设备处于可操作状态。勤杂工的工作说明书规定：勤杂工负责打扫车间，整理物品，保持车间内外的整洁有序。为了保证不影响生产，工作时间为生产休息时段。包装组长的工作说明书规定：包装组长负责使班组的生产有序、高效，并协调内部工作关系。车间主任的工作说明书规定：车间主任负责本车间生产任务的完成，并且可以采取相应的措施对员工加以激励。人力资源部的职责主要包括员工的招聘、选拔、培训、考评、辞退、奖惩、工资福利等。

因为员工奖惩权归人力资源部，因此，人力资源部坚持认为生产部对员工的处分决定是越权；生产部则认为，对员工的奖惩应由自己决定，否则，难以对员工进行有效管理；包装组长更是感到委屈，并声称要辞职。协商陷入了僵局。

请问：

(1) 目前该公司在人力资源管理上面临的主要问题是什么？

(2) 就妥善解决该公司的人力资源管理的问题，提出你的建议。

拓 展 阅 读

1. 《岗位分析评价与职位说明书编写实务手册(第 4 版)》：作者，孙宗虎及郭蓉；出版社，人民邮电出版社；出版时间，2017 年 12 月。本书结合企业实际需要，按照不同职级和不同人员的岗位特点，详细介绍了岗位分析、岗位评价与职务说明书编制的相关内容，主要包括岗位分析的内容和目的、岗位分析的方法、岗位分析的实施、岗位设置与工作设计、岗位评价与薪酬体系设计、岗位分析与职位说明书的应用等内容。同时，针对移动互联网时代的特点增加了“数据分析师”“游戏开发工程师”等新兴职位的职位说明书，相关内容适合互联网企业的人力资源管理人员参考使用。本书将模板与工具相结合，案例与方案相结合，可以有效指导人力资源管理人员进行岗位分析与岗位评价、编制职位说明书等相关工作。

2. 《工作分析的方法与技术(第 4 版)》：作者，萧鸣政；出版社，中国人民大学出版社；出版时间，2014 年 1 月。本书全面、深入、系统地阐述工作分析理论与方法，在国内高校和实际部门使用极其广泛，被评为“十二五”普通高等教育本科国家级规划教材。本书系统介绍了企业与公共组织人力资源管理中的各种工作分析技术及其操作方法，内容简明实用，突出了如何把工作分析运用于组织管理实践，提高人力资源管理和人力资源开发的效率与效果。

模块 3　员工招聘与选拔

员工的招聘与选拔是制约企业人力资源管理工作效率的瓶颈所在。在人力资源规划的指导下，如何根据企业的经营目标与业务要求及工作说明书，把优秀的人才、所需要的人力在合适的时候放在合适的岗位，是企业成败的关键之一。

知识目标

◎ 了解员工招聘的意义、原则、影响因素。
◎ 掌握员工招聘的程序、来源与方法。
◎ 掌握员工招聘选拔的方法。

能力目标

◎ 能够根据给定的背景资料为企业设计招聘计划。
◎ 能够编制企业的招聘简章。
◎ 能够给基层岗位设计人员选拔方案。

模块学习导图

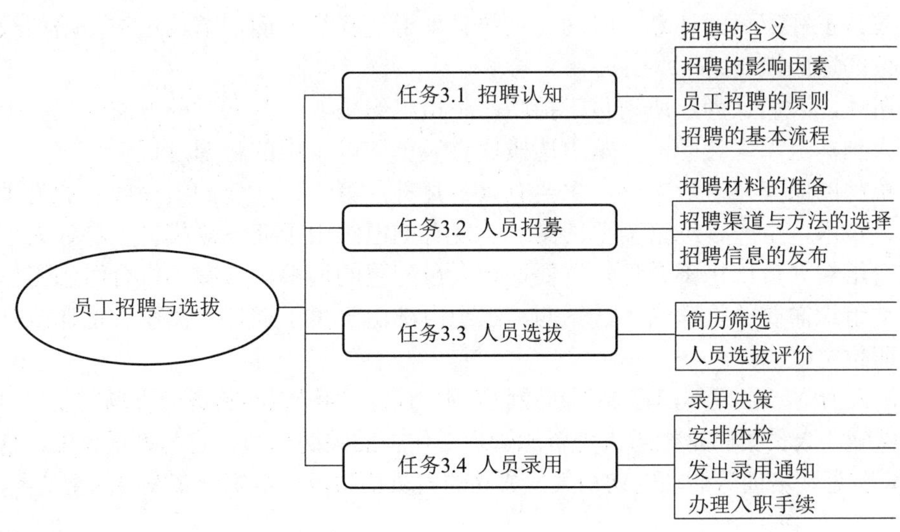

任务 3.1　招 聘 认 知

情境导入

大华公司人力资源部通过人力资源规划，预估公司需增补的岗位及人员具体信息如表 3-1 所示。

表 3-1　大华公司招聘岗位及人数

招聘岗位	人数	招聘岗位	人数
会计	3 人	销售顾问	18 人
行政文员	2 人	销售副总	1 人
客服专员	6 人	销售主管	2 人
行政经理	2 人	保洁员	3 人

陈小力接到经理交给他的任务：根据公司的人员需求制订人员的招聘计划。

知识链接：招聘概述

1. 招聘的含义

招聘是企业吸收与获取人才的过程，是获得优秀员工的保证。招聘实际上包括两个相对独立的过程，即招募(Recruitment)和选拔聘用(Selection)。招募是聘用的基础和前提，聘用是招募的目的和结果。招募主要通过宣传来扩大影响，树立企业形象，达到吸引人应征的目的；聘用则是使用各种技术测评与选拔方法挑选合格员工的过程。很多组织往往忽视招募，只把工作重点放在选拔聘用上，这是不对的。因为这有可能导致错误的录用与错误的淘汰。应该重视招募的计划、时间、宣传、渠道选择等方面，节约选拔与培训成本，提高人与职位的适应性。

综上所述，我们认为，所谓员工招聘，是指组织采取一些科学的方法寻找、吸引具备资格的个人到本组织来任职，并从中选拔适宜人员予以录用的管理过程。

企业招聘的原因，一般来讲，主要有以下几种：第一，新建的组织或企业为了满足企业的目标、技术、生产、经营需要；第二，现有的组织由于业务规模扩大导致人手不足；第三，现有组织人员结构不合理，需要进行人员配置的调整，裁减不符合组织工作要求的人员，吸纳组织需要的特殊人才；第四，组织内部由于员工调任、离职、退休或升迁等原因造成的职位空缺。

因此，人力资源管理部门需要不断吸收新生力量，为组织不断适应市场需要提供可靠的人力资源保障。人员招聘是组织人力资源管理工作中的关键环节，它与人员调配、任用、考核、晋升、奖惩和培训等活动密切相关。成功的人员招聘，是组织健康发展的重要条件。

2. 招聘的影响因素

由于招聘是在一定的环境中进行的，招聘是否有效，会受到各种因素的影响。在招聘中只有充分利用正面的影响因素，抑制负面的影响因素，才能使招聘获得成功。

组织环境是指存在于组织边界之外的并对组织具有潜在的或部分影响的所有因素，这里所指的环境主要包括经济环境、社会环境和法律环境。

1) 经济环境

经济环境影响因素主要包括经济制度、经济发展周期和国家的经济政策。在市场经济体制下，倘若组织需要从外部招聘员工，那么劳动力市场就成为最主要的来源。组织需要的劳动力类型及劳动力的供给数量、供给结构和供给质量是影响组织招聘的重要因素；劳动力的需求量大小、需求结构以及需求行为特征是对组织招聘工作的重要影响因素；由于劳动力供求双方力量的相互作用，工资因素和非工资因素也会影响组织对该种类型劳动力的需求。

经济在运行过程中，通常会出现繁荣与衰退的周期性交替。在经济繁荣时期，劳动力需求会相对旺盛；在经济低迷时期，劳动力的需求可能会存在普遍不足的状况。

国家的财政政策和货币政策将会对组织的招聘工作产生影响，国家以及各级行政机关通常会适时出台相关的经济政策，这也会影响劳动力市场和组织内部的各项人力资源管理政策。比如，某市为了提高本地区大学毕业生就业率，提出了“招聘单位应优先聘用有本地户口的大学毕业生”的政策等。

2) 社会环境

社会环境影响因素主要是指社会资本、信息技术对组织的影响。

在招聘管理中，为了提高竞争优势，组织会考虑社会资本与招聘管理的相互联系。社会资本是组织中人与人之间强烈的、善意的、可信的和合作的关系产生的生产潜能。社会资本的大小将影响组织的士气，从而最终影响组织的竞争力。社会资本是需要组织投资和培养的，并有意识地体现出组织所提倡的社会资本特征，这些特征已开始强烈地影响着组织的招聘理念、招聘战略、招聘技术和方法以及招聘内容与目标。比如，劳动者在求职中会更加看重企业良好的声誉和形象，很多时候这一因素排在了良好的设备和资源、方便的上下班交通以及弹性工作时间等因素的前面。

信息技术的发展大大地促进了管理效率的提高，降低了组织内外信息交流的成本，并且正在迅速地改变着那些非常依赖信息流的产业和管理活动。招聘管理的一系列事务也受到其深刻的影响。

TIPS!

社交招聘

社交招聘是指在社交网络(一般有职业类社交网络和娱乐类社交网络的说法，职业类社交网络以优士网、Linkedin 为例，娱乐类社交网络以新浪微博为例)中进行人才招聘。在社交网络中，招聘方和求职者可以进行多角度互动，从而更有利于双方的需求达成一致，而不是“职位广告”与“简历”之间的关系，如人和网、天际网、赶集网、58同城等。

3) 法律环境

招聘工作在执行过程中的一个重要原则是公平性，保证公平的前提是遵循法律法规。所以招聘管理不但要符合组织内部有关招聘方面的各项规章制度规定，而且要符合国家的法律规定，法律环境的好坏是保证招聘管理工作顺利完成的关键。

员工招聘、录用是企业人力资源管理行为中的重要环节。按照相应的法律、法规及合法的程序录用员工，不仅可以为企业找到合适的人才，而且可以避免劳动争议事件的发生。减少招聘过程中产生的法律纠纷以及以后员工流出时产生的劳动争议，对提高组织运行的有效性是十分必要的。

3. 员工招聘的原则

员工招聘是确保组织生存与发展的一项重要的人力资源管理活动。在招聘过程中，应遵循以下原则。

1) 合法性原则

招聘工作应严格遵守国家相关法律法规的规定，不得违背法律法规要求。《中华人民共和国宪法》和《中华人民共和国劳动法》都在保障劳动者就业方面做出了相关规定。组织在制订招聘计划时，必须保证其招聘条件或招聘过程的合法性。在招聘时，应坚持平等就业、互相选择、公平竞争的原则，反对种族歧视、性别歧视、年龄歧视、信仰歧视，照顾弱势群体、少数民族和残疾人等特殊群体，坚持先培训后就业的原则。

2) 公开、公平的原则

组织招聘人员是一种市场行为。市场行为的基本要求是供需双方的平等互利、自由选择。劳动者有选择适合自己特点的组织和工作岗位的权力，招聘组织有依据自身选人标准选拔应聘者的自由。为了适应市场选择机制的要求，招聘组织应将招聘信息、招聘流程和招聘方法公之于众，公开组织招聘活动。这样一方面可以给予社会上的人才以公平竞争的机会，达到广招人才的目的；另一方面可以使招聘工作置于社会的公开监督之下，防止不正之风。

公平竞争是市场有效性的特征。在组织招聘工作中，应对所有应聘者一视同仁，不得人为地制造各种不平等的限制或条件，要不分国籍、民族、性别，一律平等对待；也不能提供各种不平等的优先优惠政策，要努力为社会上的有志之士提供平等竞争的机会，不拘一格地选拔、录用各方面的优秀人才。只有采用“赛马”的方法公平竞争，才能使人才脱颖而出，同时达到激励其他员工的目的。

3) 效率优先的原则

在招聘过程中，要根据不同的招聘要求，灵活选用适当的招聘、选拔的形式与方法。在保证质量的前提下，尽可能地降低招聘成本，录用高素质的、企业急需的人才，或者说，以尽可能低的招聘成本招聘到同样素质的员工。对高级管理人员的招聘选拔，因用人标准高、识别难度大，招聘选拔的程序可选择较复杂的流程，运用多种测试手段进行鉴别，确保选出的人选符合高级管理职位的要求。但对普通岗位人员的招聘、选拔，就不必选用复杂的测评系统。例如，打字人员的招聘、保安人员的选拔等，采用简单的面试或现场试用观察的方式，就可识别应聘者是否合适。这样，在保证招聘质量的前提下，尽量降低招聘成本，体现效率优先的招聘原则。

4) 全面衡量的原则

组织要对候选人员的品德、知识、能力、智力、心理、过去工作的经验和业绩等方面进行全面考核和考察。因为一个人能否胜任某项工作或者发展前途如何，是由多方面因素决定的，其中的非智力因素起着决定性作用。组织应通过对候选人员的智力因素和非智力因素的全面了解，来选择合适的人选。

5) 职能匹配的原则

人的能力有大小，本领有高低，工作有难易，要求有区别。招聘工作，应量才录用，做到人尽其才、用其所长，这样才能持久、高效地发挥人力资源的作用。在当前的人才招聘中，存在人才高消费、相互攀比的现象。这种不顾职位工作需要的做法，造成了人力成本的上升和人才的流失。因此，在招聘中要遵循能级对应原则，即能力要和职位相匹配。

6) 内部优先、内外兼顾的原则

当企业中的工作出现职务空缺时，应当首先考虑提拔或调动原有的内部职工。从企业内部招聘员工，员工能更快地适应工作，这样招聘既可以降低招聘成本，又可以调动员工的积极性。只考虑从外部招聘员工，往往会引起企业内部员工的不满，使员工对企业失去信心，他们看到在企业升迁无望，往往会辞职或在工作中宣泄不满，人为地制造矛盾，从而产生负面的影响。但是，内部优先招聘，可能会导致人际关系复杂化，经营思想保守，不利于企业的发展。所以招聘工作要内部优先，同时对一些部门要实行内外兼顾的原则。

4. 招聘的基本流程

1) 招聘与录用的基础工作

人员招聘是人力资源管理工作中的一个重要环节，它不是孤立的工作，而是需要建立在两项基础工作之上，即人力资源规划和工作分析。

(1) 人力资源规划。

前面提到，人力资源规划是指为实施企业的发展战略，完成企业的生产经营目标，根据企业内外环境和条件的变化，运用科学的方法对企业人力资源供给和需求进行预测，制定相应的政策和措施，从而使得企业人力资源管理供给和需求达到平衡的过程。人力资源规划的具体内容决定了组织预计要招聘的用人部门、工作岗位、人员数量、到岗期限和人员类型等。招聘工作质量的高低，与人力资源规划的规范化程度相关。要想做好人员招聘工作，应对人力资源规划有透彻的理解，要与用人部门的负责人进行沟通、协商，对招聘策略达成共识后才能启动人员招聘工作，确保招聘前期工作落到实处。

(2) 工作分析。

工作分析又称职务分析，就是对企业中的某项职务进行全面、系统的调查、分析和研究，分析职务本身的各项内容以及员工对此职务应当承担的责任和应具备的素质等。工作分析的结果包括工作描述和工作规范两个部分。前者是关于职务方面的内容，包括职务的性质、内容、规定的责任、工作条件和环境等；后者是关于员工工作方面的内容，包括员工自身的素质、技术水平、工作能力等。

总之，企业的人力资源规划重在落实未来需增加人员的部门和岗位，它提供了需要的人员数量，但没有界定用人岗位的具体职责。因此，仅有人力资源规划无法展开具体的招聘工作。这时就需要进行工作分析，将需要用人的岗位的职责、工作能力、人员素质和能力结构的分析结果作为招聘人员的依据和选拔标准，有的放矢地选拔组织所需人才，方能保证招聘效果，达到招聘目的。这两者的结合大大增强了招聘工作的科学性。

2) 制订招聘计划

招聘计划是招聘的主要依据。由于员工招聘直接影响到人力资源开发与管理的其他步骤，因此，制订招聘计划的目的在于使招聘工作更加合理化、科学化。一般先由用人单位根据部门发展需要提出招聘需求，然后由人力资源部门制订招聘计划，签署意见后交上级主管审批。

招聘计划的具体内容包括：

(1) 招聘岗位和岗位要求，包括招聘的职务名称、人员需求量、任职资格要求等内容。

(2) 招聘信息发布的时间和渠道。

(3) 招聘渠道和方法的选择。

(4) 招聘小组人选，包括小组人员姓名、职务、各自的职责。

(5) 应聘者的考核方案，包括考核的场所、大体时间、题目设计等。

(6) 招聘的截止日期。

(7) 新员工的上岗时间。

(8) 招聘费用预算，包括资料费、广告费、差旅费和人才交流会费用等。

(9) 完整、详细的招聘工作时间表。

(10) 招聘广告样稿。

3) 实施招聘

实施招聘是指从确定空缺职位到候选人被正式录用的全过程，包括提出招聘需求、确定招聘渠道和方法、获得候选人、对简历进行筛选、选拔测试、录用等一系列具体的工作环节。它是招聘计划在招聘过程中的贯彻落实或具体化。

4) 招聘效果的评估

招聘工作的最后一个环节就是要对招聘的效果进行评估。这一过程可以帮助企业发现招聘过程中存在的问题，对招聘的各个阶段进行优化，以便提高以后招聘的效果。一般来说，招聘效果的评估包括以下四个方面：

(1) 招聘成本评估。

招聘成本评估主要是对招聘中的费用进行调查、核实，并对预算进行评价的过程。招聘成本评估是鉴定招聘效率的一个重要指标。如果成本低、录用人员数量多，就意味着招聘效率高；反之，则意味着招聘效率低。企业进行小型招聘时，成本评估工作很简单，如果是大型的招聘活动，一定要认真做好评估工作。招聘成本评估的指标主要包括：

$$\text{总成本效用}=\frac{\text{录用人数}}{\text{招聘总成本}} \tag{3-1}$$

$$\text{招聘成本效用}=\frac{\text{应聘人数}}{\text{招聘期间费用}} \tag{3-2}$$

$$\text{选拔成本效用}=\frac{\text{被选中人数}}{\text{选拔期间费用}} \tag{3-3}$$

$$人员录用效用=\frac{正式录用人数}{录用期间费用} \tag{3-4}$$

此外，还可以用招聘收益成本比来反映招聘工作的有效性。它既是一项经济评价指标，也是对招聘工作的有效性进行考核的一项指标。

$$招聘收益成本比=\frac{所有新员工为组织创造的总价值}{招聘总成本} \tag{3-5}$$

TIPS!

招聘成本的内容

(1) 招募成本。招募成本是为吸引和确定企业所需要的人力资源而产生的费用，主要包括招聘人员的直接劳务费用、直接业务费用、其他相关费用等。

(2) 选拔成本。选拔成本是指对应聘人员进行鉴别选择并做出决定(录用或不录用哪些人员)所支付的费用构成。

(3) 录用成本。录用成本是指经过招聘选拔后，把合适的人员录用到企业所发生的费用。录用成本包括录取手续费、调动补偿费、搬迁费和旅途补助费等由录用而引起的有关费用。

(4) 安置成本。安置成本是为安置已经被录取的员工到具体的工作岗位所发生的费用，包括为安排新员工的工作所必须发生的各种行政治理费用、为新员工提供工作所需要的装备条件以及录用部门因安置人员所损失的时间成本而发生的费用。

(5) 离职成本。离职成本一般是指因招聘不慎、员工离职而给企业带来的损失，一般包括直接成本和间接成本两部分。

(6) 重置成本。重置成本是指因招聘方式或程序错误致使招聘失败而重新招聘所发生的费用。

(2) 录用人员评估。

录用人员评估就是根据组织招聘计划和招聘岗位的工作分析，对所录用人员的质量、数量和结构进行评价的过程。招聘工作结束后，对录用人员进行评估是一项十分重要的工作。只有在招聘成本较低，同时录用人员数量充足且质量较好时，才说明招聘工作的效率高。录用人员的数量评估可以通过录用比、招聘完成比、应聘比等来完成；录用人员的质量评估可以根据招聘的要求对录入人员进行等级排列来确定。

① 录用比：

$$录用比=\frac{录用人数}{招聘人数}\times 100\% \tag{3-6}$$

该指标的值越小，聘用者的素质可能越高，但也要看应聘者的整体素质水平。

② 招聘完成比：

$$招聘完成比=\frac{录用人数}{计划招聘人数}\times 100\% \tag{3-7}$$

该指标说明了是否完成招聘计划。如果招聘完成比大于 100%，则说明在数量上超额完成了招聘任务。

③ 应聘比：

$$应聘比=\frac{应聘人数}{计划招聘人数}\times 100\% \tag{3-8}$$

该指标说明了招募的效果，该比例越大，则招聘信息发布的效果越好。

对录用人员质量的评估，还可采用以下统计指标。

① 录用合格比：

$$录用合格比=\frac{已录用人员胜任岗位人数}{实际录用总数}\times 100\% \tag{3-9}$$

录用合格比反映了人员招聘的有效性及准确性。

② 录用基础比：

$$录用基础比=\frac{原有人员胜任岗位人数}{原有人员总数}\times 100\% \tag{3-10}$$

(3) 录用人员的工作评估。

通过对录用新员工的合格率、职位平均空缺时间、新员工满意度等指标的计算与分析，可反映招聘人员工作的效率与效果。

(4) 招聘活动总结。

在招聘活动结束之后，企业应及时进行总结。这项工作主要通过撰写总结报告来进行，这样就可以对招聘工作的全过程进行记录和经验总结，为下一次招聘的成功打好基础。撰写招聘活动总结时要注意以下几个方面的问题：

① 真实地反映招聘的全过程。将招聘活动中的一般过程和重要细节记录下来，不能带有主观的色彩，以便于之后客观、正确地分析问题。

② 由招聘的主要负责人撰写。在招聘过程中，主要负责人要对招聘全过程有清楚的了解，能够全面地记录整个招聘过程，而其他招聘人员大多只熟悉其中的某一个步骤便可。

③ 明确指出招聘的成功和失败之处。在客观描述的基础上，再用独立的段落写出招聘活动的经验，这对于下一次招聘有着重要的参考意义。

招聘总结的主要内容如下：

① 招聘计划简述。招聘计划是在制定人力资源规划之后、实施招聘活动之前产生的，在这里只需要说明招聘岗位名称、数量、招聘计划何时完成、人员何时能够上岗工作、招聘工作由哪个部门负责实施等。

② 招聘进程。招聘进程以时间表的形式描述招聘与录用的时间安排与落实。

③ 招聘结果。招聘结果记录每次测试的人员的数量与最终录用决策。

④ 招聘经费。这部分内容应当详细地叙述招聘费用的使用和支付情况。

⑤ 招聘评定。这部分内容实质上是招聘综合分析的结果。在写招聘评定时，既要总结出合理的有借鉴意义的成功经验，又要客观地指出招聘工作存在的不足。

从招聘组织的角度看，招聘工作成绩的评价还有多种方法，但所有的评价方法都要落

实到需花费资源的既定条件下，使空缺岗位招到的申请人具有适应性。这种适应性可用全部申请人中合格的数量所占的比重、合格申请人的数量与空缺岗位的比率、录用的新员工绩效水平和新员工的辞职率等指标来评价。另外，也可通过对新员工发放调查问卷、访谈等方式，了解他们对招聘工作的满意度，征求他们对招聘流程的改进建议，为完善以后的招聘工作积累经验。

任务演练

3.1 任务演练

根据以上所学知识，陈小力应怎样编制公司本年度的人员招聘计划？

任务实施

杭州某软件公司现需招聘两名软件设计工程师，请你为公司编制一份完整、可行的招聘计划。

任务 3.2　人 员 招 募

情境导入

陈小力制订的招聘计划得到了经理的批准，根据招聘计划，大华公司将于今年 4 月份参加 XX 职业技术学院举办的校园招聘会，招聘销售顾问、会计、客服主管等岗位。经理交代陈小力提前在学院发布招聘信息，做好宣传，保证招聘的效果。

知识链接：招聘信息发布和渠道选择

1. 招聘材料的准备

1) 招聘简章的制作

招聘简章是招聘信息的载体，招聘简章的撰写是招聘工作能否成功完成的前提和保证。一份完整的招聘简章一般包括以下内容：

(1) 标题，如“招聘”“诚聘”“××单位诚聘”等。

(2) 招聘企业的性质和经营范围等基本情况。

(3) 招聘职位、人数和招聘对象的条件。

(4) 应聘时间、地点、邮编、联系方式和联系人。

(5) 落款。

一份优秀的招聘简章应该充分显示组织对人才的渴求和吸引力。招聘简章要能够突出组织的特色，引起受众的注意。一般来说，招聘简章的基本要求是：

(1) 语言简明清晰。

(2) 招聘对象的条件一目了然。

(3) 措辞既要实事求是，又要热情洋溢，表现出对人才的渴求和应有的尊重。

如何制作一份优秀的招聘广告

2) 各类招聘表格的设计

在招聘的各个环节中，为了保证规范化、科学化，需要设计和应用各类有关招聘的表格。这些表格主要包括以下几类：

(1) 招聘需求、应聘者资料分析类表格。

这类表格包括人才需求表、工作说明书、人事部年度招聘计划报批表、人员增补申请表、招聘申请书、求职人员基本情况登记表、应聘人员登记表、求职申请表等。应聘人员登记表、求职申请表是招聘工作初选的依据，因此用统一格式记录应聘者的基本情况能使人力资源部门提高招聘效率。

(2) 选拔评价类表格。

选拔评价类表格主要是一系列人员素质测评量表。

(3) 人员录用类表格。

人员录用类表格主要包括员工到职单、录用通知书、聘任书等。

2. 招聘渠道与方法的选择

在招聘需求获得批准后，需要选择合适的渠道和方法来获取职位候选人。招聘渠道是企业能够发现具备资格的员工的途径。招聘方法是指能够将潜在员工吸引到本公司来的特殊的方式。企业可以从多个渠道获得人力资源。概括来讲，招聘渠道通常可以分为两类，即内部招聘和外部招聘。

1) 内部招聘的来源与方法

内部招聘就是从组织内部现有的员工中选拔合适的人才来补充空缺或新增的职位，实际上是组织内部的一种人员调整。在进行人员招聘工作时，组织内部调整应先于组织外部招聘，对于高级职位或重要职位的人员招聘工作更应该如此。

(1) 内部招聘的条件。

内部招聘有其自身的特殊性，因此，组织要根据自身的实际情况和岗位的实际需求来决定是否采取内部招聘。一般来说，若组织要进行内部招聘，则应该具备以下几点：

① 组织内有充足的人力资源储备。组织如果能够在平时注重人才的积累和储备，有自己的人才储备池，在发生岗位空缺时，就能够有足够的人员迅速补充上来，从而减少因人才流失带来的损失。

② 内部的人员质量能够满足组织发展的需要。组织一方面要有充足的人才储备，即要有数量上的保证；另一方面，内部有关人员的能力也要达到组织的要求，即要有质量的保证。

③ 要有完善的内部选拔机制。公平、公正的内部选拔机制可以帮助组织选拔出符合实际需要的员工，激发现有职工的工作热情。

(2) 内部招聘的来源。

内部招聘的来源主要包括内部晋升和工作轮换、工作调换、内部人员重新聘用。

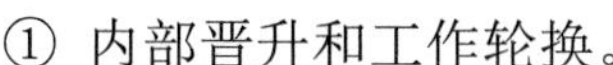

① 内部晋升和工作轮换。

内部晋升是指从组织内部提升员工来填补高一级的职位空缺。晋升促使组织的人力资源垂直流动，可以激发组织内其他员工的士气，使组织的工作效率不断提高。在使用这种方法时，组织要建立良好的晋升机制，保证选拔的公开、公平、公正。

工作轮换主要是指组织内部人员的横向流动，一般是指职务级别不变的情况下，在组织内部轮换工作岗位。工作轮换有助于员工扩展自己的知识面，得到更多的实际经验。

内部晋升和工作轮换是建立在系统有序基础上的内部职位空缺补充方法。内部晋升一般适用于中层管理人员，而且在时间上可能是较长时间的，甚至是永久的；工作轮换则适用于一般员工，它既可以使有潜力的员工在各方面积累经验，为晋升做准备，又可以减少员工因长期从事某项工作而带来的枯燥与无聊。

② 工作调换。

工作调换主要是指组织内部劳动力的横向流动，在职务级别保持不变的前提下，调换员工的工作岗位。这样一来不仅填补了职位空缺，还使员工对不同工作有了更广泛的了解，既丰富了工作本身，又拓展了他们的知识面。参加过工作调换的员工能将相关岗位的知识技能结合起来，从而更有效地工作。知识的丰富化、系统化还能有效地激发员工的创造力，为企业的技术创新、产品创新做出贡献。

③ 内部人员重新聘用。

有些企业由于一段时间内的经营效果不好，会暂时让一些员工下岗待聘，当企业情况好转时，再重新聘用这些员工。由于这一部分员工对企业有了解，能够很快适应工作岗位，所以可以节省大量的培训费用；同时，又能以较小的代价获得对员工的有效的激励，使组织具有凝聚力，促使组织与员工共同发展。

(3) 内部招聘的方法。

内部招聘的方法主要包括推荐法、档案法以及布告法等。

① 推荐法。

推荐法是由企业员工根据单位和职位的需要，推荐其熟悉的合适人员，供用人部门进行考核和选择。由于员工对工作需求和职位资格限制有充分的了解，所以其推荐的人员实际上已通过了初步筛选，提高了企业招聘效益。另外，类被推荐人不会轻易离职，他们的个人经历、背景信息也比较可靠。

② 档案法。

企业人力资源部都有员工的档案，从中可以了解员工的各种信息，包括教育、培训、经验、技能、绩效等方面，进而帮助用人部门或人力资源部寻找合适的人员来补充空缺的职位。尤其是企业在建立了人力资源管理信息系统(HRMIS)后，将人力资源信息做了极大限度的量化处理，保证每一个具备资格的员工都能被充分考虑。出现突发性的人员短缺时，可以快速地在内部员工中挑选可能的任职者来填补空缺，既节约了时间，又提高了人力资源的效率。

③ 布告法。

布告法是内部招聘最常用的方法，尤其是对非管理层的职位而言。当企业在确定了空缺职位的性质、职责及所要求的条件等情况后，将这些信息以布告的形式公布于企业中，使所有的员工都能获得信息，所有拥有这些资格的员工都可以申请该职位。人力资源部门或用人部门对这些申请人进行筛选，选中最合适的申请人进行面试。这种方法的优点是，能使员工感觉到企业招聘的透明度和公平性，并认识到在企业中只要有能力、肯努力，就有晋升的机会，这也有利于促使员工更加努力地工作。

2) 外部招聘的来源与方法

外部招聘是指根据一定的标准和程序，从企业外部的众多人选中选拔出符合空缺职位工作要求的人员。内部招聘虽然具有许多优点，但也有一个明显的缺点，那就是人员选择的范围比较小，往往不能适应企业的需要。尤其是当企业处于创业初期或快速发展的时期，或是需要特殊的人才(如高级技术人才、高级管理人才)时，仅仅有内部招聘是不够的，必须借助于企业外部的劳动力市场，采用外部招聘的方式来获得所需的人员。

(1) 外部招聘的条件。

① 组织为了获取内部员工不具备的技术、技能等；

② 组织出现职位空缺，内部员工数量不足，需要尽快补充；

③ 组织需要能够提供新思想、新观念的创新型员工；

④ 组织为了建立自己的人才库；

⑤ 和竞争对手竞争一些具有特殊性、战略性人才。

(2) 外部招聘的来源。

外部招聘的人员来源较多，例如熟人介绍的、主动上门求职的、职业介绍所来的、学校推荐的。他们可能是学校的毕业生、其他企业的员工，也可能是失业人员。

(3) 外部招聘的方法。

① 广告招聘。

广告招聘是利用各种宣传媒介发布组织招募信息的一种方法，也是宣传企业形象的常用方法。不同的广告媒体具有不同的特点和适用范围，因此，根据组织人员需求分析、工作分析以及招聘对象特征等选择合适的媒体成为保障招聘效果的前提。为了增加招到最佳求职者的机会，应注意以下几点：媒体的定位、媒体的相关内容集中度及多种媒体并用。

② 职业中介机构。

职业中介机构是近几年来随着我国市场经济体制的建立和完善而产生和发展起来的。它作为职业供需双方的中介，承担着双重角色：既为组织择人，也为求职者择业。目前，我国职业中介机构的主要种类有劳务市场、人才交流中心或人才市场、人才咨询公司、高级人才咨询公司等。

职业中介机构的作用是帮助雇主选拔人才，节省雇主的时间，特别是在企业没有设立专门的人事部门或者需要立即填补空缺时，可以求助于职业中介机构。如果企业需要长期借助于职业中介机构，就应该把工作说明书和有关要求告知职业中介机构，并委派专人同其保持稳定的联系。但是借助于职业中介机构有一个不利因素，那就是需求者与求职者存在一定的信息不对称，进而容易造成人员与职位的不匹配。因此，在选择职业中介机构时，应尽量选择一家信誉较好的职业中介机构并同其保持长期稳定的关系，要求他们提供尽可能多的适合职位要求的人选。

③ 猎头公司。

猎头公司是指为组织寻找高级人才的服务机构，是一种与职业中介机构类似的就业中介组织，但是由于它特殊的招聘方式和服务对象的特殊性，所以被看作是一种独立的招聘渠道。猎头公司一般都拥有自己的人才数据库，他们通晓各种行业、组织对特殊人才的需求，同时根据市场的变动及时收集大量的人才信息。因此，利用猎头公司进行招聘的成功率较高。

一般来讲，通过猎头公司招聘人才的费用相对较高，大致为推荐人才年薪的 1/4 到 1/3。但由于高级主管人员和高级技术人员属核心人才，对于组织具有较大的战略意义，而这类人员很难从公开市场上获得，因此，从组织利益的角度来衡量，这种方法的成本是微不足道的。通过猎头公司招聘人才对企业来说存在较大的风险，因此企业应审慎选择。采用这种方法时，企业要注意考察猎头公司的资质，看它是否具有严格的操作规范、优秀的专业水准、强烈的服务意识，并且深刻了解客户所处的行业，自觉遵守法律法规；要事先明确双方的责任和义务，并就一些可能发生异议的问题达成协议，如服务费用和支付方式、时限、候选人的标准、保证期的承诺、后续责任等。

④ 员工推荐。

员工推荐，又叫熟人介绍，是常见的推荐方式，很有效。据研究，在外部招聘的方法中，它的有效性排第一。因为员工对应聘者与所空缺职位都比较了解，再加上举荐会涉及他的声望，所以，员工总是举荐高质量的求职者。为了保证员工推荐的质量，必须对推荐者的推荐情况进行跟踪和记录。组织可以建立一些特别的奖励制度，奖励推荐了合适的职位人选的员工。

员工推荐有很多好处；第一，可以节省招聘人才的广告费和付给职业介绍所的费用，招聘成本比较低廉；第二，因为员工对候选人的了解比较准确，可以得到忠诚而可靠的员工。

⑤ 自荐。

自荐是指在没得到公司内部人员推荐的情况下，应聘者直接向招聘单位提出求职申请。求职者在某种程度上已经做好了到企业工作的充分准备，并且确信自己与空缺职位之间具有足够的匹配程度，然后才会提交求职申请。

自荐的优点是费用低廉，可以直接进行双向交流；而且求职者已经花费很长时间了解企业，也更容易受到激励。不足之处是随机性较大，时间较长，合适人选不多。因此，采用这种方式招聘人员时，需要由专人接待，要有详细的登记表格，并尽可能鼓励求职者表现自己的才能。

⑥ 校园招聘。

学校是人才高度集中的地方，对于大多数组织来说，面向校园招聘员工也是一种普遍的招聘方法。在我国，每年都有数以万计的大学生迈出校门，走向社会。大学生的专业知识和工作热情是组织所期待的。在校园招聘的过程中，大型组织可以通过举办大型专场招聘会的方式进行招聘，而一般组织会选择校园广播、网络、公告栏或学院推荐等方式进行招聘。组织为了能吸引到更多的优秀毕业生，往往会在第一时间到学校宣传、举办招聘会。有些组织除定期到校园做宣传、开招聘会外，还会通过赞助校园文艺、学术活动和设立奖学金等形式来扩大知名度，吸引优秀人才的注意。一些知名企业还通过设立奖学金或助学金，与学校建立长期稳定的关系。

校园招聘的不足之处主要表现在：招聘受时间的限制，一般一年只能招聘一次，当组织急需人才时，这种方法难以满足需求。

一般而言，大学生的素质较高，具有生机和活力，但他们大都缺乏实际工作经验。所以，为了保证校园招聘的效果，在校园招聘过程中要注意以下几点：要求企业精心选择学校；选派能力较强的招聘人员并对其进行培训；在招聘的时候采用真实工作预览的策略。

⑦ 网络招聘。

随着计算机技术的发展和劳动力市场的需求，网络招聘已被越来越多的公司采用。网络招聘信息覆盖面广、速度快、费用低、联系快捷方便，供需双方选择余地大，且不受时间、空间的限制，各类招聘网站如雨后春笋般涌现，在企业和求职者之间建立了一座方便沟通的桥梁。

综上所述，外部招聘的方法有很多，企业在实际工作中可以根据具体情况，选择适当的方法。有调查显示，就管理职位而言，采用报刊广告、利用私营中介机构和依靠雇员推荐的比例分别为80%、75%和65%；对于专业技术职务，采用校园招聘、选择专业杂志进行招聘以及利用中介机构的比例分别是75%、60%和55%；对于一般工作人员，采用雇员推荐、选择报纸广告和利用公共职业介绍所的比例分别为90%、80%和70%。可见，不同的招聘形式会带来不同的招聘效果，企业通常采取各种方法结合使用的形式。

3) 内部招聘与外部招聘的比较

招聘人才的方式多种多样，各有所长，适应的条件各异。从内部招聘和外部招聘看，它们的利弊如表3-2所示。

表3-2　内部招聘和外部招聘的优缺点对比

招聘类型	优　点	缺　点
内部招聘	• 可提高被提升者的士气； • 对员工能力可更准确地判断(可迅速开展工作)； • 在有些方面可节省时间和花费(成本低)； • 可调动员工的工作积极性(稳定军心)； • 招募风险低(人熟)	• “近亲繁殖”(企业的视野会逐渐狭窄)； • 未被提升的人可能士气低落； • 发生内耗； • 必须制订管理与培养计划； • 难以树立领导声望
外部招聘	• “新鲜血液”有助于拓宽企业的视野，给企业带来活力(范围广，选择余地大)； • 比培训专业人员更快且花费少； • 在企业内没有形成政治支持； • 给企业内部人员以压力，激发他们的工作动力	• 可能引来企业窥察者； • 可能未选到“适应”该职务或企业所需要的人(人不熟，招募风险大)； • 可能会影响内部未被选拔的候选者的士气，不利于增强企业凝聚力； • 新员工需要较长的“调整期”或熟悉时间； • 招聘成本高

内部招聘和外部招聘的选择，必须充分分析考虑组织的战略计划、招聘的岗位、上岗

的时间要求以及企业经营环境等因素。对那些外部环境变化缓慢的企业来说，从内部提拔往往更为有利。内部选拔的重点是管理人才，外部招聘的重点是技术人才。

3. 招聘信息的发布

招聘简章拟定以后，就要向社会发布招聘信息。不管采取哪种招聘方法，招聘信息的及时发布都是非常重要的，它会直接影响到招聘的效果。招聘信息发布的时间、方式、渠道与范围是根据招聘计划来确定的。由于需要招聘的岗位、数量、任职者要求的不同，招聘对象的来源与范围的不同，以及新员工上岗工作时间和招聘预算的限制，招聘信息发布的时间、方式、渠道与范围也是不同的。

(1) 信息发布的范围。

信息发布的范围是由招聘对象的范围决定的。在招聘成本一定的前提下，发布信息的范围应尽可能地广。发布信息的范围越广，接收到该信息的人就越多，招聘到合适人选的概率就越大，相应地，招聘费用也会增加。

(2) 信息发布的渠道。

发布信息的渠道通常有报纸、杂志、广播电视、网络、布告栏和新闻发布会等。组织应结合自身的实际情况和职位的特点来确定信息发布的渠道。几种广告媒体的优、缺点及适用范围具体如表 3-3 所示。

表 3-3　几种主要广告媒体的比较

类　型	优　点	缺　点	适用范围
报纸	广告大小可灵活选择；造价低廉，制作简便，便于自由选择阅读；便于保存和查阅；信息量大	容易被未来可能的求职者所忽略；缺乏生动性和直观性，广告的印刷质量一般也较差；发行对象无特定性	招聘限定某一地区时；空缺职位短期急需时；招聘数量较大时
杂志	具有保存价值；阅读的有效时间长，重复阅读率高；指向性最为明确；其印刷精美	出版周期较长，发行量和发行区域受到更大的限制，同时受众范围的限制性也更明显	所招聘的职位有专业要求时；招聘时间不急迫时；所招聘的职位无地域要求时
广播电视	受众面广；传真性强；影响面大；极富灵活性；传播速度快；成本低廉，享用方便	只能传达简短的信息，缺乏持久性；信息的储存性差，难以记录和查询；广播媒介只能传递声波信号，不能传送图像信号	需要迅速扩大影响；当职位空缺有很多种，而在某一地区有很多的求职者时；急需宣传企业和急需大量招聘时
招募现场的宣传材料	在求职者可能立即采取行动的时候，引起他们的兴趣，极富灵活性	作用有限；必须保证求职者到现场；有些宣传材料可能被人抛弃	在特殊场合比较适用，如招聘会、展示会等，适合与其他形式的招聘活动配合使用
网络	费用低；传播速度快、范围广；信息量大	受上网条件的限制；信息量大，容易被忽视	大范围的招聘

TIPS!

H5 场景招聘

H5 是一种新的移动媒体广告模式，可通过二维码或者链接分享，利用 H5 把招聘广告做成一个场景，可以让用户更直观地体验互动。场景可以包括图片、视频、音频、地图、导航、会议报名、产品链接等多个模块。

H5 场景招聘

(3) 信息发布的时间。

在条件允许的情况下，招聘信息应该尽早向外界发布，这样有利于缩短招聘进程，也有利于使更多的人获取信息，吸引更多的应聘者。

(4) 招聘对象的层次性。

为提高招聘的成功率，节约招聘成本，应该根据招聘职位的要求和特征，有针对性地向特定层次的潜在应聘者发布招聘信息。

任务演练

3.2 任务演练

请编制大华公司的校园招聘广告。

任务实施

某五星级酒店拟招聘 3 名前台工作人员，主要负责接听客户电话，接待客户并为客户预定会员酒店，解答客户问题，处理相关投诉事宜等。请根据以上基本资料和个人知识为该酒店编写一份前台工作人员招聘广告。

任务 3.3 人 员 选 拔

情境导入

陈小力在学校网站上发布了 H5 招聘广告后，一周内收到了 100 多份简历，现在他面临的任务是从这 100 多个应聘者中挑选出符合招聘要求的人员并录用到岗位上，他该从何入手呢？

知识链接：人员选拔流程和方法

HR 如何筛选简历

1. 简历筛选

通过发布招聘信息或者利用各种招聘活动，通常可以获得比实际所需任职人员多的职位候选人。由于用人部门的负责人对职位的要求，特别是对专业技术方面的特殊要求，人力资源部门的招聘人员和用人部门的负责人需要共同对候选人进行初步的筛选。这样才能较好地对应聘者的专业技术经验和技能进行判断。

人力资源部对应聘人员的资料进行整理、分类后，定期交给各主管，由主管初步筛选出具有资格的人员，然后确定参加面试的人选和初步面试时间、报名登记时间，最后由主管填写面试通知，并将应聘人员的资料及面试通知送交人力资源部，由人力资源部通知面试人员。

企业通过对个人申请表以及简历资料进行审查完成应聘人员的初始筛选。申请表一般由企业统一设计。通过申请表以及简历资料，企业可以了解应聘者以下几方面的情况：

(1) 个人基本信息。这包括年龄、性别、籍贯、学历、婚姻状况、健康状况、家庭住址等。

(2) 求职态度。渴望得到工作、态度端正的应聘者都会认真填写申请表，填写潦草或填写不完整的应聘者可以不予考虑。

(3) 工作经历。在审查申请表时，可以重点了解应聘者的工作经历、所取得的成绩、担任的职务和会运用的知识和技能等，观察其以往工作中的知识、经验、技能的相关性，对于那些频繁更换工作的应聘者要慎重考虑。

(4) 考察申请表中一些可疑的地方。要分析申请者提供的各种背景资料的可信度，对于申请表中填写模糊的地方要在面试中重点核查。

TIPS!

求职申请表

应聘者的简历往往是各不相同的，为了便于管理，很多企业都使用标准化的简历模板或者应聘申请表。使用标准化应聘申请表的有以下几方面好处：第一，可以控制申请者提供信息的内容，一方面保证了完整地提供企业所需要的信息，另一方面避免了不必要的信息；第二，使得不同应聘者之间的比较更加容易；第三，方便简历的管理。

2. 人员选拔评价

选拔评价候选人是招聘过程的一个重要组成部分，其目的是将明显不合乎职位要求的申请者排除掉。工作说明书是甄选的基础，也就是要以工作说明书所要求的知识、技术和能力来判断候选人的任职资格。对应聘者往往需要从多个维度、通过多种方法进行评价，常用的手段是测试。测试包括笔试、面试、心理测试、评价中心测试等。

1) 人员选拔的内容与标准

(1) 人员选拔的内容。

应聘者的任职资格和对工作的胜任程度主要取决于他所掌握的与工作相关的知识、能力，以及个人的个性、行为特征和价值观取向等因素，人员选拔正是对应聘者的这些方面进行测量和评价。以下以其中几点为例进行说明。

① 知识。

知识是系统化的信息，可分为综合知识和专业知识。综合知识又称广度知识，包括天文地理、自然知识、数理化、外语、体育、文艺等。综合知识考试的目的主要是考察求职者对基本知识全面了解的程度。专业知识又称深度知识，内容主要是和应聘职位有直接关系的专业知识，以了解应聘者掌握相关专业知识的程度和水平。

② 能力。

能力是引起个体绩效差异的持久性个人心理特征，是个体绩效差异的重要因素。能力分为一般能力和特殊能力。一般能力是指在不同活动中表现出来的一些共性能力，是一种基本能力，如记忆力、想象力、观察力、注意力、思维能力、操作能力等。特殊能力是指在某些特殊活动中所表现出来的能力，例如音乐家需要具有对声音的辨别力，管理者需要具有较强的人际沟通能力等。

③ 个性。

个性是指一个人比较稳定的心理活动特点。个性可以包括性格、兴趣、爱好、气质等，这些特征决定着个人在各种不同情况下的行为表现。个性特点与工作绩效密切相关。例如，性格急躁的人不适合做需要耐心的精细的工作，如会计工作；性格内向、不善表达的人不适合做公关工作。

④ 动力因素。

动力是行为的内在原因，它因需求而产生，为行为提供能量，具有目标指向性。员工的工作绩效，不仅取决于他的知识和能力水平，还取决于他做好这项工作的强烈欲望和动机，即是否有足够的动力促使其努力工作。例如，餐厅招收服务员时，大多注重年轻。其实经历过下岗的女工，工作欲望更强烈，更加珍惜工作机会，工作效率也会更高。所以，企业在招聘员工时有必要对应聘者的价值观等动力因素进行辨别与测试。

(2) 人员选拔方法所需遵循的标准。

任何人员选拔过程都必须遵循几个通用的标准。人员选拔方法主要有以下四个方面的标准：信度、效度、普遍适用性、效用。

① 信度。

信度又称可靠性。信度是指测试方法不受随机误差干扰的程度，即该测试方法所得到的结果的可靠性与一致性的程度。也就是说，用同样的测试方法或者类似的测试方法，在不同的时间对同一个人进行测试的结果一致的程度。一般说来，在其他条件不变的情况下，测试的信度越高，越有可能依据测试结果所提示的差异性来做出决策。

② 效度。

效度又称有效性。效度是指在测试中表现出来的能预测未来工作绩效的程度。测试工具的有效性，将在很大程度上影响人员选拔的最终结果。企业总是试图通过尽可能准确的测试工具，来区分高绩效员工与低绩效员工，因此测试工具的效度是企业进行人员选拔最为关注的方面。

③ 普遍适用性。

普遍适用性是指在某一背景下建立的选拔方法的效度同样适用于其他情况的程度。通常情况下，我们可以概括出三种不同的背景：不同的环境、不同的时间段以及不同的人员

样本。

④ 效用。

效用是指选拔方式的成本与企业收益的相对大小。

2) 笔试

笔试主要用来测试应聘者的知识和能力。现在有些企业也通过笔试来测试应聘者的性格和兴趣等。

对知识和能力的测试包括两个层次，即一般知识和能力、专业知识和能力。一般知识和能力包括一个人的社会文化知识、智商、语言理解能力、数学才能、推理能力、理解速度和记忆能力等。专业知识和能力即与应聘岗位相关的知识和能力，如财务会计知识、管理知识、人际关系能力、观察能力等。性格和兴趣通常要运用心理测试的专门技术来测试，仅靠笔试中的一部分题目是很难得出准确结论的。

笔试的优点在于：花费的时间少，效率高、成本低，对应聘者的知识、能力、技术的考察信度较高，成绩评价比较客观。通过笔试，可以对应聘者的知识结构、实践经验和工作熟练程度做出初步判断，因此笔试至今仍是企业频繁使用的人员选拔方法。笔试的缺点在于不能全面地考察应聘者的工作态度、品德修养以及其他一些隐形能力。因此，笔试往往作为人员选拔的初步筛选方法。

3) 面试

由于笔试不能获得应聘者的全部信息，组织不能对应聘者进行深入的了解，个人也无法获得关于组织的更为全面的信息，因此需要通过面试使组织和个人各自得到所需要的信息，以便组织进行录用决策以及个人做出是否加入组织的决策。面试是通过面试官与应聘者面对面的信息沟通，考察应聘者是否具备与职位相关的能力和个性品质的一种人员甄选方法。面试具有直观、深入、灵活、互动性强的特点，通过面试可直接获取应聘者的第一手材料。

(1) 面试官的面试目标。

① 创造一个融洽的会谈气氛，使应聘者能够正常展现自己的实际水平；

② 让应聘者更加清楚地了解企业发展状况、应聘岗位信息和企业人力资源政策等；

③ 了解应聘者的专业知识、岗位技能和非智力素质；

④ 决定应聘者能否通过本次面试。

(2) 应聘者的面试目标。

① 创造一个融洽的会谈气氛，尽量展现出自己实际的水平；

② 有充分的时间向面试官说明自己具备的条件；

③ 被理解、被尊重，并得到公平对待；

④ 充分地了解自己关心的问题；

⑤ 决定是否愿意来该公司工作。

从面试官和应聘者双方的面试目标可以看出：首先，面试官和应聘者的面试目的并不完全相同；其次，面试官和应聘者之间是双向选择的关系。由于在面试活动中，面试官始终处于主动地位，所以，面试官在进行面试安排和进行面试时，除了要考虑实现自己的面试目标，还要帮助应聘者实现应聘者自身的面试目标。

(3) 面试的分类。

面试主要有以下几种基本类型：

① 结构化面试。

结构化面试是在面试前，提前确定好面试题目、面试实施程序、面试评价、考官构成等，并严格按照这一事先设计好的程序对每个应聘者进行相同内容的面试。这种面试最大的优点是所有的应聘者都回答同样的问题，一般不会发生漏掉重要问题的情况，而且对所有的应聘者有统一的评分标准，便于对其进行比较，一般适用于初步面试。其缺点是缺乏灵活性，谈话的深度有局限，面试官不能就应聘者的答案展开追问，很难做到因人而异，无法深刻、全面地了解应聘者。

② 非结构化面试。

非结构化面试是指没有固定的模式，没有统一的评分标准，所提问题因人而异，根据现场情景设计开放性问题的一种面试方法。

非结构化面试时，面试官可以和应聘者进行一种开放式的任意的谈话，面试官可以根据应聘者对上一个问题的具体回答来决定下一个问题问什么，还可以根据应聘者的回答进行追问，以了解更深入的信息。

根据面试目的的不同，可以将提问内容分为描述性问题和预见性问题两种。描述性问题主要考察应聘者的过去经验和个人特征，如面试官提问："你认为你在工作中还有哪些有待改进的地方？""你将怎样去改进？"。预见性问题主要测试应聘者未来的工作能力和绩效。面试官会提出一些假设性问题，要求应聘者就这些问题作出回答，如面试官提问："如果一个员工不服从你的命令，你会怎样做？""你会怎样与你的老板讨论你对工作的不满？"。面试官会根据这些初始问题和应聘者各自的答案逐步深入提问。

非结构化面试最大的优点是可以根据应聘者的陈述内容灵活地提出相关的问题，谈话的过程比较自然，面试官可以更加全面地了解应聘者的情况；其缺点是对不同应聘者可能提出不同的问题，主观性比较强，没有统一的标准，可能影响面试的信度和效度。由于非结构化面试的优缺点相对明显，因此它往往作为其他甄选方式的前奏和补充。下面是两则非结构化面试的实例。

例 3-1　压力面试。在面试开始时，面试官给应聘者抛出一个意想不到的问题，以考察其应变能力、压力承受能力、情绪稳定能力等，测试应聘者的应变能力和解决紧急问题的能力。例如，对一位经常变换工作的应聘者，面试官问他："频繁的工作变动是否反映了你的不成熟的行为？"面对这样的问题，应聘者若能做出平静清晰的回答，则说明他承受压力的能力较强；若应聘者表现出愤怒、急躁，就可以认为他在压力环境下的承受能力较差。

例 3-2　行为描述面试。行为描述面试是基于行为连贯性原理而发展起来的一种面试方法，它是应聘者和面试官都喜欢的一种面试方式。行为描述面试中所提的问题，都是从工作分析中得到的。这种面试通过对应聘者过去的工作经历的询问，了解应聘者在特定的情况下所认为的或做出的有效的与无效的行为模式，从而预测他在本组织中将会采取的行为模式。

(4) 面试的过程和控制。

理想的面试包括五个步骤：面试准备、建立和谐气氛、提问、结束阶段以及回顾总结。

① 面试准备。首先面试官应当提前做好面试准备，特别是要审查应聘者的申请表和简历，并初拟问题的提纲，在面试前主考官还要准备一个安静的面试场所，确保面试过程不受外界干扰。面试准备工作是否充分体现了一个企业的管理素质和企业形象。

② 建立和谐气氛。面试官应通过一些社交话题帮助应聘者放松情绪，消除其紧张戒备心理。例如，“我们这个地方好找吗？”这种问题可以极大地降低应聘者的紧张情绪，使应聘者能够全面和明智地回答主考官的问题。

③ 提问。面试官根据应聘者的申请表和个人简历等资料提出初试问题，进而引出面试正题，面试官可以从不同角度提出多个问题，并给予应聘者充分的发言时间，详细地记录和收集有关信息，通过其语言和行为表现考察应聘者的素质。这是面试过程中最关键也是持续时间最长的一个阶段。提问过程中提问的方式是影响提问效果的重点，因此要注意提问方式。

④ 结束阶段。在这一阶段，面试官除了需要提出一些总结性的问题，还需要给应聘者留下自由发言的时间，以实现双方信息的互动，然后以诚实礼貌的方式结束面试。招聘双方都应该保持良好的面试氛围，以提高组织在公众中的良好形象，为组织以后招聘和吸引更多的优秀人才创造可能性。

⑤ 回顾总结。应聘者离开后，要立即整理面试记录，核对评价资料，汇总应聘者的总体形象分值，以决定其合格与否。在应聘者离开后仔细回顾面试，有助于面试官避免早下结论和强调应聘者的负面资料。

(5) 面试时应注意的问题。

面试的过程可以由面试官灵活掌握。面试中还需要注意的问题有：

① 面试安排要周到。为了保证面试工作的顺利进行，面试安排非常重要。首先是时间安排，既要保证应聘者有时间来，又要保证公司相关领导能够到场。其次是面试内容的设计，如面试时需要提哪些问题，要考察应聘者哪些方面的素质等，都需要提前做好准备。最后是要做好接待工作，要有应聘者等待面试的场所，最好备一些企业的宣传资料，以备应聘者等待时翻阅。面试的过程是一个双向交流的过程，面试安排得是否周到体现了一个企业的管理素质和企业形象。

② 面试时要注意自身的形象。应聘者在面试时的形象是很重要的。同时，面试时招聘人员也应该注意自身的形象，首先应注意自己的仪表和举止，其次要注意自己的谈吐，在向应聘者提问时，应该显示出自己的能力和素养。因为招聘人员代表着公司的形象，所以面试时不应该过于随便，更不能谈论一些有损企业形象的内容。

③ 面试官必须熟悉并掌握适用于不同招聘目的的面试程序，使面试过程既流畅，又重点突出；既能让应聘者充分展示自我，又能给招聘人员提供充足的招聘决策信息。

④ 面试官应该注意整个面试的时间，一个应聘者一般面试的时间最多不超过半小时，时间太长会造成招聘双方效率低下，达不到面试效果。

⑤ 面试官应注意面试提问的技巧。不要以审问的语气进行提问，不要采取讽刺或漫不经心的态度，不要漫无边际地提问，不要让应聘者支配整个面试；应问开放性的问题，并倾听应聘者的回答，鼓励他们充分表达自己的看法，当应聘者回答正确时点头或微笑。

⑥ 面试官在面试的过程中除了要善于引导和控制，还必须做一个好的听众。为了做到有效倾听，主考官必须注意以下几点：第一，少说、多听；第二，要善于提取重点；第三，要善于进行阶段性总结；第四，尽量排除各种干扰；第五，在听的同时要思考；第六，注意非语言信息，如手势、面部表情、语速等。

⑦ 在面试实际操作过程中要做好面试记录，这将有助于面试结束后将其作为必要的参考和备案。

⑧ 当面试官对某一应聘者进行评估时，如果产生分歧，不要急于做出录用决策，可以组织进一步面试。

4) 心理测试

所谓心理测试，是指在设定的情景下，对应聘者的智力、潜能、气质、性格、态度、兴趣等心理特征进行测试。心理测试是了解被测试者潜在的能力及心理活动规律的一种科学方法，其目的是判断应聘者的心理素质和能力，从而考察应聘者对招聘职位的适应程度。心理测试一般包括智力测试和能力测试两个方面。除此之外，还有个性测试、职业性向测试等。

(1) 智力测试。

智力测试也就是我们常说的智商测试，它是对人的一般认知功能的测量，是一种间接测试，测试的结果由 IQ 商数来表示。常见的智力测试有比奈-西蒙智力测试、韦克斯勒成人智力测试、瑞文智力测试等。由于智力测试中的问题都是标准化的试题，具有较高的信度和普遍性，因此在录用高级管理人员时，也可以作为一种重要的参考依据。

(2) 能力测试。

能力测试是用来衡量一个人学习及完成一项工作的能力的测试方法。能力测试通常分为一般能力测试和特殊能力测试两类。

① 一般能力测试。一般能力包括思维能力、想象能力、语言能力、推理能力、判断能力、协调能力等。一般能力测试用于测量被测试者从事某项工作所应具备的某种潜在能力，在人员选拔与录用中应用最广。该测试一般通过词汇积累、相似或相反概念判断、算术计算、推理等类型的问题对被测试者的能力进行评价。

② 特殊能力测试。特殊能力测试主要是针对特定职位而设定的测试，又称技能测试。比如，对秘书进行的文书能力测试，对机械工进行的机械能力测试，对会计进行的珠算、记账、核算等能力的测试，都属于特殊能力测试。

(3) 个性测试。

个性测试又叫人格测试。个性是指一个人具有的独特的、稳定的对现实的态度和行为方式，具有整体性和稳定性的特点。

(4) 职业性向测试。

职业性向测试的目的在于揭示人们想做什么以及喜欢做什么。应聘者的职业兴趣态度在很大程度上影响员工在职位上的绩效和离职率。

TIPS!

约翰·霍兰德的职业性向测试

约翰·霍兰德(John Holland)是美国约翰斯·霍普金斯大学的心理学教授，美国著名的职业指导专家。他于1959年提出了具有广泛社会影响的职业兴趣理论。他认为人的人格类型、兴趣与职业密切相关，兴趣是人们活动的巨大动力。职业兴趣可以提高人们的积极性，促使人们积极地、愉快地从事该职业，且职业兴趣与人格之间存在很高的相关性。霍兰德认为人格可分为现实型、研究型、艺术型、社会型、企业型和常规型六种类型。

霍兰德职业性向测试

5) 评价中心测试

评价中心测试又称为情景模拟测试，是近年来兴起的一种选拔高级管理人员和专业人员的方法。它通过创设一个模拟的管理系统或工作场景，将被测试者纳入该系统中，采用多种评价技术和手段，观察、分析被测试者在模拟的工作情景压力下的心理和行为，以测量其管理能力和潜在能力。评价中心测试是一种综合运用多种评价技术对被测试者进行全面了解的方法，由这种方法得出的评价结果适用于人力资源管理的各项工作。

(1) 评价中心测试的主要特点。

评价中心测试的优点主要表现在：

① 评价中心测试综合使用了多种测评技术，如心理测验、能力测验、面试等，并由多个评价者进行评价。各种技术从不同的角度对被测试者的目标行为进行观察和评价，各种手段之间又可以相互验证，从而能够对被测试者进行较为可靠的观察和评价。

② 评价中心测试是一种动态的方法，这种对实际行动的观察往往比被测试者的自我陈述更为准确有效。

③ 评价中心测试更多地注重测量被测试者实际解决问题的能力，而不是他们的观念和知识。在这种情况下，被测试者的表现接近于真实的情况，这便于评价人得出更为客观和可信的评价结果。

评价中心测试的缺点主要表现在：

① 成本较高。实施评价中心测试的时间成本和费用成本都比较高，因此这种方法一般只适用于选拔和物色较高层次的管理者。

② 主观程度较强，制定统一的评价标准比较困难。

③ 实施较为困难。评价中心测试由于模拟情景的复杂程度较高，对任务的设计和实施中的要求也比较高，因此实施起来相对较难。

(2) 评价中心测试的主要形式。

① 文件筐测验。

文件筐测验是针对管理职位实施的一种测试方法，它模拟了管理人员日常进行的公文处理情景，即设计出一系列管理者所处真实环境中需要处理的各类文件，交给设定在某一岗位的应聘者，让其现场办公、处理并限时做完这些工作，借以考核其有关能力和素质。

具体来说，文件筐测验就是在测试过程中，向应聘者提供所招聘职位的工作中可能遇到的各类公文、会议纪要、开会通知、紧急函电、请示报告、员工或客户投诉、备忘录和工作汇报等。提供的文件大概有 15～30 份，这些文件没有排序、随机堆放，有手写的便条，有打印的文稿，也有邮寄来的信函等。在测试时，评委根据应聘者处理公文的速度、质量和处理公文的轻重缓急等指标对其进行评分。评委通过考察应聘者在模拟过程的工作状态和工作效果，评价应聘者的自信心、组织领导能力、计划能力、决策能力、书面表达能力和经营管理能力等，选拔符合岗位要求的人选。由于这种情景模拟设定为管理工作，这种方法一般适用于中高级管理干部的选拔。

② 无领导小组讨论。

无领导小组讨论就是让几个应聘者组成一个小组(一般来说是 5～7 人)，给他们一个议题，事先并不指定主持人，让他们在规定的时间内展开讨论并解决这个问题或做出一个决策。测评者根据每个人在讨论中的表现及所起的作用，按照既定评分维度予以评分。这些维度包括主动性、说服力、口头沟通能力、组织能力、团结能力、创新力、心理承受能力。无领导小组讨论是评价中心测试中经常采用的一种测评技术。

无领导小组讨论

③ 角色扮演法。

角色扮演法是一种比较复杂的测评方法，它要求被测试者扮演一个特定的管理角色来处理日常的管理事务，观察被测试者的多种表现，评价被测试者在模拟情景中的行为表现与组织预期的行为模式和职位的要求之间是否吻合。这种方法主要用于评价被测试者的人际关系处理能力、应变能力、情绪的稳定程度和控制能力以及处理各种问题的方法和技巧。例如，要求被测试者扮演一个高级管理人员并向下级做出指示。在测试中要着重了解被测试者的心理素质，而不要根据他临时的工作意见做出评价。

④ 工作样本法。

工作样本法是选取一些工作任务作为拟聘职位的一个“工作样本”，然后请被测试者现场操作，根据其实际表现来测评其管理效率的方法。工作样本法根据一个样本的工作绩效预测整体绩效，减少了很多中间环节，因此是一种比较直接、自然的测验方法。这种方法的另一个特点就是能使被测试者对拟任的管理工作有一个更加现实和感性的认识。

任务演练

试拟出大华公司销售主管人员选拔方案。

3.3 任务演练

任务实施

请根据任务演练的内容设计一份销售顾问结构化面试提纲并实施面试。

任务 3.4　人 员 录 用

情境导入

大华公司在经过层层选拔之后，最终要进行招聘管理的最后一个环节——人员录用。这次应聘的人员总共有 126 名，公司从中挑选 22 名录用，发放录用通知书。

知识链接：人员录用流程

人员录用是指从招聘选拔阶段层层筛选出来的候选人中选择符合组织需要的人，做出最终录用决定。录用是整个招聘工作的决定性阶段，这个阶段包括做出录用决策、安排体检和发出录用通知、办理入职手续等方面的工作。

1. 录用决策

录用决策是对选拔过程中获取的信息进行综合评价与分析，确定每一个应聘者的能力特点，并根据预先设计好的人员录用标准进行挑选，从而选择合适人员的过程。在做出录用决策时，应时刻考虑招聘的黄金法则——能级原则，最合适的就是最好的，而最好的不一定是最合适的。

在很多组织中，录用决策一般是由人力资源管理部门具体负责的。通常情况下，他们为用人部门提供经过筛选的候选人名单，由用人部门最终做出录用决策。在这个过程中，要充分发挥人力资源部门和用人部门的作用，充分地收集候选人信息，依照人员录用的原则，避免主观武断和不正之风的干扰，把选择阶段的多种考核和测试结果组合起来，进行综合评价，从中择优确定录用名单。

企业对候选人进行录用决策时，也可以采用以下两种方法：

(1) 诊断法：主要根据录用决策者对某项工作和承担者资格的理解，在分析应聘者所有资料的基础上，凭主观印象做出决策。此方法简单易行，成本较低，但主观性强。

(2) 统计法：事先确定评价指标的重要性并赋予相应权重，然后根据评分结果，用统计方法进行加权运算，分数高者即获得录用。此方法更加客观、准确。

一般来说，企业初步录用的人选应多于实际需要的人数，接下来企业还应对初步决定的录用者进行背景资料调查、体检等，这就可能导致其中的一部分候选人最终被排除在录用名单之外。

2. 安排体检

身体健康是开展工作的基础，安排体检主要有以下几个方面的作用：

(1) 确定应聘者的身体条件是否符合岗位的要求。

(2) 建立应聘者的健康记录，为未来的保险或员工的赔偿要求提供依据。

(3) 发现员工可能不知道的传染性疾病。

企业应将体检程序作为招聘考核的流程之一。在应聘人员通过前几道应聘面试后，公司继续筛选出小范围的人员，要求其进行体检，并同时告知体检是本次招聘工作的最后一个环节，公司会在体检结果出来后，综合考虑其整体素质、技能及表现，最后择优录取。

公司在设定体检项目时，应当依据应聘岗位对身体的要求。例如，一些劳动力密集的岗位，对工作人员的疲劳承受度要求比较高，那么像患有高血压、心脏病等疾病的人员，肯定是不适合的，所以公司就要在体检内容中加入这些项目。对于一些与工作任务无关的体检项目，公司就应当尽量避免，把就业歧视问题的法律风险降到最低。

3. 发出录用通知

通过了上述程序后，人力资源部门就可以给被录用者发出录用通知，对未被录用的应聘者也要发出辞谢通知。在通知被录用者方面，最重要的原则是及时。录用决策一旦做出，就应该马上通知被录用者。

1) 通知被录用者

录用通知一般以信函的形式及时发出，通常在录用通知中要说明报到的起止时间、报到的地点、程序以及其他应该说明的信息。对于被录用者，应该用相同的方法通知他们被录用了，不要有的人用电话通知，有的人用信函通知。公开和一致地对待所有的被录用者，能够给人留下好的印象。当然，不要忘记欢迎新雇员加入单位，这对于被录用者是一个很好的吸引手段。录用通知书示例如下：

录 用 通 知 书

录用通知书

________先生/女士

通过面谈和考察，很高兴通知您，我们公司能够为您提供________职位。如果您能接受该职位的工作，我们将感到很荣幸。我们会为您提供良好的工作环境和难得的发展机会，并按照我们商谈的结果支付您的工资报酬。

我们很希望在________年________月_________之前能够获得您是否愿意接受该职位的信息。如果您有什么问题，请尽快与我联系，我的电话是________，我的 E-mail 是___________。

等待您的答复。

此致

人力资源部经理

年　　月　　日

TIPS!

Offer 管理大学问

经常有人谈论求职时有无收到 Offer 的问题，其全称应该是 Offer Letter。所谓 offer Letter，目前还没有一个统一的名字，有人称之为“录取通知”，有人谓之“录用信”，也有人称其为“要约函”。Offer 在法律意义上为要约，指当事人一方提出订约条件，愿与对方订立合同的意向表示。根据《合同法》的规定，“要约”就是希望和他人订立合同的意思表示。这个意思表示应当内容具体、确定，并且要约人一旦做出了承诺，就要受到约束。根据国家劳动和社会保障部颁发的《就业服务与就业管理规定》第十二条，“用人单位应当根据劳动者的要求，及时向其反馈是否录用的情况”。

2) 回绝应聘者

对于大多数人来说，求职过程是最不愉快的经历之一。因为在选择过程中的任一阶段，求职者都有可能被拒绝。招聘单位应认识到这一点，并努力使应聘者尽可能保持平静。但是，告诉人们他们未被录用仍然是件很难的事。

一般而言，人们会选择用拒绝信的方式通知应聘者，也可以通过电话的方式。这样做通常会减少被拒绝的耻辱感及应聘者对单位产生否定情绪的机会，大多数人在经过一段时间后，都会接受未被选中的事实。一般来说，由单位人力资源部经理签名的辞谢信，比单位加盖一个公章的辞谢信要让人好受一些。人员辞谢信示例如下：

人员辞谢信示例

辞　谢　信

尊敬的________先生/女士

感谢您能参加本公司的应聘！您在应聘中的良好表现，给我们留下了深刻的印象。但是由于名额有限，此次未能借重您的才华，为此本公司感到十分惋惜。我们已经将您的有关资料存入本公司的人力资源库，如有适当的机会，我公司将及时和您联系，另行借重。

再度感谢您的支持！

此致

人力资源部经理

年　　月　　日

3) 关注拒聘者

无论单位如何努力吸引人才，仍然会发生接到录用通知的人未能来单位报道的情况，这是一件单位不期望发生的事情。当发生这种情况时，单位的人力资源部甚至最高层主管应该主动打电话询问，并表示积极的争取态度，可以与他就有关问题进一步谈判。需要注意的是，在打电话之前，对于单位在某些方面还能够提供什么妥协最好有所准备。如果招聘活动中单位被许多应聘者拒聘，也许可以从中获得一些有用的信息。

4. 办理入职手续

应聘者经过企业的层层选拔并被录用后，企业人力资源部发出录用通知，被录用者按期报到后，人力资源部应给员工办理入职手续。

(1) 新员工填写员工登记表，企业验收相关证件。

新员工入职后，企业应要求其填写《员工登记表》，并验收各种证件：一英寸免冠照片；身份证原件或户口复印件；学历、学位证书原件(学生提供学生证原件)；资历或资格证件原件；与原单位解除或终止劳动合同的证明；体检合格证明等。

(2) 签订劳动合同。

根据《劳动法》，与员工签订正式的雇佣合同，这符合国家政策，也便于维护用人单位和被录用的员工双方的合法权益。合同是单位与被聘者的契约，也是建立劳动关系的依据，并成为当事人的行为准则。

(3) 新员工岗前培训。

员工进入单位后，企业要对其进行岗前培训，目的在于向新员工介绍其工作性质、环境及同事等，使其能迅速熟悉工作，消除对新工作、新环境及新同事的神秘感，了解企业文化、政策和规章制度等。培训合格后方可上岗，培训不合格者给予机会再进行培训，如仍不合格，应予以辞退。

(4) 试用期考察。

试用期考察是对员工的能力和潜力、个人品质与心理素质的进一步考核。其目的是通过工作实践考察录用人员对工作的适应性；同时，也为拟录用人员提供了进一步了解组织及工作的机会，这是一个双向选择的过程。新员工经试用期考察合格后才会被正式录用，即我们通常所称的“转正”。

任务演练

3.4 任务演练

请为大华公司制定新员工报到、试用和转正规定。

任务实施

一家微电子企业在招收了 5 名技术开发人员后的半年里，公司的许多重要技术被竞争对手掌握，凡是新开发产品，对方都会抢先一步推向市场，专利也会被抢先申请，为此，公司遭受了巨大的损失。这个情况引起了该公司领导层的高度重视。经过调查，公司终于发现，在当初录用的 5 名技术开发人员中，有一人原是竞争对手的员工，他的任务就是窃取技术秘密。后来虽然公安检察部门做了处理，但是企业遭受的损失已无法弥补。所以，对录用的人员，特别是在关键岗位担任重要工作的人员的背景进行审查是非常必要的。请你为公司设计一份新入职员工背景调查样表。

自我检测

自我检测答案

□ 单选题

1. 下列不属于人员调配原则的是(　　)。

A. 因事设人　B. 用人所长　C. 照顾差异　D. 平等合作

2. 招聘最直接的目的是(　　)。

A. 树立企业形象　B. 获得需要的人　C. 降低离职率　D. 履行社会义务

3. 某公司经营规模迅速扩张，但由于人员储备不足，造成很多重要岗位无人填补，这说明该公司的(　　)工作没有做好。

A. 绩效评价　B. 人力资源规划　C. 薪酬管理　D. 工作分析

4. 容易形成“近亲繁殖”的招聘方式是(　　)。

A. 外部招聘　B. 内部招聘　C. 媒介招聘　D. 校园招聘

5. 通过人员分析，确定人员标准。这是招聘选拔工作的哪一阶段？(　　)

A. 准备阶段　B. 实施阶段　C. 选择阶段　D. 检验效度阶段

□ 多选题

1. 内部招聘来源有(　　)。

A. 内部提拔　B. 工作调换　C. 工作轮换

D. 重新聘用　E. 校园招聘

2. 招聘广告的设计原则有(　　)。

A. 引起读者的注意　B. 激发读者的兴趣　C. 创造求职的愿望

D. 促使求职的行动　E. 广泛宣传

3. 企业人员选拔的意义是(　　)。

A. 保证组织得到高额回报　B. 降低员工的辞退率与辞职率

C. 为员工提供公平竞争的机会　D. 保证合理配置　E. 有效激励员工

4. 入职教育开始时，由高层经理人员致欢迎词，介绍(　　)等情况。

A. 员工福利　B. 就职合同　C. 公司对雇员的要求

D. 公司的信念和期望　E. 公司具备的优势和面临的问题

5. 入职培训的准备，主要是确定(　　)。

A. 培训时间　B. 培训地点　C. 培训教师

D. 培训方式　E. 培训效果

□ 简答题

1. 什么是人员招聘与配置？试分析内部招聘与外部招聘的利弊。

2. 发布招聘需求信息时应考虑哪些因素？如何收集、整理招聘信息？

3. 试说明招聘广告的特点。如何选择信息的发布途径？如何设计招聘广告，又如何对外发布？试说明招聘申请的特点、设计的内容和注意事项。

4. 试说明人员选拔的意义以及人员初步选拔的步骤和方法。
5. 试说明员工背景调查的内容和要求。识别假文凭有哪些方法？
6. 试说明校园招聘的概念、方式、特点和选择招聘学校时应考虑的因素。
7. 试说明校园招聘中可能出现的困难和问题以及校园招聘的组织与实施步骤。
8. 试说明人员录用的原则，以及办理员工录用的具体程序和步骤。

互 动 讨 论

背景资料：

某集团聘请招聘专家为其下属百货公司选拔总经理。在最后阶段，招聘专家对一路过关斩将的四位候选者使用了情景面试的方法。四位候选者被安排同时观看一段录像，录像内容如下：

画面呈现一座小城市，画外音告知这是一个中等发达程度的小县城。镜头聚焦于一家百货商场，时间显示当时是上午 9 时 30 分。这时，商场的正门入口处出现了一位身高 1 米 80 左右、穿皮夹克的年轻小伙子。他走进商场，径直走向日用品柜台。柜台里是一位三十岁出头的女售货员。小伙子向女售货员说：“拿包牙膏。”女售货员问：“什么牌子？”“中华牌。”小伙子答道。女售货员说：“三块八毛。”小伙子掏出钱包，取出一张一百元的人民币，女售货员找给他 96 元 2 角钱。然后，小伙子将钱和牙膏收好，走出了商场。

画面重新回到了百货商场正门，时间显示是上午 10 时整。这时，一位身高 1 米 65 左右、穿笔挺西装的小伙子出现在门口，并径直向日用品柜台走去。“同志，要点什么？”女售货员问道。“一支牙刷。”小伙子答道。“什么牌子？”女售货员接着问。小伙子用手指了其中的一种。女售货员说：“两块八毛钱。”小伙子掏出钱包，取出一张十元的人民币递给了女售货员。女售货员给小伙子一只牙刷并找回 7 元 2 角钱。然而，小伙子突然说：“同志，你找错钱了，我给你的是一百块钱？”“你给我的明明是十块钱呀！”女售货员吃惊地说道。“我给你的就是一百块钱，赶快给我找钱，我还有事情要做！”小伙子提高了嗓门，语气也相当严厉。女售货员急了，声音也提高了八度：“你这人怎么不讲理呢？你明明给的是十块钱，为什么偏要说是一百元呢？你想坑人啊？”这时，日用柜台边已经聚拢了十几位买东西的顾客看热闹。这位小伙子似乎实在难以容忍了，向整个人群说道：“大伙都瞧瞧，这是什么服务态度！你们经理呢？我要找你们经理。”

说来也巧，百货商场的总经理正好从楼上下来，看到这边有人围观，便走了过来。总经理看上去是一位二十八九岁的年轻人。“怎么回事？”总经理问道。女售货员看到总经理来了，像来了救兵一样，马上委屈地向总经理告状：“经理，这个人太不讲理了，他明明给我的是一张十块钱，硬说是一张一百块钱。”经理见她着急的样子，立即安慰她说：“张姐，别着急，慢慢讲，他买了什么？你有没有收一百块钱一张的人民币？”这位被总经理称为“张姐”的女售货员心情似乎平静了些。“他买的是牙膏，哦……不，他买的是牙刷。对了我想起来了，今天，我没收几张一百块钱的人民币，有一位高个儿给了我一百

块钱，他买的是牙膏。这个人给我的就是十块钱。”总经理听了张姐的话，眉头有些舒展，转身走向人群中那位身高 1 米 65 左右的小伙子，很有礼貌地说道：“很不好意思出现了这种事情。您能告诉我事情的真实情况吗？”小伙子也似乎恢复了平静，同样有礼貌地坚持说自己付给女售货员的是一张一百块钱，是女售货员将钱找错了。这时总经理环视了一下人群，然后将视线定格在这位小伙子身上，继续有礼貌地说：“这位先生，根据我对这位售货员的了解，她不是说谎和不负责任的人，但是我同样相信您也不是那种找碴儿的人。所以为了更好地将事情弄清楚，我可否问您一个问题？”“什么问题？”小伙子问道。“您说您拿的是一张一百块钱，请问您有证据吗？”总经理问道。小伙子的眼睛一亮，马上提高了嗓门说：“证据？还要什么证据？不过我想起来了，昨天我算账的时候，顺手在这张钱一面的右上角用圆珠笔写了 2888 四个数字。你们可以找一下。”总经理立即吩咐张姐在收银柜中寻找，果真找到了一张用圆珠笔写着 2888 的一百块钱纸币。这时，小伙子来了精神，冲着人群高喊：“那就是我刚才给的一百块钱，那个 2888 就是我写的。不信，可以验笔迹。”

人群开始骚动，顾客们明显表示出对商场的不满。镜头在人群、小伙子、张姐和总经理之间切换，最后定格在总经理的脸上。这时录像结束，并在屏幕上弹出两个问题：

1. 假如您是该百货商场的总经理，您将如何应付当时的局面?

2. 作为总经理，您将如何善后?

四位候选者被要求准备 10 分钟，然后分别向专家组陈述自己的答案，时间不超过 5 分钟。

第一位候选者答案的大意是：他首先向那位小伙子道歉，承认他的下属工作失误，然后当众批评女售货员，并如数找给小伙子 97 元 2 角。这样做的理由是，90 多块钱是小事，影响正常营业、损害公司形象是大事。事件持续的时间越长，对百货公司越不利。至于女售货员所受到的委屈，可以在事后进行心理上的安抚。

第二位候选者答案的大意是：她首先诚恳地向那位小伙子和在场的顾客道歉，因为她手下的员工出言不逊，冒犯了顾客。她也主张要将 97 元 2 角钱当场如数找给小伙子，但并不是承认自己的员工搞错了，而是奉行“顾客永远是对的”这一理念。并向在场的顾客承诺将继续追查此事，如确系售货员的失误，将从严处罚，同时向小伙子承认错误和赔偿。另外，她还诚恳地要求小伙子为配合百货公司的工作，留下联系方式。

第三位候选者答案的大意是：只要他在那位小伙子耳边说上一句话就行了。他的话是“哥们儿，请跟我到后面看一看，我们有内部录像系统。”他的理由是，整个事件明显是欺诈，对付欺诈的手段就可以以毒攻毒，让其知难而退。

第四位候选者答案的大意是：他要当众揭穿“骗子”的伎俩，并与公安部门配合对之进行打击。他首先私下吩咐保安人员报警，然后向小伙子发问：“您确定您支付的是一百块钱，而不是十块钱，是吗?”得到认可后进行推理：“既然您支付的是一百块钱，上面又写有 2888，那么这张钱上应该有您的指纹。既然您没有支付十元钱，那么，收银柜内今天收到的所有十元纸币上就不会有您的指纹。如果经查证有一张十元纸币上有您的新鲜的指纹，又如何解释呢？”

请你根据四位候选人的回答评价各自的特点并做出录用决策。

拓 展 阅 读

1. 《把招聘做到极致：我这样做到世界 500 强招聘经理，10 年资深招聘经理职场自我提升经验分享》：作者，远鸣；出版社，中华工商联合出版社；出版时间，2014 年 07 月。本书是一位一直从事人力资源招聘工作的资深招聘经理多年工作心得的总结提炼。这是一本介绍作者招聘经验和分享招聘理念的书。一生只做一件事，把招聘做到极致。那么招聘就不仅仅是简单的简历筛选和面试技巧。作者在本书中阐述了非常丰富的内容：制定好招聘策略，建立招聘组织，开拓招聘渠道，常规的简历筛选和面试技巧介绍，如何开展校园招聘，如何管理和用好猎头，做好自身的修炼等。

2. 《新互联网时代招聘实战：寻才 识才 辨才 控才》：作者，李晓莉；出版社，清华大学出版社；出版时间，2018 年 11 月。本书以招聘过程中需要注意的问题为主线，从“寻才→识才→辨才→控才”四个方面，帮助读者用系统化思路把这些招聘套路解开，把坑填上，引导更多有识之士进入招聘领域进行深造，用真诚和专业来化解招聘带来的疲惫，最终达成多赢的目标。作者对本书的定位是以招聘实战为主、技巧为辅，为广大被新互联网时代的招聘工作困扰的 HR、猎头和用人部门面试官提供的一本桌面工具书。

模块4　员工培训与开发

有人问松下幸之助，松下公司是生产什么的？他说："松下公司首先是制造人才的，兼而制造电器。"为什么呢？因为一流的人才，才能制造一流的产品，从而得到一流的利润，而制造人才的过程就是培训与开发人才的过程。

知识目标

◎ 了解有关员工培训与开发的概念、类型和作用。

◎ 掌握培训的实施流程和过程管理。

◎ 掌握如何设计培训方案以及如何进行培训需求调查分析。

◎ 掌握讲授法、案例分析法、研讨法、角色扮演法、演示法、工作指导法、工作轮换、头脑风暴法、远程学习法、拓展训练法等培训方法。

能力目标

◎ 能够进行培训需求分析。

◎ 能够根据给定的背景资料为企业设计培训计划。

◎ 能够运用不同的培训方法给员工进行培训。

模块学习导图

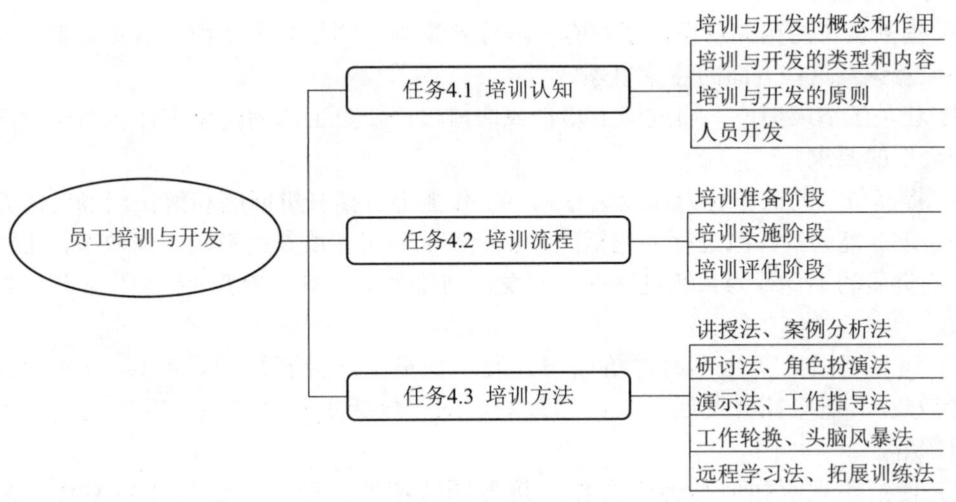

任务 4.1　培训认知

情境导入

大华公司刚刚招聘了 18 名销售顾问，这些销售顾问将在下个月入职，HR 经理提出要为新进的销售顾问进行一系列培训，需要公司投入不少人力、物力和财力。作为 HR 经理助理的陈小力内心一直在思考一个问题：员工培训投入这么多，值得吗？

知识链接：培训与开发概述

1. 培训与开发的概念和作用

1) 培训与开发的概念

培训是指组织通过一定的手段，增加、更新和提高员工的知识和能力，使其适应工作需要，进而提升员工和组织价值的过程。

一般培训侧重于员工“知识的丰富化”和“操作技能的提升”，而开发则侧重于“综合能力(包括管理能力、分析问题和解决问题的能力、创新能力)的提高”。培训可以脱离工作进行，而开发往往需要在工作中进行；培训与开发并不能严格区分开来，所以我们也用培训或培养来简称“培训与开发”。

2) 培训与开发的作用

培训与开发的作用也可以说是其意义和重要性，具体包括：

(1) 让员工了解企业，包括了解企业的概况、发展历史、发展目标/愿景、产品、企业文化、各项制度等。

(2) 提高员工的相关意识，了解有关的注意事项，例如质量意识、服务意识、安全意识、环境意识及这些方面的注意事项。

(3) 让员工适应岗位。通过岗上培训或岗前培训使员工达到岗位工作规范中“应知”和“应会”的要求。

(4) 提高员工的工作能力，改进行为。工作能力包括分析问题和解决问题的能力、学习能力、创新能力等；改进行为包括改进影响产品和工作质量或影响工作效率、工作氛围乃至身心健康的不良行为。通过培训与开发，创建“学习型”和“创新型”组织，提高工作绩效。

(5) 让员工适应变化。通过培训与开发，使员工掌握新知识、新技术(如引进新设备)、新方法，适应社会发展。与此相关的活动还包括实施“知识管理”及建立“知识型”组织等。

(6) 使员工理解如何与他人合作，培养团队精神。例如，学习公共关系、人际关

系、团队合作等方面的知识，通过拓展训练使员工与人合作、与团队合作的思想得到强化。

(7) 培养优秀员工，培养重要职位的后备力量。例如，通过职位接续配置来培养员工。

(8) 满足员工自身发展的需要，激励员工。例如，与员工共同编制“员工职业生涯发展计划”并按计划培养员工。

(9) 提升员工与企业的价值。人力资源是企业的第一资源，因此企业的价值也取决于员工的价值。培训与开发能提高员工的价值，当然也同时提高了企业的价值。员工培训与开发的最终目的就是要使“企业有发展、员工有成就”。

2. 培训与开发的类型和内容

培训与开发可按不同角度分类。

1) 按培训对象和培训重点划分

(1) 新员工培训/入职培训。

新员工培训/入职培训，一般称为“进厂培训”，又叫职前教育。其培训内容包括“培训与开发的作用”中的(1)和(2)，即企业的概况、发展历史、发展目标/愿景、产品、企业文化、各项制度，质量意识、服务意识、安全意识、环境意识及这些方面的注意事项。

(2) 员工岗前培训。

员工岗前培训包括新员工上岗培训、转岗员工转岗培训，培训内容包括“培训与开发的作用”中的(3)，即相关岗位的工作说明书的内容、岗位工作规范(任职条件/上岗要求)中“应知”和“应会”的要求，主要包括知识培训和技能培训。

(3) 员工岗上培训。

员工岗上培训的内容包括“培训与开发的作用”中的(4)至(8)，主要是提高员工分析问题和解决问题的能力、学习能力、创新能力，让员工学习新知识、新技术(如引进新设备)、新方法，强化他们与他人合作的精神及团队精神，也可包括“培训与开发的作用”中的(1)和(2)的更新和加强。

(4) 管理人员开发。

培训的内容主要包括“培训与开发的作用”中的(7)和(8)，即培养优秀员工，满足员工自身发展的需要，激励员工。

(5) 员工职业生涯开发。

指导员工编制“员工职业生涯发展计划”，并按计划培养员工，通过满足员工自身发展的需要来激励员工。

2) 按是否脱产划分

(1) 脱产培训。

脱产培训包括企业自办的各类培训，如新员工培训、岗前培训、专业技术培训，还包括“送出去”(如参加社会培训，去相关企业、学校培训，甚至去国外培训)、“请进来”(请有关专家/专业人员来企业培训、上课)，有的企业自办专业培训机构甚至自办大学培训员工。

(2) 不脱产培训。

不脱产培训包括两种情况：一种是在业余时间参加各类培训；另一种是在工作中培训

(培养、开发)，如大多管理人员开发就属于这一类。一些非关键、特殊(一般不会产生较大的安全、质量问题)的岗位也可以边干边学。

(3) 半脱产培训。

半脱产培训介于上述两种情况之间，一半时间工作，一半时间学习，如工作三天、学习两天。从短期来看，这种方式可能在人力和时间上有些浪费，但有利于企业和个人的长期发展。

3) 按内容划分

(1) 知识培训，包括上述入职培训、岗前培训和岗上培训中的知识部分。

(2) 技能和能力培训，又可分为运动技能培训和智力技能(或称能力)培训。运动技能就是操作技能，包括上述岗前和岗上培训中的技能部分；智力技能(或称能力)包括分析问题和解决问题的能力、学习能力、创新能力和管理能力等。

(3) 态度培训，是从工作态度引申来的一种培训，可包括价值观、企业文化、职业道德、质量意识、服务意识、安全意识等的培训，相当于以前讲得比较多的“思想教育”，经常以“开会”的方式进行。

TIPS!

员工培训与开发体系

员工培训与开发必须与人力资源管理的其他环节密切联系，只有把这些环节紧密结合起来，才能构成一个完整的体系。同时，人力资源管理的相关内容，如人力资源管理计划、工作分析、员工招聘、绩效考核和员工激励等都与培训相关。

员工培训与开发体系

3. 培训与开发的原则

为有效增进员工的知识、技能和能力，保证培训与开发的方向不偏离组织预定的目标，企业的培训与开发必须制定一些基本原则，并以此为指导，确定合适的训练计划，激励受训者。这些原则具体包括以下几个方面。

1) 战略原则

企业必须站在战略的高度上来认识员工的培训与开发。员工培训有的能立竿见影，其作用能很快反映到员工的工作绩效上；有的可能在若干年后才能收到明显的效果，管理人员的培训尤其如此。因此，许多企业将培训看成是只见投入不见产出的“赔本”买卖，往往只重视当前利益，安排“闲人”去参加培训，而真正需要培训的人员却因为工作任务繁重而抽不出身，结果就出现了所学知识不会用或根本不用的“培训专业户”，从而使得培训真正变成了只见投入不见产出的“赔本”买卖。因此企业必须树立战略观念，不仅要保证员工的积极性与主动性，还要服务于企业的战略计划，不仅要关注眼前的问题，更要立足于企业的长远发展。也就是说，企业要根据发展目标及战略制定培训规划，使培训与开发同企业的长远发展紧密结合。

2) 理论联系实际、学以致用的原则

员工培训应当有明确的针对性，从实际工作的需求出发，与职位特点紧密结合，与培训对象的年龄、知识结构、能力结构、思想状况紧密结合，其目的在于通过培训让员工掌握必要的技能以完成规定的工作，最终为提高企业的经济效益服务。只有这样，培训才能收到实效，才能提高工作效率。

3) 多样性的原则

企业中不同员工的能力有偏差，具体的工作分工也不同，因此员工培训要坚持多样性的原则。多样性原则包括培训方式的多样性(如岗前培训、岗上培训、脱产培训等)和培训方法的多样性(如专家讲授、演示等)。

4) 知识技能培训与企业文化培训兼顾的原则

培训与开发的内容，除了文化知识、专业知识、专业技能，还应包括理想、信念、价值观、道德观等。后者又要与企业目标、企业文化、企业制度、企业优良传统等结合起来，使员工在各方面都能够符合企业的要求。

5) 全员培训与重点培训相结合的原则

全员培训就是有计划、有步骤地对在职的所有员工进行培训，这是提高全体员工素质的必经之路。为了提高培训投入的回报率，培训对象必须有重点。重点培训是指加大对企业兴衰有着重大影响的技术骨干、管理骨干(特别是中高层管理人员)的培训力度，进行重点培训。

6) 培训效果的反馈与强化的原则

培训效果的反馈与强化是不可缺少的重要环节。培训效果的反馈指的是在培训后对员工进行检验，其作用在于巩固员工学习的技能、及时纠正错误和偏差。反馈的信息越及时、准确，培训的效果就越好。强化则是指根据反馈对接受培训的人员进行的奖励或惩罚，其目的一方面是奖励接受培训并取得成绩的人员，另一方面是加强其他员工的培训意识，使培训效果得到进一步强化。

4. 人员开发

1) 人员开发概述

相比培训，人员开发具有以下几个特点：

(1) 以未来(不包括下一步马上要安排的)工作需要为导向，帮助员工成长并使其作为企业的储备资源(而培训往往针对的是当前工作或下一步马上要安排的工作)。

(2) 人员开发的方式以主动的讨论、研究、实践为主，人员开发常在工作中进行(而培训以课堂教学或手把手操作为主)。

注：实际工作中培训和开发不做严格区分，提出上述区别是为了说明人员开发的特点。

2) 人员开发过程和规划

(1) 人员开发过程模型。

如图 4-1 所示，进行人员开发的过程中，应考虑将职位接续配置计划、职业发展计划和组织发展计划有机地结合起来。

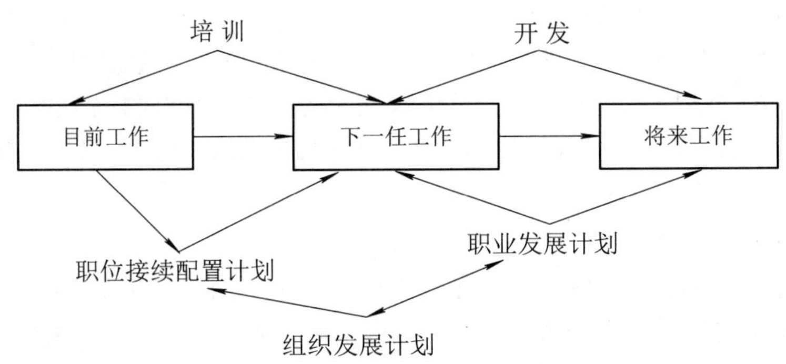

图 4-1 人员开发过程模型

(2) 一般员工的开发过程。

一般员工的开发过程以员工职业发展计划为主线，力求使员工发展与企业需要相结合。

(3) 管理人员开发计划的制订步骤。

① 制订组织发展计划。组织发展往往是一个从小到大，从简单到复杂，从直线式到直线职能式再到事业部式、矩阵式的过程，在这个过程中所需要的管理人员会越来越多。如果有一个发展计划，组织就可以从容、顺利地发展。

② 建立人力资源信息库，其中应包括个人发展意愿(职业发展计划)。

③ 制订职位接续配置计划，其中除了已有的职位，还可包括将来准备设立的职位。

④ 针对职位接续配置计划中的候选人制订重点培养计划，例如，工作轮换→管理培训→担任副职→实习经理→考核→再培训→担任正职。

3) 人员开发的方式或方法

(1) 正规教育。例如，大学、MBA、研修班等。

(2) 人员测评。通过测试(包括演讲、讨论、推销、文件处理等特定任务)、评价、反馈，使员工的能力得到提高，然后再测试、再评价，不断循环，使其能力持续提高。

(3) 绩效评估——反馈法。通过强化实际工作绩效评估的结果反馈，分析存在的问题并给予适当的激励，促使其自我提高。例如，海尔的“三工转换、动态并存”就将全体员工分为优秀员工、合格员工、试用员工，分别享受不同的待遇，帮助和激励员工实现向上转换。

(4) 实践体验。实践体验包括以下几种形式：

① 工作轮换，是指在组织的几种不同职能领域中为员工做出一系列的工作任务安排，或者在某个单一的职能领域或部门中为员工提供在各种不同工作岗位之间流动的机会。

② 工作丰富化，是指在工作中赋予员工更多的责任、自主权和控制权。

③ 工作调动，与工作轮换类似，但工作调动的范围更广，能丰富员工的经历并提高其能力。

(5) 人际互动。人际互动包括以下几种形式或方法：

① 导师辅导法。

导师辅导法是指为要培养的人员(如职位接续配置计划中的候选人)指定导师，对其进行辅导的方法。导师可以是企业外的专家，也可以是企业内的专家；可以是上级，也可以

是同级或有经验的副职、顾问。

② 初级董事会(模拟董事会)。

初级董事会是指由一部分中层干部和培养对象组成一个模拟董事会，定期或不定期讨论公司高层次管理问题，提出建议，并将这些建议提交正式的董事会。

③ 研究项目法。

研究项目法是指员工组成一个项目小组，针对专门的管理课题经常进行研究、讨论、调查等，并将得出的结论或建议提交决策层。小组成员可以是业余的或全职的，可以是本部门的或非本部门的，小组活动定期或不定期都可以。

④ 管理竞赛。

管理竞赛是指利用计算机模拟真实情境，并作出决策来互相竞争的一种开发方法。它能帮助受训者开发其解决问题的技能以及推动团队合作和配合。

⑤ 调查反馈。

调查反馈是指设计问卷并让培养对象回答问卷，再将问卷结果反馈给决策部门。

⑥ 敏感性训练。

敏感性训练是指通过讨论问题并鼓励受训者发言，培养受训者的表达和沟通能力。受训者也可就一些问题提出建议。

⑦ 团队建设。

团队建设是指直接将问题交付给受训团队，由团队决策并负责实施。例如，某部门(团队)缺少一个专业人员，可直接由该部门(团队)负责招聘并决策，人力资源部只负责备案。

任务演练

根据以上所学知识，陈小力明白了对 18 名销售顾问进行培训的重要性及紧迫性。

4.1 任务演练

任务实施

请调查身边亲戚朋友在进入新公司时是否接受了培训以及接受了什么培训，并根据调查的结果制作一份简单的某公司某岗位新员工培训情况的调查表。

任务 4.2　培 训 流 程

情境导入

大华公司刚招聘了 18 名销售顾问，HR 经理让助理陈小力为新进的销售顾问安排新员工入职培训并总结培训情况。

知识链接：培训流程概述

有效的培训流程是员工培训的重要保障，员工培训流程一般包括培训准备阶段、培训实施阶段和培训评估阶段，如图 4-2 所示。

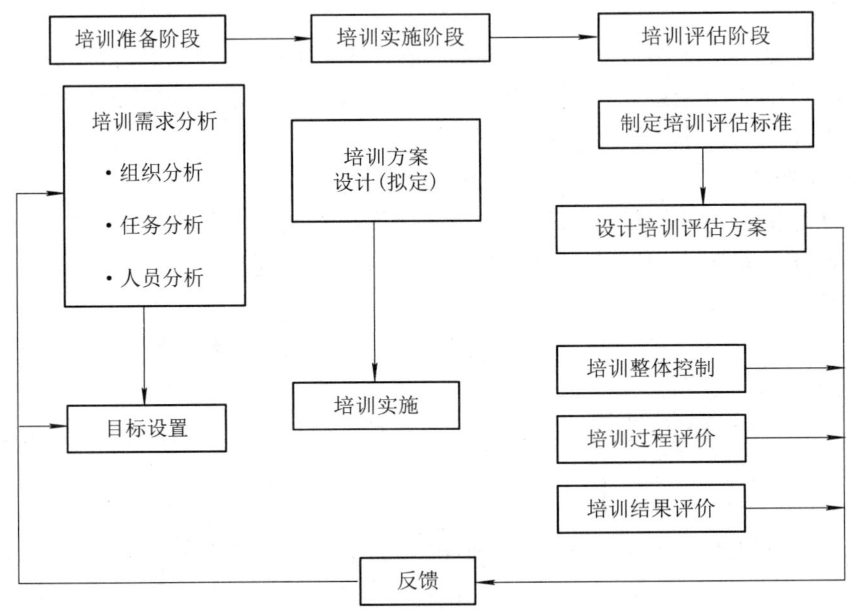

图 4-2　员工培训流程

1. 培训准备阶段

在培训准备阶段，必须进行培训需求分析、培训目标的确定和培训方案设计。

培训需求分析

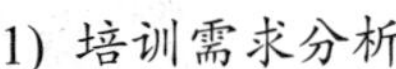
1) 培训需求分析

(1) 培训需求分析的内容。

① 组织分析。

组织分析是指将培训开发活动与组织发展目标紧密结合起来，通过分析组织的外部环境(如经济、技术的变化对培训开发需求的影响)，分析组织及它的各个部分在达成预定目标上的完成情况，明确组织对员工的短期和长期的培训开发要求。比如，有些组织在进行企业变革时，可能会采取“工人自主管理”小组模式，那就要对员工实施自主管理方面的培训。

简而言之，组织分析就是从组织的角度对外部环境、组织发展战略、组织结构的变革、员工自身的要求(应鼓励员工自己/团队提出培训申请，而不是都由企业来安排)等进行分析。

② 任务分析。

为了使培训更有针对性，应通过查看工作描述和工作规范，分析执行一项特定的工作所进行的各项活动所必需的各种能力，由此来决定培训计划的具体内容，这就是任务分析，即工作分析，也就是从工作角度分析培训需求。

③ 人员分析。

人员分析是决定需要培训的人选的过程，即决定哪一位员工需要培训。首先要了解每个员工目前的绩效状况，如果发现某些员工的绩效不够理想，就要进一步了解绩效不理想的原因，是知识、技能缺乏，还是工作动机欠缺？前者可通过培训解决，后者可能需要通过其他手段来解决。另外，还可通过让员工自己填写培训需求问卷来了解员工个人的培训需求。

此外，还可以从员工现有的素质分析培训需求。如对于同样的工作，高职毕业生和职高毕业生，或不同专业的毕业生，所需要的培训当然是不同的。

(2) 培训需求分析的方法。

培训需求分析可以通过面谈法、观察法、调查问卷法、阅读技术手册和记录的方法、访问项目专家来完成。

① 面谈法。

面谈法是指培训者为了了解培训对象在哪些方面需要培训、培训对象对于工作或者对于自己的未来抱有什么样的态度，或者说是否有什么具体的计划，并且由此而产生相关的工作技能、知识、态度和观念等方面的需求而进行面谈的方法。该方法是一种有效的需求分析方法，可以充分了解相关方面的信息，也可以使培训者和培训对象建立信任关系，激发培训对象的学习动力。其最大的缺点就是费时费力，对面谈者的面谈技巧要求较高。

② 观察法。

观察法是指培训者亲自到员工身边了解员工的具体情况，通过与员工一起工作来观察员工的工作技能和工作态度，了解其在工作中遇到的困难，搜集培训需求信息的方法。观察法是最原始、最基本的需求调查方法之一，比较适合于生产作业和服务性工作人员，对技术人员和销售人员则不太适合。这种方法的优点在于培训者能和培训对象亲自接触，对他们的工作有直接的了解，但是它对观察者的要求较高，员工的工作行为因为被观察而受到一定的影响。

③ 调查问卷法。

利用调查问卷了解员工的培训需求也是培训者较常采用的一种方法。培训部门首先要将一系列的问题编成问卷，发放给培训对象并请其填写之后再收回分析。调查问卷法的优点是问卷调查的发放较为简单，可以大大节省培训者和培训对象双方的时间，同时其费用低廉，培训者可从大量人员那里收集到数据，易于对数据进行归纳总结。其缺点是调查结果是间接取得的，无法判断其真实性，有时会出现问卷的回收率低、答案不符合要求以及答案不够具体等问题。

④ 阅读技术手册和记录的方法。

阅读技术手册和记录的方法常用于收集有关工作程序的信息，尤其是生产过程中任务信息的收集，其目的性强。这种方法的缺点在于培训者会因不了解技术术语而对相关材料难以理解，有些材料也有可能已过时。

⑤ 访问项目专家。

访问项目专家有利于培训者发现培训需求的具体问题及问题的原因和解决办法；但是这种方法比较费时，分析的难度大，而且需要访问者的水平足够高才能获得有效的结果。

因此，培训者应综合运用多种方法进行培训需求分析。

2) 培训目标的确定

培训目标可以是有层次的，包括从总体目标到每一个项目所要达到的子目标。企业中的培训目标，从大类上来讲，可分为以下几种：

(1) 自我意识的提高。通过培训，让员工增进对自己、自己在企业中的角色及自己与他人交往中的角色的了解，提高员工的自我认识。

(2) 传授知识、培养技能。通过培训，使员工的知识和技能水平得以提高，使他们既掌握相关工作的概念和理论，又能在实践应用中得心应手。这类培训在企业中最为常见。

(3) 提高员工对企业的认同度和责任感。特别是当员工的个人发展目标与企业的组织目标不吻合时，培训的这一目标的效用尤为重要。培训可以提高员工的归属意识和他们对自身在工作中自我价值的认知。

(4) 提高工作效率。当企业的生产率下降，生产需求不断增加时，通过培训可提高员工的知识和技能水平，促进工作效率的提高。

培训目标还可以根据培训需求确定，培训内容和对象则根据培训目标确定。具体而言，根据不同的培训需求，主要有以下各种培训目标：

(1) 新员工培训目标：让员工了解企业的概况、发展史、发展目标(愿景)、产品、企业文化、各项制度等企业相关情况；提高员工的相关意识，了解有关的注意事项(包括质量意识、服务意识、安全意识、环境意识等方面的注意事项)。

(2) 新上岗或转岗员工培训目标：让员工适应岗位，即达到工作规范中“应知”和“应会”的要求，即具备从事该岗位所必需的知识和技能。在岗员工培训目标则包括提高员工的工作能力，改进行为，提高工作绩效，让员工适应变化，适应社会发展，培训内容包括新知识、新技术(如引进新设备)、新方法。

(3) 管理人员或潜在的管理人员培训目标：使员工理解如何与他人合作，培养团队精神，培训内容包括公共关系、人际关系、团队合作方面的知识；培养优秀员工及重要职位的后备力量，提高相关人员的管理能力，培训内容包括管理实习、学习有关管理课程及技巧。

(4) 优秀员工培训目标：满足员工自身发展的需要，激励员工。

3) 培训方案设计

在分析培训需求并确定培训目标后，人力资源管理人员就可以根据培训的需求和目标设计培训方案。培训方案设计主要包括确定培训内容、选择培训对象、选择培训的形式与方法、确定培训讲师和培训费用预算，具体还包括培训地点、培训项目的负责人、培训学制、课程设置方案、课程大纲、教科书与参考教材、培训方法、考核方法、辅助器材设施等的确定。以下就其中的一部分相关内容做进一步说明。

(1) 确定培训内容。

员工培训内容一般包括三个方面。第一，知识培训。知识培训有利于员工理解工作过程中的相关知识，增强对新环境的适应能力，奠定持续发展和提高的基础。第二，技能培训。技能培训主要是针对员工业务能力的提升而组织的培训。第三，态度培训。态度培训是较高层次的培训，主要涉及正确的价值观、积极的工作态度、良好的思维习惯、企业精

神等。此外，有的企业还组织创新能力培训、团队精神培训、形象与心理培训等。

企业的培训要结合企业现实的生产经营管理需求或未来发展的需求，培训的内容必须是该领域最新的研究成果或是同行业最新的经验，并且要坚持培训的针对性、实用性、超前性，这样才能使培训工作适应企业的需要。其中，培训的针对性是指培训要面向问题，针对需求，不要搞形式主义，不要对牛弹琴；培训的实用性是指培训要围绕经济或管理上的难题或实际问题进行，所讲内容要能解惑、释疑、指明方向，要能使人掌握方法、借鉴经验，而不是空谈理论；培训的超前性是指培训的内容应当新鲜而不陈旧，先进而不落后。

(2) 选择培训对象。

选择培训对象时，必须考虑员工掌握培训内容的能力，以及他们在回到工作岗位以后应用所学内容的能力。如果员工在培训过程中没有获得应有的收获或者他们回到工作岗位后无法应用所学内容，那么不仅员工个人心理上会产生强烈的挫折感，而且也是组织培训资源的浪费。

在选择培训对象时，除了可以从员工的学习能力来进行甄别，还可以从员工的学习动力的角度进行考虑。

(3) 选择培训的形式及方法。

企业培训对象的多样性决定了培训形式是多样的，而培训内容的针对性和实用性决定了培训形式必须是灵活的。它既可以是脱产的，也可以是在职的；既可以是中、长期的，也可以是短期的。培训的形式没有固定的模式，一切要从本企业的需求出发。也就是说要根据企业的生产实际，合理安排培训的时间，区别不同对象，采取不同的培训形式。

针对不同的培训对象和不同的培训形式，可以采取多种多样的培训方法。根据培训目标确定恰当的培训方法，能够提高培训成效并降低成本，具体方法介绍及选择可见本章任务 4.3。

(4) 确定培训讲师。

在企业员工培训中，培训讲师是培训计划的具体执行者、引导者之一，其知识、实践经验以及培训技术水平直接影响培训效果。在确定培训讲师时可以从下面两个方面来考虑：

① 根据实际需要选择培训讲师。

一般来讲，企业内部讲师比较了解培训目的以及培训对象的特点，便于因材施教；外聘讲师通常是某领域或学科的专家；实战型讲师具有十分丰富的实践经验，在讲授时，可以分享他在进行某项业务时的成败案例，同时他可以解答在具体业务操作中遇到的困惑；学院型讲师具有深厚的理论基础，培训对象可以较全面、系统地学习某一课程的基本概念和理论。在选择讲师时要注意结合课程本身的特点并确保其与企业文化以及培训对象的接受能力相匹配，以达到良好的培训效果。

② 根据费用预算选择培训讲师。

在选择专门配备内部培训讲师还是从外部聘请培训讲师时，人力资源培训专员首先要明确的是：招募并配备内部培训讲师必然增加企业的人工成本，而选择聘请外部培训讲师则是一次性的，尽管讲课费用很高，但无须考虑其他经常性开支。但如果反复从外面聘请培训讲师，开设相同课程，也会增加企业的培训费用。所以应该结合企业的特点与规模因素，来决定是否需要配备企业内部培训讲师。

(5) 培训费用预算。

在编制员工培训计划时，人力资源培训专员要充分考虑到各项费用发生的情形，以保证培训工作有充裕的经费支持，从而保证培训效果。员工培训费用一般包括培训过程中产生的直接费用(如聘请讲师、课程版权以及内部讲师参加授课能力提升培训的费用等)，还包括间接费用(如培训场地、设备以及教材准备费用等)。

TIPS!

5W1H 原理

企业培训方案设计的主要内容基本可以用 5W1H 原理来概括。所谓 5W1H，即 Why(为什么？)、Who(谁？)、What(培训的内容是什么？)、When(什么时间？)、Where(在哪里？)、How(如何进行？)。如将其所包含的内涵对应到制订的培训计划中来，即要求我们明确：组织培训的目的是什么(Why)，培训的对象是谁、由谁负责、授课讲师是谁(Who)，培训的内容如何确定(What)，培训的时间、期限有多长(When)，培训的地点在哪里(Where)以及采取何种方式进行培训(How)六个要素。这六个要素所构成的内容就是组织企业培训的主要依据。

2. 培训实施阶段

培训实施阶段是员工培训流程中最为关键的环节。在实施员工培训时，培训者要完成许多具体的工作任务。要想保证培训的效果与质量，必须把握以下几个方面。

1) 选择和准备培训场所

(1) 室内场所的选择。

知识性的培训一般会选择室内场所，室内场所的选择有以下要求：

首先，室内场所应舒适、安静，独立而不受干扰，能为培训对象提供足够的自由活动空间等。

其次，场地的布置应注意一些细节，检查空调系统以及临近房间、走廊和建筑物是否有噪声；场地的采光、灯光与培训的气氛应保持协调；方形培训教室，更便于培训对象看、听和参与讨论；场地的灯光照明应适当；墙壁及地面的颜色要协调，天花板的高度要适当；桌椅高度应适当，椅子最好有轮子以便于移动等；场地电源插座的数量及距离也要适当，便于培训对象使用；影音设备需能保持合适的清晰度和音量。

最后，注意座位的安排，即应根据培训对象之间及培训讲师与培训对象之间的预期交流的特点来布置座位。一般情况下，扇形座位有利于保障培训的效果，这样的座位不仅便于培训对象从任何角度观看培训内容，而且便于培训对象从倾听讲座转向分组实践，以及培训对象之间的相互交流。当然，也可根据培训目的与方法来布置教室。例如，若是知识性培训，且以讲座和视听演示为主要培训方法，那么传统教室的座位安排就比较合适。总之，选择和准备培训场所应以培训效果为目的。

(2) 室外场所的选择。

员工培训若以技能培训为主要内容，最适宜的场所为工作现场。如果是团队合作精神等

态度类的培训，则需要选择一些户外拓展基地。在选择室外场所时应注意以下几点：

首先，选择室外场所的第一要求是安全。新员工进入工作场所后，难免因好奇产生动一动机器设备的念头；在户外拓展活动中，一些项目也可能存在安全隐患。所以，室外场所的选择首先是避免员工受到人身伤害。

其次，无论是在工作场所进行的实际操作培训，还是以培养团队合作意识为目的的户外拓展活动，其硬件设施都应该能够满足培训目标统领下的培训项目的顺利实施，且应具有较强的针对性，不至于使培训流于形式。

最后，从软件角度讲，室外场所应有经验丰富的操作人员和系统的安全保障体系。实际上，从安全的角度考虑，最好的基地就是拓展公司的自有基地，因为培训讲师对基地都很熟悉，能有效地避免安全隐患。如果租赁场地，则要慎之又慎。

2) 编写课程描述

员工培训的课程描述是指对有关培训项目总体信息的说明，其内容包括培训课程名称、培训对象、课程目标、地点、时间、培训的方法、预先准备的培训设备、培训讲师名单以及教材等。课程描述信息一般是从培训需求分析中得到的。

3) 编制课程计划

员工培训中，编写详细的课程计划非常重要。课程计划主要是对培训期间的各种活动及其先后次序和管理环节的安排。它有助于保持培训活动的连贯性，不受培训讲师是否发生变化的影响，也有助于确保培训讲师和培训对象了解课程和项目目标。课程计划的主要内容包括具体的课程名称、学习目的、报告的专题、目标听众、培训时间、培训讲师的活动、学员活动和其他必要的活动的安排。培训课程计划参考示例如表 4-1 所示。

表 4-1　××公司新员工培训课程计划表

时间	地点	主讲人	课程内容
9 月 6 日上午 8:00—11:30	职工俱乐部	公司总经理、副总经理、人力资源部经理、市场部经理、财务部经理	新员工欢迎仪式、 新员工座谈会
9 月 6 日下午 14:00—17:30	305 会议室	人力资源部经理	公司历史、组织制度
		市场部经理	市场部设置、工作流程
9 月 7 日全天 8:00—11:30 14:00—17:30	305 会议室	外聘专职培训师	市场专员职责、 市场专员素质、 沟通技巧
9 月 8 日全天 8:00—11:30 14:00—17:30	户外拓展基地	人力资源培训专员	团队合作意识培训
9 月 9 日上午 8:00—11:30	职工俱乐部	人力资源部经理	培训总结

4) 组织培训工作

企业员工培训过程中，出于组织与管理的需要，人力资源管理部门相关人员还应该做好两项工作：其一，及时发出培训通知；其二，组织管理培训工作的具体运行。

(1) 发出培训通知。

发出培训通知的好处在于：让培训对象能就本次培训做好相应的学习准备；提前通知培训讲师，彰显组织对培训工作的重视，也为培训讲师的提前准备预留充足的时间。有的培训还会涉及其他部门或组织的配合，提前告知会给培训工作带来便利，从而保证培训如期举行。

(2) 组织管理培训工作的具体运行。

各项培训工作进行中，培训组织者应该注意：

① 保证组织到位，要确认培训讲师、培训对象都按时到位，培训所需的材料发放到位，座次安排、入场次序井然有序。

② 确保培训进程顺利，时间控制要严密。

③ 收集第一手培训信息。在培训具体实施过程中，培训组织者要收集第一手信息，为以后的培训安排做好准备。

④ 按时进行培训中效果调查，及时发放效果调查表，指导培训对象填写。要针对调查表的具体要求实施，如针对课程的就要在课程实施前发放，课程结束后回收；针对整个培训的就在培训即将结束时发放并马上回收，以防时间过长而丢失。

⑤ 针对培训中可能出现的突发情况，及时做出应对。

3. 培训评估阶段

员工培训评估是企业培训管理活动中的重要环节。通过评估，企业培训部门可以总结经验与教训，使后续培训工作更加完善和更加富有针对性，从而改进培训工作，提高培训实效。根据需要，这项工作可以在培训工作进行中实施，也可以在培训工作结束时实施。

培训效果评估

1) 确定培训评估内容

组织培训评估，一般从以下三个方面进行：

(1) 对培训对象的评估。

培训结束后，培训对象的感受如何？是否达到了预期目标？通过培训，培训对象掌握了哪些知识？是否能够将所学知识转化为工作能力，培训的投资回报如何？这是培训组织者最关心的问题。这些问题只有通过对培训对象进行评估，才能得到回答。

(2) 对培训者的评估。

这里的培训者主要指培训讲师。对培训者进行评估一方面可以说明培训者的水平，另一方面可以帮助培训者在以后的培训中不断提高自己的能力。对培训者的评估主要通过培训者自评和培训对象对其的评估来进行。其主要内容包括培训者能否调动培训对象的学习积极性，能否活跃课堂气氛，能否让培训对象在很短的时间内获得更多的知识和信息等。

(3) 对培训本身的评估。

对培训工作本身的评估一般综合采用培训者的自我评估、培训对象的评估和结业考试三种方式进行。其主要考察培训能否让培训对象的视野得到开拓，思维得到创新，知识得到更新，技能得到提高。

2) 制定培训评估标准

为评价培训项目，必须明确根据什么来判断项目是否有效，即确定培训的结果和标准。

(1) 培训结果的确定。

培训结果可以划分为五种类型：认知结果、技能结果、情感结果、效果以及投资净收益。

① 认知结果。它可用来判断培训对象对培训中强调的原则、事实、技术、程序等的熟悉程度，也是衡量培训对象从培训中掌握了哪些知识的指标，通常可用书面测验的方法来评价。

② 技能结果。它是用来评价培训对象的技术及行为的一种指标。技能结果包括技能的获得或学习和技能的在职应用(技能转化)两方面，两者都可以通过观察来评价。

③ 情感结果。它包括培训对象的态度和动机两个方面的内容。情感结果的一种类型是培训对象对培训项目的反应。反应性结果是指培训对象对培训设施、培训讲师以及培训内容的感知。对反应性结果的评价可通过请培训对象填写问卷获得，这种信息对于确定哪些因素有利于学习、哪些因素阻碍学习是很有用的。

④ 效果。它用来判断项目给企业所带来的回报，效果性结果表现在企业成本节约、产量增加以及产品或顾客服务质量的改善等方面。

⑤ 投资净收益。它是对培训所产生的货币收益与培训的成本进行的比较，是企业从培训中所获得的价值。

(2) 评价标准。

评价标准通常由评价内容、具体指标等构成。制定标准具体可分为四个步骤：一是对评价目标进行分解；二是拟订出具体标准；三是组织有关人员讨论、审议，征求意见，加以确定；四是试行与修订。在确定标准时必须把握一定的原则：评价标准的各部分应构成一个完整的整体，各标准之间要相互衔接、协调，各标准之间应有一定的统一性与关联性。

关于培训效果的评估问题，有不少学者对其进行了研究。美国著名学者 D.L.柯克帕特里克教授(D. L.Kirkpatrick)提出的四层次框架体系就是其中一种。

① 反应层次，即培训对象对这一培训项目的直观感受，培训对象是否感到培训项目有益，包括培训对象对培训科目、培训教员和自己的收获的感觉。这个层面的评估易于进行，是最基本、最普遍的评估方式，主要通过调查表或面谈方式收集学员的反馈意见，通常在一门课或一天的培训结束后立即进行。

② 学习效果，即培训对象对培训内容的掌握程度，培训对象是否能够理解培训中讲到的概念和技能。这可以通过培训后的闭卷考试或实际操作测试来考察。如果没有学会，那么培训者就没有发挥作用。

③ 行为变化，即员工由于参加这一培训所引起的与工作有关的行为的变化，培训对象是否在行为上应用了学习到的这些概念和技能。工作经历的逐渐丰富、监督和工作奖励方式的变化都可能对员工的行为产生影响，为了克服这种干扰，可以使用控制组方法，即将员工分为训练组和未受训练的控制组。在实施训练之前，衡量各组的工作绩效；在实施训练之后，再衡量各组的工作绩效，通过比较发现训练的效果。但需注意，培训组的绩效变化在培训结束后经过一段时间的实践才能体现出来，了解这一性质对正确评价培训项目的效果很重要。

④ 结果层次，即培训对象行为的变化是否对组织的绩效有积极影响，有多少与成本有关的积极后果(如生产率的提高、质量的改进、离职率的下降和事故的减少)是由培训所

引起的，培训对象在经过培训之后是否对组织或他们的工作产生了更加积极的态度。

上述评估层次的实施从易到难，其费用从低到高。一般最常见的是对第一层次的评估，而最有用的数据是培训对组织的影响。其中，对反应和学习效果的衡量主要是主观感受，所以有时称为内部标准；对行为和培训结果的衡量主要是客观结果，所以有时称为外部标准。是否评估，评估到第几个层次，应根据培训的目的和重要性决定。

3）选择培训评估方法

一般而言，培训评估方法有以下几种。

(1) 课后评价法。

课后评价法是指培训者在培训刚结束时立即进行评估，这是比较常用的方法。但是，在运用课后评价法时要注意：培训的结果不仅与培训方式有关，而且与培训对象对培训是否喜欢关系很大。

(2) 管理人员评估法。

管理人员评估法是指由培训管理人员对培训工作做出评价。这一方法一般用于评估培训程序。评估的一般方法是培训者向直接主管提供培训的详细目标和内容，然后就培训对象的知识、技能、态度展开讨论并写出个人目标；经主管全面评估并确定了自己目标的学员，才能更好地应对培训。

(3) 调查表法。

调查表法又称调查问卷法。这一评估方法通常要求培训部门对培训对象按照不同间隔期进行跟踪调查。如果评估目标是培训对象对所学知识记住并应用的程度，则调查表应设计成培训对象在培训后对所学知识或技能的记住程度，培训者可根据需要选择培训后 3 个月、6 个月或 12 个月进行评估。调查表的第二个重要功能是确定学员所学知识是怎样被应用于实践中的，培训对象有哪些收获，目前有哪些机会去提高知识水平。

(4) 评估中心法。

评估中心法是指许多企业通过成立一个中心来评价培训对象的潜力，并向培训对象提供在有经验的技术顾问的指导下评估自己的发展需要的机会，每一个中心都为培训者提供许多有用信息，以作为评估培训时的参考。在评估中心，培训对象的发展潜力常与先前的培训经历有关，这有助于培训者对先前培训效率的评价。

(5) 面谈法。

面谈法是指通过与培训对象进行面谈，了解培训效果的一种方法。通过详细面谈，培训者能够很有针对性地了解培训的效果。培训者可以通过设计多个方面的问题激起学员反馈，从大量封闭式和开放式问题的回答中得到大量信息。不论是从开始还是从后来进行评估，这种方法都能涵盖培训内容的各方面。

(6) 行为观察法。

行为观察法是指通过观察培训对象的行为来评估培训效果的一种方式，具体可以采取角色扮演或模拟的形式。培训者能观察到培训对象在学习或反馈后有什么改变，同时也能通过反馈控制培训对象的行为。

(7) 行为表现记录法。

行为表现记录法是指通过详细评估系统或有效的个人报告来评估培训效果的一种方

法，可以借以确定培训需要，也可用于事后对培训的评估。通过与主管的合作，培训者可识别出培训对象的行为效率在多大程度上与所受培训相关。它作为一种评估方法，记录了真正的行为表现，所以也最为有效。

4) 设计培训评估方案

培训工作的评估可以采取培训前后对比、培训对象预先测试、培训后测试以及时间序列分析等方式。培训评估方案一般包括评估的内容和评估的程序与方法。

(1) 评估的内容。

进行培训评估时应对培训目标、方案设计、场地设施、教材选择、教学的管理以及培训者的整体素质等各个方面进行评价。其内容包括评价培训者、评价培训对象、评价培训项目本身等三方面。

(2) 评估的程序与方法。

评估的程序一般为：首先是收集数据，如进行培训前和培训后的测试、问卷调查，以及通过访谈、观察的方式了解培训对象观念或态度的转变等；其次是分析数据，即对收集的数据进行科学的处理、比较和分析，解释数据并得出结论；最后是把结论与培训目标加以比较，提出改进意见。

5) 编写培训评估报告

培训评估报告是对整个培训工作的详细总结，其内容包括培训的组织和实施过程，并要提出建议和意见，作为今后培训工作的参考。

任务演练

大华公司销售顾问培训工作结束，请编写一份培训评估报告。

4.2 任务演练

任务实施

请为大华公司销售顾问培训。

任务 4.3　培训方法

情境导入

大华公司刚招聘了 18 名销售顾问，为了使这些新员工尽快地适应新工作，人力资源部对这些新员工进行了为期一天的新员工培训，培训内容主要是“任务与要求”“权利与义务”等，培训结束后还给每人发了一本员工手册。令人意想不到的是，第二天上班，就有几位新员工表示想离职，原因是觉得公司没有人情味，工作压力太大，又没有老员工带，什么都靠自己摸索太难了……陈小力想知道造成这种现象的原因是什么以及如何才能做好新员工培训。

知识链接：培训方法介绍

企业培训的效果在很大程度上取决于培训方法的选择。企业培训的方法有很多种，不同的培训方法具有不同的特点和适用范围。要想选择到合适、有效的培训方法，需要考虑到培训的目的、培训的内容、培训对象的特点及企业具备的培训资源等因素。因此，企业应结合自身的实际情况，选择最合适的方法或将各种培训方法优化组合，配合运用，这样才能取得理想的培训效果。

1. 讲授法

讲授法是一种传统的教学方法，是指培训者通过语言和演示等方式连贯地向培训对象传授知识的方法。它是最基本的培训方法，比较适用于知识、理论的系统传授。

(1) 讲授法的优缺点。

优点：可以同时对大量培训对象进行培训，成本较低，效率较高，比较容易操作；有利于培训对象系统地学习新知识；有利于培训者发挥主导作用，掌握和控制学习的进度。

缺点：培训对象无权自主选择学习内容；学习效果易受培训者讲授水平影响；由于以培训者的单向传授为主，故容易缺乏沟通与互动，导致学生机械地、被动地学习，学过的知识不易被巩固。

(2) 讲授法的应用条件。

讲授法的应用条件包括：培训的基本目的是同化信息，即知识的理解；缺乏现成的可以利用的学习材料；材料需要重新组织并以特殊的方式呈现给特殊的对象；有必要唤起培训对象对某一培训主题的兴趣；培训对象只需要在短期内记住材料；为某一领域或某一培训主题提供介绍。在上述任一条件满足的情况下，都可使用讲授法。

(3) 讲授法的限用条件。

在下述条件下，都不宜使用讲授法：培训的目标不在于习得信息而在于其他方面，如形成技能；强调长期保持；学习材料复杂、精细或抽象；必须有培训对象的参与才能达到培训目标；高水平的培训目标(分析、综合和评价)是培训的主要目的。

(4) 运用讲授法的基本要求。

讲授时既要重视内容的科学性和思想性，同时又要尽可能地与培训对象的认知基础发生联系；讲授时应注意培养培训对象的思维；讲授应具有启发性；讲授要讲究语言艺术；讲授语言要生动形象、富有感染力，要清晰、准确、简练，要条理清楚、通俗易懂，尽可能保持适度的音量和语速，语调要抑扬顿挫，适应培训对象的心理节奏。

2. 案例分析法

案例分析法是把实际工作中出现的问题作为案例，交给培训对象研究分析，培养培训对象的分析能力、判断能力、解决问题能力以及执行能力的培训方法。案例分析法开始时只是作为一种教育技法用于高级经理人及商业政策的相关教育实践中，后来被许多公司借鉴，用以培养公司的得力员工。

对用于培训的案例有三个基本要求：案例源于实际，但有关的人名、地名、单位名可以改用假名，有关数字可以通过乘以某掩饰系数加以放大或缩小，但相互间的比例一般不变；案例应包含相应的管理问题，同时便于进行拓展讨论；案例的编写与使用都是为既定的培训目的服务的。

(1) 案例分析法的优缺点。

优点：培训对象的参与性强，变培训对象被动接受为主动参与，将培训对象解决问题能力的提高融入知识传授中，有利于培训对象养成积极参与解决企业实际问题和向他人学习的习惯；在案例分析的过程中，提供了一个系统的思考模式。

缺点：案例选用要求高，且对培训者和培训对象的参与要求比较高；每一个案例都是为既定的培训目的服务的，缺乏普遍适用性；案例数量有限，并不能满足每个问题都有相应案例的需求；虽然案例是真实的，但培训对象仅仅是以当事人的角度去考虑的，因此不必承担任何责任，不能像当事人那样承受种种压力，不可避免地存在失真性。

(2) 案例分析法的操作步骤。

通常，可以分准备阶段和实施阶段了解案例分析法的具体操作。

在准备阶段，需要做好以下几个方面的工作：

① 负责人(一般由培训者、主持人担任)确定培训课程的具体目的、内容、范围及对象。

② 从平常收集的资料中选择恰当的案例，选择的范围应视培训对象而定。

③ 确定培训地点、培训时间，制定培训计划。

④ 培训者应准备下列知识：案例分析法的操作方法，在实际应用中应注意的问题，案例的选择标准，如何总结问题。

在实施阶段，应做好以下几个方面的工作：

① 培训者向培训对象简单介绍案例分析法的背景、方法、特色，应用时的注意事项及应用后能达到的效果。只有让培训对象对该方法有大概的了解，才能使他们顺利进入角色，使培训工作顺利完成。

② 通过自我介绍，使培训对象互相认识并熟悉，以培养一个友好、轻松的氛围。将培训对象分成若干小组并决定每组的组长；分发案例材料；让培训对象熟悉案例内容；各组分别讨论、研究案例，并找出问题及解决问题的策略；挑选出最理想、最恰当的策略；全体讨论解决问题的策略；培训者进行整理总结。

TIPS!

案例分析法示例

国内某公司与国外某大学签订了一项培训协议，该公司每年选派 2～3 名管理人员到该学校攻读管理硕士学位。学业完成后，员工必须回公司服务 5 年，服务期满方可调离。2021 年 6 月，运营部小王经过公司几轮挑选，终于与其他两位同事一起获得了推荐资格。小王用公司提供的奖学金交了学费，又申请了助学贷款，以解决和妻子在国外的生活费。按照目前小王的收入水平，需要 6 年时间才能还清贷款，如果他在外资公司工作，不到 3 年便可还清贷款。行期将近，公司人事部多次催促小王签订培训合同，一直到离开公司的前一天小王才在培训合同上签了字。

2022 年 9 月末，小王学成回国，并回公司报到。2024 年初，小王向公司人事部递交了辞呈，并按合同还清了公司为其支付的英语培训考试费、赴英签证费、学费等费用。不久，他便在另外一家大公司得到一个年收入可观的职位。

根据本案例，请思考下列问题：

公司应该采取哪些措施确立更有效的培训体系，防止此类的事件发生？

3. 研讨法

研讨法是指在培训者的引导下，培训对象围绕某一个或几个主题进行交流、相互启发的培训方法。研讨法比较适合管理人员的训练或用于解决某些有一定难度的管理问题，它对培训者和培训对象要求较高。另外，主题选择的好坏也将直接影响培训的效果。

(1) 研讨法的类型。

按照费用与操作的复杂程序，研讨法可分为一般研讨会与小组讨论两种方式。一般研讨会多以专题演讲为主，中途或会后允许培训对象与演讲者进行交流沟通，要求每次讨论要建立明确的目标，让每一位参与者了解这些目标并对讨论的问题产生浓厚的兴趣，并于每一阶段结束时检查进度，一般费用较高。小组讨论是将一组人选集中在一起，就某个话题展开讨论，各抒己见，最后总结并提炼出一些观点或结论的培训方法，费用相对较低。

(2) 研讨法的优缺点。

优点：鼓励学员积极参与思考，主动提出问题，表达个人感受，有助于激发学习兴趣；讨论过程中，培训者与培训对象之间、培训对象之间可以多向传递信息，可以相互交流、启发知识和经验，取长补短；有利于培训对象发现自己的不足，开阔思路，加深对知识的理解，促进能力的提高。相关研究表明，这种方法对提高培训对象的责任感或改变工作态度也有一定的效果。

缺点：对培训者、研讨课题的选择要求较高；培训对象自身的水平也会影响培训的效果；不利于培训对象全面系统地掌握知识和技能。

TIPS!

研讨法示例

假设你是 L 空调厂商杭州营销中心的客户服务经理，负责公司在杭州的所有直属专卖店的客户服务工作。公司的工作流程是这样的：首先，各专卖店在客户下订单后将信息传送到客户服务部，由客户服务部完成后续的送货、安装、收取剩余货款、调试、跟踪等工作。

有一天，客户服务部收到来自一家专卖店的订单，需要给一位住在西湖区的客户送货并安装。作为客户服务经理，你会怎样安排后续的客户服务活动呢？请你们设计出一个方案，越详尽越好。(第一个问题)

然而，事情并不像所设想的那样顺利。首先，你们的送货车队在路上出了故障，以至于到傍晚才将空调送到客户家中，这比客户要求的时间整整晚了半天。

在安装空调的过程中，又因为客户的居室构造比较特殊而额外多花费了半天时间，施工过程中安装工人的一些不礼貌行为引起了客户家人的反感。更糟糕的是，空调安装完毕之后，客户发现空调的噪声太大，为此他拒绝支付剩余的货款。作为生产厂商，你们知道该空调产品声音就是这样大，是可以忍受的，可是客户却不这样认为，他强硬地认为产品不合格，甚至提出要退货。你们的送货员百般劝说，百般解释，客户就是不付款，而且矛盾还有扩大的趋势。事情已经到了你非出马不可的地步了。

在你出面解决问题前，你的上级给你的要求是：不能退货；顶多少收 200 元人民币；防止事态扩大蔓延。

你会采取怎样的策略？请拟出一个方案，有 20 分钟的时间讨论。(第二个问题)

讨论结束后，请按照以下规则发言。

(1) 每个小组派出一位成员回答案例中提出的第一个问题，即在接到专卖店的订单后，如何安排后续的客户服务活动(以一个客户服务经理的角色提出，时间 5 分钟)。

(2) 每个小组派出一位成员讲述本小组设计的纠纷调解策略(时间 5 分钟)。

(3) 每个小组派出两位成员分别扮演客户服务经理和客户，实地表演该客户经理上门处理这起纠纷的过程(时间为 5 分钟)。

(4) 每个小组可以对自己和对方小组的纠纷调解策略与表演做出现场点评(自由发言，时间为 5 分钟)。

(5) 每个小组各派出一位成员作总结陈述。(时间为 5 分钟)。

4. 角色扮演法

角色扮演法是一种情景模拟活动，即模拟工作场景，使参与培训的员工分别担任不同角色，通过角色体验的方式，学习相关技能。通常，角色扮演法适用于领导行为培训、会议成效培训以及沟通合作培训等。此外，该方法还可用于培训某些可操作的能力素质，如推销员业务培训、谈判技巧培训等。

在角色扮演法中，通过让培训对象扮演一个特定的岗位角色并观察培训对象的多种表现，了解其心理素质和潜在能力；又通过情景模拟，要求其扮演指定行为角色，并对行为表现进行评定和反馈，以此来帮助其发展和提高行为技能。

(1) 角色扮演法的优缺点。

优点：具有较强参与性，能激发培训对象解决问题的热情；可增加学习的多样性和趣味性；角色扮演过程中，需要角色之间的配合、交流与沟通，因此可以增加角色之间的感情交流，培养培训对象的沟通能力、自我表达能力、相互认知能力等社会交往能力，同时能够培养培训对象的集体荣誉感和团队精神；能够提供在他人立场上设身处地思考问题的机会。

缺点：如果没有精湛的设计能力，在角色设计上可能会出现简单化、表面化和虚假人工化等现象，这无疑会对培训效果产生直接影响，无法使培训对象的能力得到提高；在培训的过程中，如果培训对象参与意识不强，没有完全进入角色，就不能测出培训对象的真实情况；有些角色扮演活动是以团队合作为宗旨的，在这种情况下可能会出现过度地突出个人的情况，这也是角色扮演中很难避免的，而且一旦某个人的表现过于个性化，就会影响团队合作。

(2) 角色扮演法的操作步骤。

① 进行充分的准备工作。

实施角色扮演前，事先要做好周密的计划，设计好每个细节，避免忙中出错或乱中出错。要编制好评分标准，主要考察培训对象的心理素质和潜在能力，而不侧重于其扮演的角色像不像、是不是有演戏的能力。

② 实施评估。

角色扮演的评估，其实就是一个收集信息、汇总信息、分析信息，最后确定培训对象的基本心理素质和潜在能力的过程，具体包括观察行为、归纳行为、为行为打分、制定报告、重新评分等一系列过程。

观察行为。培训者要仔细观察、及时记录一位或两位培训对象的行为，记录语气要客观，记录的内容要详细，不要进行不成熟的评论，主要是进行客观的观察。

归纳行为。观察以后，培训者要马上整理观察到的行为，并将其归纳为角色扮演设计的目标要素。如果有些行为和要素没有关系，就应该剔除。

为行为打分。对要素有关的所有行为进行观察、归纳以后，根据规定的标准答案对要素进行打分。

制定报告。给行为打分以后，培训者应该汇总所有的信息，并形成报告，然后才考虑下一位参加者。

重新评分。培训者要宣读写好的报告，对受训者在角色扮演过程中有关的各项行为以及对要素的评分做一个简单的介绍。其他相关人员可以提出问题，并进行讨论。当培训者报告完毕，大家进行了初步讨论以后，培训者可以根据讨论的内容、评分的客观标准以及自己观察到的行为，重新给培训对象打分。

5. 演示法

演示法就是通过展示实物、图像、教具或进行现场操作等示范性教学，向培训对象展示技术技能要点、操作流程、工作过程或加工程序等内容的培训方法。演示法常配合讲授法一起使用，使抽象、复杂的培训内容变得直观，可提高培训对象的学习兴趣，发展其观察能力和抽象思维能力。

演示法根据不同的标准有不同的分类：

(1) 根据演示材料的不同，演示法可分为实物、标本、模型的演示，或图片、照片、图画、图表、地图的演示，或实验演示，或幻灯、录像、录音、教学电影的演示等。

(2) 根据演示内容和要求的不同，演示法可分为事物现象的演示和以形象化手段呈现事物内部情况及变化过程的演示。

演示法一般要求：

(1) 符合培训的需要和培训对象的实际情况，有明确的目的。

(2) 使培训对象都能清晰地感知到演示的对象。

(3) 在演示的过程中,培训者要引导培训对象进行观察，把培训对象的注意力集中于对象的主要特征、主要方面或事物的发展过程。

(4) 要重视演示的适时性。

(5) 结合演示进行讲解和谈话，使演示的事物与培训教材知识的学习密切结合。

例如，在西餐厅服务员培训中，利用演示法现场展示西餐零点摆台的流程和规范，然后抽查学员是否掌握。

6. 工作指导法

工作指导法是指有经验的技术能手或主管人员在工作岗位上对培训对象进行指导的培训方法。负责指导的培训者的任务是教给培训对象如何做，并对培训对象进行鼓励。这种方法应用广泛，适用于培训一线员工或各级管理人员。

工作指导法的优缺点如下：

优点：通常能使培训者与培训对象之间形成良好的关系，有助于工作的开展；一旦岗位出现调动或退休、辞职时，企业能有训练有素的员工接替上。

缺点：不容易挑选到合格的培训者(教练或师傅)，有些师傅担心“带会徒弟饿死师傅”而不愿意倾尽全力；仅对培训对象进行某一特定技能的培训，培训面比较窄。

7. 工作轮换

工作轮换又称轮岗，是一种在职培训方法，是指企业按照大体确定的期限，有计划地让培训对象在预定的时期内担任若干种不同工作，使其获得不同岗位的工作经验，从而达到考察培训对象的适应性和开发培训对象多种能力的目的。

该方法经常用于新进员工培训，很多企业采用工作轮换培养新进入企业的年轻管理人员或有管理潜力的工作人员。

(1) 工作轮换的注意事项。

在为培训对象安排工作轮换时，要考虑培训对象的个人能力、需求、兴趣、态度和职业偏好，从而选择合适其的工作；工作轮换时间长短取决于培训对象的学习能力和学习效果，而不是机械地规定某一时间。

(2) 工作轮换的优缺点。

优点：能丰富培训对象的工作经验，增加对企业工作的了解；能使培训对象明确自己的长处和短处，找到适合自己的位置，提高工作积极性；企业能通过工作轮换了解培训对象的专长和兴趣爱好，从而更好地开发培训对象的所长；能改善部门间的合作，使管理者能更好地理解相互间的问题，有助于提高部门运作效率；有助于企业培养经营管理人才。

缺点：培训对象在每一个工作岗位上停留的时间不长，所学知识不精，以至于他们会觉得自己更像是某个部门的参观者而不是其中一员；该方法鼓励“通才化”，因此更适用于一般直线管理人员的培训，不适用于职能管理人员的培训；需要为培训对象提供各种培训以使他们掌握多种技能，适应不同的工作，因此所需要的培训费用较高；增加了管理人员的工作量和工作难度。

8. 头脑风暴法

头脑风暴最早是精神病理学上的用语，指精神病患者的精神错乱状态，现在则指无限制的自由联想和讨论，其目的在于产生新观念或激发创新设想。

(1) 头脑风暴法的组织形式。

① 参加人数一般为5～10人，最好由专业不同或岗位不同的人员组成；

② 时间控制在1小时左右；

③ 设主持人一名，主持人只主持，对设想不作评论。设记录员1～2人，要求其认真将参与者的每一设想不论好坏都完整地记录下来。

(2) 头脑风暴法的准备工作。

① 明确主题。主题提前通报给培训对象，让培训对象有一定准备。

② 选好主持人。主持人要熟悉并掌握该方法的要点和操作要素，摸清主题现状和发展趋势。

③ 参与者要有一定的训练基础，懂得该会议提倡的原则和方法。

④ 开始前可进行柔化训练，即对缺乏创新锻炼者进行打破常规思考、转变思维角度的训练活动，以减少其思维惯性，将其从单调的紧张工作环境中解放出来，以饱满的创造热情投入活动。

(3) 头脑风暴法的原则。

为使培训对象畅所欲言，互相启发和激励，达到较高效率，必须严格遵守下列原则：

① 禁止批评和评论，也不要自谦。对别人提出的任何想法都不能批判、不得阻拦。即使自己认为是幼稚的、错误的，甚至是荒诞离奇的设想，亦不得予以驳斥；同时也不允许自我批判，应在心理上调动每一个培训对象的积极性，防止出现一些“扼杀性语句”和“自我扼杀语句”。诸如“这根本行不通”“你这想法太陈旧了”“这是不可能的”“这不符合某某定律”以及“我提一个不成熟的看法”“我有一个不一定行得通的想法”等语句，禁止出现。只有这样，培训对象才可能在充分放松的心境下，在别人设想的激励下，集中全部精力开拓自己的思路。

② 目标集中，追求设想数量越多越好。在头脑风暴法实施过程中，只强制大家提设想，且越多越好。会议以谋取设想的数量为目标。

③ 鼓励巧妙地利用和改善他人的设想。这是激励的关键所在。每个培训对象都可从他人的设想中激励自己，从中得到启示，或补充他人的设想，或将他人的若干设想综合起来提出新的设想等。

④ 培训对象一律平等，各种设想应全部记录下来。培训对象不论是该方面的专家或员工，还是其他领域的学者，一律平等；各种设想，不论大小，甚至是最荒诞的设想，记录员也要认真地将其完整地记录下来。

⑤ 主张独立思考，不允许私下交谈，以免干扰别人的思维。

⑥ 提倡自由发言，畅所欲言，任意思考。该方法提倡自由奔放、随便思考、任意想象、尽力发挥，主意越新、越怪越好，因为它能启发人推导出好的观念。

⑦ 不强调个人的成绩，应以小组的整体利益为重，注意和理解别人的贡献；创造民主环境，不以多数人的意见阻碍个人新的观点的产生，激发个人追求更多更好的主意。

(4) 头脑风暴法的优缺点。

优点：培训对象的参与性强，能最大限度地鼓励培训对象发表其意见；有利于加深培训对象对问题理解的程度；可以帮助培训对象解决工作中遇到的实际问题。

缺点：对主持人要求较高，如果不善于引导讨论，可能使讨论漫无边际；主持人主要扮演引导的角色，讲授的机会较少；研究的主题能否得到解决也受培训对象水平的限制；主题的挑选难度大，不是所有的主题都适合用来讨论。

TIPS!

头脑风暴法主持人技巧

主持人应懂得各种创造性思维和技法，开始前要向培训对象重申应严格遵守的原则和纪律，善于激发培训对象思考，使场面轻松活跃且不失脑力激荡。主要技巧如下：

(1) 要以赏识激励的词句语气和微笑点头的行为语言，鼓励培训对象提出设想，如说："对，就是这样！""太棒了！""好主意！这一点对开阔思路很有好处！"等等。

(2) 遇到人人皆才穷计短而暂时停滞时，可采取一些措施：如休息几分钟，可自选休息方法，如散步、唱歌、喝水等，休息结束后再进行几轮脑力激荡；或发给每人一张与问题无关的图画，要求讲出从图画中所获得的灵感等。

(3) 根据课题和实际情况需要，引导大家掀起一次又一次脑力激荡。如果课题是某产品的进一步开发，就可以将产品改进配方的思考作为第一激波，将降低成本的思考作为第二激波，将扩大销售的思考作为第三激波等。

(4) 要掌握好时间，一般持续 1 小时左右，形成的设想应不少于 100 种。通常最好的设想往往是会议要结束时提出的，因此，预定结束的时间到了之后可以根据情况再延长 5 分钟，这时人们容易提出好的设想。如果在 1 分钟时间里再没有新主意、新观点出现，可宣布结束或告一段落。

9. 视听教学法

视听教学法是指将讲授的内容和示范的技术以幻灯片、影片、录像、录音的方式呈现给大家，通过感官刺激给培训对象留下深刻印象。

视听教学法的优缺点如下：

优点：能直观地观察到许多过程细节，容易引起视觉想象；可重播，便于学员复习所培训的内容。

缺点：培训对象处于被动地位，无法进行相互的交流；部分培训内容制作成本较高。

10. 远程学习法

远程学习法是企业为了克服人员分散或者因工作的关系不方便集中培训，而特地采取的一种针对性的培训方法。远程学习法将学习内容远距离传输给培训对象，以供培训对象学习。由于采用的设备不同，因此有很多种不同的具体形式。目前，通过互联网进行培训是最常用的远程培训方式。

实践证明，利用网络开展远程培训，效率高，能满足各种行业的培训需求。另外，远程培训利用网络实现跨地区培训，既满足了异地培训的需要，又比较容易获取各种新的知识和信息，大大减少了相关培训的费用支出。

11. 拓展训练法

拓展训练法的应用

拓展训练法是一种以提高心理素质为主要目的，兼具体能训练和实践的综合素质教育方法，它以运动为依托，以培训为方式，以感悟为目的。拓展训练法能激发个人潜能，培养乐观的心态和坚强的意志，提高沟通交流的主动性和技巧性，培养相互配合、相互支持的团队精神，极大增强合作意识，最终达到提高心理素质的目的。

它以一种体验式的学习方式，将大部分的课程安排在户外，精心设置了一系列新颖、刺激的情景，让个体主动去体会、解决问题；在参与体验的过程中，让个体的心理受到挑战，思想得到启发，在特定的环境中去思考、发现、醒悟，重新认识个人和团队，对自身进行重新定位。

拓展训练通常有以下四个环节：

① 团队热身。在培训开始前进行团队热身活动将有助于加深培训对象之间的相互了解，消除紧张情绪，建立团队和谐氛围，使培训对象轻松愉悦地投入各项培训活动中去。

② 个人项目。个人项目应本着心理挑战最大、体能冒险最小的原则设计,每项活动对培训对象的心理承受力都是一次极大的考验。

③ 团队项目。团队项目以强化培训对象的合作意识和团队精神为目标，通过复杂而艰巨的活动项目，促进培训对象之间达成相互信任、理解、默契和配合。

④ 回顾总结。回顾将帮助培训对象消化、整理、提升训练中的体验，以便达到活动的具体目的。总结促使培训对象将培训的收获迁移到工作中去，以实现整体培训目标。

TIPS!

拓展训练法操作示例

示例项目：逃生墙。

项目时间：半个小时以上，取决于参加人数的多少。

项目人数：不限。

项目概述：在无任何器械的基础上，10 余人为一组的团队将通过徒步爬上3～4m的高墙，要求团队成员一一安全通过。

培训目的：使参与人员体会到，良好的策略是完成任务的关键，团队的协作是完成任务的基础，坚强的毅力是完成任务的根本。

项目要点：

(1) 良好的策略是完成任务的关键，知己知彼才能百战百胜。

① 当看到一堵近4 m的高墙时，你的第一个想法是什么？

② 团队成员肥瘦高矮不定时，如何分配？

③ 团队成员的身体素质如何？

(2) 团队的协作是完成任务的基础，团结就是力量。

没有完成不了的任务，关键看团队成员如何利用各自的特长，发挥作用。

(3) 坚强的毅力是完成任务的根本，坚持就是胜利。

① 爬到最后，难度越来越高，怎样才能攀上最后的高峰呢？

② 结合工作，坚持到工作的最后一班岗。

(4) 与实际情况相结合。

本项目的体会：工作中，需要有良好的方针策略、合理的分工协作及坚强的意志力。

任务演练

请为大华公司销售部新员工培训编制培训方案。

4.3 任务演练

任务实施

张立是一位公认的技术能手，最近刚被提升为技术部经理。第一次当管理者，他下定决心要将工作做得更出色。在新的岗位上，张立仍然像过去一样凡事亲力亲为。在向下属布置任务以后，他自己也会提出解决方案，而且每次都是他的方案最优。一个月下来，他感觉工作量越来越大，同时也感觉到下属对他的不满情绪在日益增长。张立觉得很委屈，活比原来干得多，但大家对他的意见却更大。

李琪由于业绩突出刚从销售经理的职位晋升到大区经理，但在这个岗位上他感到前所未有的麻烦。他发现自己既要维护客户关系、开发新的大客户，同时还要督促自己的下属部门完成业绩，连自己的休息时间都被工作给占用了。为了能够尽快地完成上级下达的任务，李琪不得不将工作的重点放在开拓和维护客户关系上，这又回到了他当销售经理时的工作范围。

请探讨管理者需要具备哪些条件以及接受什么样的培训，才能更好地适应岗位，并根据培训的内容选择合适的培训方法。

自 我 检 测

自我检测答案

□ **单选题**

1. 在员工培训的准备阶段，必须进行(　　)和培训目标的确定。

A. 培训人员　　B. 培训需求分析　　C. 培训内容　　D. 培训要求

2. 员工培训费用一般包括培训过程中产生的直接费用，还包括(　　)。

A. 培训场地费用　　B. 教材准备费用　　C. 培训讲师费用　　D. 间接费用

3. 企业员工培训过程中，出于组织与管理的需要，人力资源管理部门相关人员还应该做好两项工作：一是(　　)；二是组织管理培训的具体运行。

A. 及时发出培训通知　　B. 选好培训场地
C. 选好培训讲师　　D. 及时进行培训分析

4. (　　)是指培训者在培训刚结束时立即进行评估，这是比较常用的方法。

A. 课后评价法　　B. 管理人员评估法　　C. 评估中心法　　D. 面谈法

5. (　　)是一种以提高心理素质为主要目的，兼具体能训练和实践的综合素质教育方法，它以运动为依托，以培训为方式，以感悟为目的。

A. 头脑风暴法　　B. 案例分析法　　C. 拓展训练法　　D. 演示法

□ **多选题**

1. 培训与开发的作用有(　　)。

A. 让员工了解企业　　B. 让员工适应岗位　　C. 让员工适应变化
D. 培养优秀员工　　E. 满足员工自身发展的需要

2. 员工培训按照内容可分为(　　)。

A. 知识培训　B. 技能培训　C. 脱产培训　D. 态度培训　E. 半脱产培训

3. 培训需求分析包括(　　)。

A. 组织分析　B. 任务分析　C. 人员分析　D. 培训方法分析　E. 培训目的分析

4. 组织培训评估，一般从以下(　　)三个方面进行。

A. 对硬件的评估　　B. 对受训者的评估　　C. 对培训者的评估
D. 对培训本身的评估　　E. 对标准的评估

5. 培训方法有(　　)。

A. 研讨法　　B. 演示法　　C. 讲授法
D. 案例分析法　　E. 头脑风暴法

□ **简答题**

1. 什么是员工培训与开发？培训和开发的关系是什么？
2. 培训需求分析可以通过哪些方法完成？
3. 员工培训内容一般分为哪三个层次？
4. 如何根据实际需要选择培训讲师？
5. 培训方案一般包括哪些内容？
6. 什么是角色扮演法？

互 动 讨 论

背景资料：

博多公司是一家小型家庭耐用品制造商。为了提高生产率，不久前公司引进一套小型自动控制设备。

企业目前员工队伍当中，能够操作这种新设备的人比较少，因此管理者考虑制订一项培训计划以提高员工技能。然而，如果决定实施培训，那么培训内容和方式如何确定？培训所需的资金又从何而来？

总经理梅先生面对人力资源部制订的培训计划书，感到左右为难。

再三考虑后，他决定先听取一下公司中高层领导人的意见。博多公司共有两名副总：袁副总和林副总。梅先生又叫来了人力资源部的丽经理和乔主管一同参加讨论。

人事主管丽经理首先发言说："毫无疑问，我们应该实施培训。如果不培训，那等于是对设备资源的一种浪费。要么使员工拥有操作新设备的技能，要么就不要在新设备与技术上投资。"袁副总点了点头说："你的说法有道理。但也要看到，我们的竞争同行们可能从我们的培训支出当中受益，一旦我们先付出成本培训了员工，而对手又想方设法把他们挖走了怎么办？我见到过不少类似的情况。革新的企业率先进入新的领域，并投资对员工进行培训，可后来同行业的新企业却把培训最好的员工给挖走了。""那好办，只要向员工支付较高的工资，他们就会留在这儿了。"林副总说，"况且，如果培训过的员工们真的提高了生产率，为什么不与他们共同分享收益呢？这是任何一个企业保持较高生产率的最好途径了。"

袁副总表示反对："林副总关心员工的福利，这很好。但是，我们必须保护公司的利益。如果由我们承担培训费用，那为什么要向员工支付高工资？如果支付了高工资，公司又如何从投资当中受益呢？"

林副总沉默了一会儿，说道："我之所以一直比较关心员工们的福利待遇，是因为如果忽略了这一问题，从长远看有可能要付出更大的代价。想想吧，我们培训了员工，投了资，却因为我们的疏忽，忽视了向员工支付他们应得的报酬，最后导致他们被对手挖走，这无疑是一种短视的行为。无论是培训还是工资，都应以维护公司的利益为先导。"

这时，一直沉默的乔主管反问道："我们怎么知道我们的对手想要挖走我们的员工呢？实际上，即使他们采用了与我们类似的技术，也不一定会采用与我们一样的自动控制设备。如果他们不采用这种设备，就没有必要挖咱们的员工。"

袁副总点了点头说："可能是这样。但我不想把宝押在这种可能性上。是否可以找到某种办法，把员工与企业联系在一起呢？在这一点上我们必须很清醒，员工不是我们的奴隶，只有他们愿意留下来工作的时候，他们才会留下来。"

听了各位的意见后，丽经理想了想，说道："我不想把水搅得更浑，但我想我们可能还忽略了另一个问题，这就是我们确实希望有一些员工走掉。首先，采用新的自动控制技术意味着同样数量的工作现在只需要较少的人手；其次，现有的员工队伍当中，有一部分人不适应我们的新设备。此外，必须考虑到可能有一部分员工不大乐意接受培训。"

"怎么见得？"林副总一边聚精会神地听着，一边询问。"因为对于有些员工来说，这种培训毕竟有点儿让人产生重新回到学校的感觉。"丽经理解释道，"大部分员工到公司来工作以后，已经对学校没有什么兴趣了，他们很可能不愿意花时间去做家庭作业。"

"这一点很正确，"袁副总补充道，"假知我们主动让一部分员工走掉的话，处境可能会更好一些。事实上，在我看来，哪怕花点儿钱，我都愿意让不适合公司的员工离开。"

梅总听完了几个人的讨论，满意地点了点头，并宣布会议结束。至于培训计划，他在讨论中已经有了想法。他的想法是什么呢？

拓 展 阅 读

1. 《员工培训与开发(第三版)》：作者，陈国海、霍文宇；出版社，清华大学出版社。本书简要阐述了员工培训与学校教育的区别，以及怎样进行培训需求调查、怎样制订培训计划、成人学习有何特点、怎样设计课件和组织培训、怎样实施与管理培训、培训成果如何转化与评估、如何实施员工开发与职业生涯规划、企业培训如何外包等内容，详细论述并分析了企业培训中的各种现象。本书内容包括员工培训概述、培训需求分析、培训类型、培训计划与项目设计、培训的实施与管理、成人学习理论、培训方法、培训成果转化、培训效果评估、员工开发、职业生涯管理、企业培训外包，共十二章。本书既便于教师教学，也便于学生自学；既适合作为经管类专业课的本科教材、通选课教材，又适合作为企业培训师、培训专员以及企业管理者的自学读物。

2. 《金字塔原理大全集》(套装共 2 册)：麦肯锡培训教材；作者，[美]芭芭拉；汪洱等译。用《金字塔原理》一书中的理念和方法培训员工的企业众多。本书阐述如何应用金字塔原理思考、沟通、管理下属和解决问题，提高自身的逻辑性、条理性，使沟通更准确、高效；用全脑思维，提高结构化思维能力，使思考全、准、快；用金字塔搭建逻辑清晰的框架结构，归类分组、重点突出、逻辑清晰、主次分明，让人看得懂、愿意看、记得住；分配任务，用金字塔原理，思考周到，不重叠。通过学习，培训师开发课程和讲课能快速搭建框架结构、组织素材，逻辑清晰，通俗易懂。

模块5 员工绩效管理

绩效管理是现代人力资源管理的一个概念，它与传统意义上的绩效考评有一定的差异，是传统员工绩效考评的升华。绩效管理是一种重要的管理职能，它不仅有利于员工的能力开发与职业发展，也是企业实现其战略目标的重要手段，是企业赢得竞争优势的中心环节。

知识目标

◎ 了解绩效与绩效管理的概念及作用。

◎ 熟悉绩效管理的流程。

◎ 掌握绩效考核的常用技术。

能力目标

◎ 能够根据给定的背景资料为企业设计绩效管理方案。

◎ 能够熟练运用常用的绩效考核方法。

◎ 能够有效进行绩效反馈。

模块学习导图

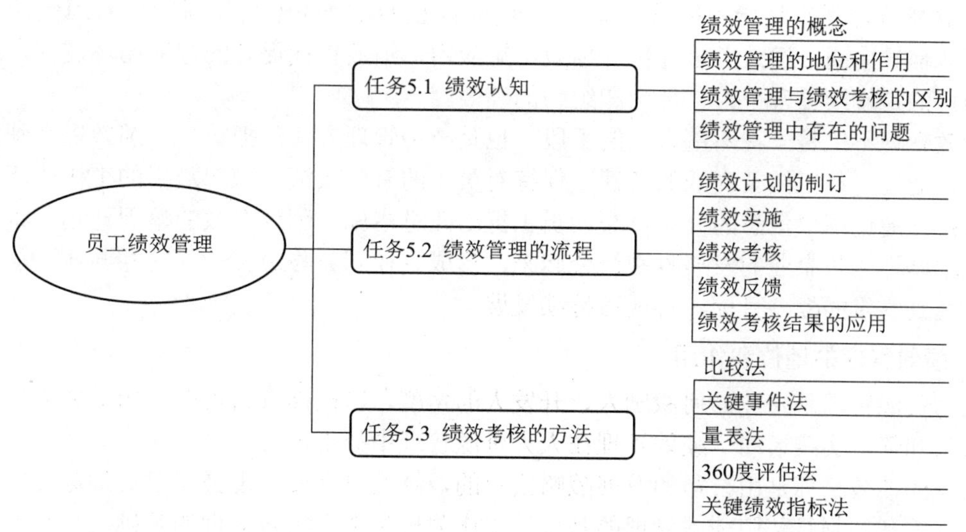

任务5.1 绩效认知

情境导入

浙江大华餐饮有限公司新招聘的员工通过一系列培训后已顺利上岗工作。通过一段时间的观察，发现这些新员工在各自的岗位上有着不同的表现。HR 经理助理陈小力最近一直在思考一个问题：如何才能改善员工的工作表现呢？

知识链接：绩效管理概述

绩效的概念和特点

1. 绩效管理的概念

绩效是指个人或群体的工作表现和业务成果。这一定义告诉我们，对个体的绩效进行管理时，既要考虑投入(行为)，也要考虑产出(结果)。绩效包括“应该做什么”和“如何做”两个方面。由于员工绩效表现是企业实现发展目标的核心要素之一，因此，如何管理员工绩效成为企业管理者非常关心的问题。

绩效的特点包括多因性、多维性和动态性三点。绩效的多因性是指绩效的优劣受到多种因素的共同影响，如员工的技能、激励、机会与环境等。绩效的多维性是指员工的工作绩效可以从多个方面表现出来，在评价员工绩效时，不仅要考虑其工作结果，还要结合工作态度、工作能力等进行综合评定。绩效的动态性是指员工绩效处于动态的变化中，绩效差的员工经过教育、引导和激励，会努力工作取得较好的绩效；工作绩效较好的员工由于未受到适当的激励等原因，可能会出现不再努力工作的情形。

所谓绩效管理，是指各级管理者和员工为了达到组织目标而共同参与的绩效计划制订、绩效辅导沟通、绩效考核评价、绩效结果应用、绩效目标提升的持续循环过程，绩效管理的目的是持续提升个人、部门和组织的绩效。

绩效管理不仅是一种衡量人才的手段，也是一种管理方式。把员工的绩效提升到管理层面上，通过对员工绩效高低的考评，保持对员工的有效反馈，激起员工的工作热情和创新精神；并通过绩效信息的分析，帮助员工提出改进措施，制订有效的培训计划，将员工的职业生涯计划与企业的发展紧密结合起来，形成企业利益与员工责任的共同体，从而推动企业达到既定的战略目标，实现可持续发展。

2. 绩效管理的地位和作用

人力资源管理是站在如何激励人、开发人的角度，以提高人力资源利用效率为目标的管理决策和管理实践活动。绩效管理在人力资源管理中处于核心地位。

组织的绩效目标是由公司的发展战略决定的，绩效目标要体现公司发展战略导向。组织结构和管理控制是部门绩效管理的基础，工作分析是个人绩效管理的基础。

绩效考核结果在人员配置、培训开发、薪酬管理等方面都有非常重要的作用。如果绩效考核缺乏公平公正性，上述各个环节的工作都会受到影响，而绩效管理落到实处将对上述各个环节的工作起到促进作用。

组织和个人的绩效水平，将直接影响组织的整体运作效率和价值创造。因此，衡量和提高组织、部门以及员工个人的绩效水平是企业经营管理者的一项重要常规工作，而构建和完善绩效管理系统是人力资源管理部门的一项战略性任务。

无论企业处于何种发展阶段，绩效管理对于提升企业的竞争力都具有巨大的推动作用，进行绩效管理都是非常必要的。绩效管理对于处于成熟期的企业而言尤其重要，没有有效的绩效管理，组织和个人的绩效得不到持续提升，组织和个人就不能适应残酷的市场竞争，最终将被市场淘汰。

很多企业投入了较多的精力进行绩效管理的尝试，许多管理者认为公平地评价员工的贡献、为员工薪酬发放提供基础依据、激励业绩优秀的员工、督促业绩低下的员工是进行绩效管理的主要目的。当然，上述观点并没有错误，但是绩效考核就是绩效管理，绩效考核的作用就是为薪酬发放提供依据之类的认识还是片面的。绩效管理不仅能促进组织和个人绩效的提升，而且能促进管理流程和业务流程的优化，最终保证组织战略目标的实现。

(1) 绩效管理促进组织和个人绩效的提升。

绩效管理通过设定科学合理的组织目标、部门目标和个人目标，为企业员工指明努力方向。管理者通过绩效辅导沟通可及时发现下属工作中存在的问题，给下属提供必要的工作指导和资源支持；下属通过工作态度以及工作方法的改进，来保证绩效目标的实现。在绩效考核评价环节，对个人和部门的阶段工作进行客观公正的评价，明确个人和部门对组织的贡献，通过多种方式激励高绩效部门和员工继续努力提升绩效，督促低绩效部门和员工找出差距、改善绩效。在绩效反馈面谈过程中，通过考核者与被考核者面对面的交流沟通，可帮助被考核者分析工作中的长处和不足，鼓励其扬长避短，促进个人得到发展；对绩效水平较差的组织和个人，考核者应帮助被考核者制订详细的绩效改善计划和实施举措；在绩效反馈阶段，考核者应向被考核者就下一阶段工作提出新的绩效目标并达成共识，被考核者承诺完成目标。在企业正常运营情况下，部门或个人的新目标应超出前一阶段的目标，激励组织和个人进一步提升绩效，经过这样的绩效管理循环，组织和个人的绩效就会得到全面提升。

此外，绩效管理通过对员工进行甄选与区分，可保证优秀人才脱颖而出，同时淘汰不适合的人员。通过绩效管理能使内部人才得到成长，同时能吸引外部优秀人才，使人力资源能满足组织发展的需要，促进组织绩效和个人绩效的提升。

(2) 绩效管理促进管理流程和业务流程优化。

企业管理涉及对人和对事的管理，对人的管理主要是激励约束问题，对事的管理就是流程问题。所谓流程，就是一件事情或者一个业务如何运作，涉及因何而做、由谁来做、如何去做、做完了传递给谁等几个方面的问题，上述四个环节的不同安排都会对产出(结果)有很大的影响，极大地影响着组织的效率。

在绩效管理过程中，各级管理者都应从公司整体利益以及工作效率出发，尽量提高业务处理的效率，在上述四个环节不断进行调整优化，使组织运行效率逐渐提高，在提升组织运行效率的同时，逐步优化公司管理流程和业务流程。

(3) 绩效管理保证组织战略目标的实现。

企业一般有比较清晰的发展思路和战略，有远期发展目标及近期发展目标。在此基础上，企业应根据外部经营环境的预期变化以及企业内部条件制订出年度经营计划及投资计划，进而制定企业年度经营目标。企业管理者将公司的年度经营目标向各个部门分解，就形成了部门的年度业绩目标；各个部门将核心指标向每个岗位分解，就形成了每个岗位的关键业绩指标。

年度经营目标的制定过程中要有各级管理人员的参与，让各级管理人员以及基层员工充分发表自己的看法和意见。这种做法一方面保证了公司目标可以层层向下分解，不会遇到太大的阻力，同时也使目标的完成有了群众基础。只有大家认为这些目标是可行的，才会努力克服困难，最终促使组织目标的实现。对于绩效管理而言，企业年度经营目标的制定与分解是比较重要的环节，这个环节的工作质量对于绩效管理能否取得实效是非常关键的。绩效管理能促进和协调各个部门以及员工按着企业预定目标努力，形成合力，最终促进企业经营目标的完成，从而保证企业近期发展目标以及远期目标的实现。

3. 绩效管理与绩效考核的区别

在企业管理的实践中，人们普遍存在一个误区，认为绩效管理就是绩效考核。事实上两者并不等同。绩效管理是企业人力资源管理体系中的核心内容，而绩效考核仅仅是绩效管理的关键环节，两者具体的区别如表 5-1 所示。

表 5-1　绩效管理与绩效考核的区别

区 别 点	比 较 对 象	
	绩效管理	绩效考核
过程完整性	一个完整的管理过程	绩效管理过程中的局部环节和手段
侧重点	侧重于信息沟通与绩效提高，强调事先沟通与承诺	侧重于判断和评估，强调事后考评
出现阶段	伴随管理活动的全过程	绩效管理的关键环节，只出现在特定时期

绩效考核是指企业的各级管理者通过某种手段对其下属的工作情况进行定量与定性评估的过程。绩效考核侧重于判断和考评，强调事后考评，而且仅在特定时期内出现。绩效管理是一个完整的管理过程，它侧重于信息沟通和绩效的持续提高，强调事先沟通与承诺，贯穿于管理活动的全过程。

总之，绩效管理和绩效考核存在较大差异，但两者又是密切相关的。一方面，通过绩效考核可以为企业绩效管理的改善提供参考依据，帮助企业不断提高绩效管理水平和有效性；另一方面，成功的绩效考核不仅仅取决于考核本身，在很大程度上还取决于与考核相关的整个绩效管理过程。

4. 绩效管理中存在的问题

1) 企业的绩效管理与战略相脱节

绩效管理是战略实施的有效工具，战略能否落地最终体现在目标能否层层分解落实到每位员工身上，促使每位员工都为企业战略目标的实现承担责任。然而实践中存在的问题是，不少企业每年年底各部门的绩效目标都完成得非常好，但公司整体的绩效却不尽如人意。究其原因，最主要的还是绩效目标的分解存在问题。各部门的绩效目标不是从企业战略逐层分解得到的，而是根据各自的工作内容提出的，是自下而上的申报，而不是自上而下的分解。这就造成了绩效管理与战略实施的脱节，难以有效引导员工工作行为趋向组织的目标，最终导致企业战略目标的落空。

2) 绩效管理被认为仅仅是人力资源部门的工作

绩效管理仅仅被视为人力资源管理的一个工具，只是人力资源部门的人应该考虑去做的事情，而不是整个管理过程中的一个有效工具。在很多企业中，上至领导下至普通员工，都认为绩效管理既然是人力资源管理的一部分，绩效管理的工作当然应该由人力资源部门来做。

其实这是绩效管理过程中常见的角色分配上的错误。绩效管理既然是一种管理的方法和手段，那么真正的主角只能是管理者和被管理者双方。人力资源部门作为服务性的职能部门，在绩效管理中起到组织、支持、服务和指导的作用，而不是绩效管理的主体。

3) 绩效管理被认为就是绩效考核

提起绩效考核，在许多人眼前浮现的是一堆各种各样的表格。很多管理者都非常清楚，这些表格往往保存在人力资源部门的档案柜里，最终的遭遇可能是被遗弃。即使想要依据这些表格来做出一些人事决策，也会发现很难操作，因为表中所提供的信息往往是模糊不准确的。这样，绩效考核就往往与“浪费时间”“流于形式”等评价联系在一起。出现这种结果的一个根本原因就是过于孤立地看待了绩效考核这一行为，这是对绩效管理在观念和定位上的误解。

成功的绩效管理不仅仅取决于绩效考核，在很大程度上它取决于与考核相关联的整个绩效管理过程。

4) 过分关注短期绩效而忽视长期绩效

对于企业来说，追求利润本无可厚非，然而仅仅把目光放在眼前的利润上，难免会短视。实际上，与其他目标相比，利润只能算是短期目标。对于企业而言，形象、信誉、客户、市场占有率等才是产生利润的前提，实现这些目标，要比短期利润的最大化更有价值。

5) 将绩效管理作为奖金分配的手段

很多企业虽然进行绩效管理，但最后只是拿着绩效考核的结果来给员工分配奖金。员工在拿到奖金以后，根据奖金数额的变化判断领导对自己工作的评价。当员工没有被奖励或者惩罚时，根本无从判断自己的绩效究竟如何以及自己应该在哪些问题上注意改进。在具体的管理实践中，绩效考核的结果只有和人力资源其他环节有效地对接，才能发挥它对员工的牵引作用，帮助员工提高绩效。

6) 忽视员工的参与

在许多企业中，员工对绩效管理制度最大的意见就是不了解。许多员工反映，不知道公司考核是怎样进行的，考核指标是如何得出来的，自己的考核结果是什么，考核结果究竟有什么用处等；至于自己在工作中存在哪些问题，而这些问题又是什么原因造成的，应该如何改进等就更无从得知了。绩效管理的关键作用就是员工绩效的不断提升和技能的不断提高。员工作为绩效管理的主体之一，应该确保其在绩效计划、绩效实施与辅导、绩效考核和绩效反馈的全程参与。

任务演练

5.1 任务演练

根据以上所学知识，陈小力明白了绩效管理工作在人力资源工作中的地位。

任务实施

甲公司是一个中等规模的企业，近年来，随着市场竞争的加剧，公司越来越意识到，要想把企业做大做强，必须加强绩效管理。今年，该公司在各部门推行了新的绩效管理制度，希望以此来调动员工的积极性。但是，研发部门的人员对绩效管理方案意见很大。公司对研发部门的考评方法如下：每季度考评一次，主要考核研发人员为企业创收的情况，连续四个季度部门排名在最后两名的员工将被辞退。被考评人平时很难从主管处获得对自己业绩优劣评估的反馈和相关的指导，只是到了季度考评时，部门领导才会对其做一次排序。请分析甲公司研发部门的绩效管理存在哪些问题。

任务 5.2　绩效管理的流程

情境导入

又到了年末，大华公司生产部经理收到一份绩效考核表要其填写。生产部经理对绩效考核不甚了解，同时对绩效考核的结果有些担心，于是，便在“工作内容”一栏里将自己觉得完成得不错的工作列在了前面。考核表的“自评”一栏里有“出色完成、较好完成、一般完成、基本完成、没有完成”五个档次。由于公司产品质量问题一直上不去，生产部经理担心考核结果会对自己不利，斟酌了一下便选了“一般完成”。到了“原因分析”一栏，他填了“物料部进料质量太差，生产时间又太紧张”。他将表格填好后交给了主管自己部门的副总经理，因为副总经理日常工作已经非常烦琐，况且他也不愿意得罪人，便在“直属领导考评”一栏中对所有下属都千篇一律地写上“同意自评意见”。

陈小力负责绩效考核表的汇总工作。他在汇总时，留意看了看“原因分析”一栏，其中物料部工作欠佳的主要原因是“财务部资金供给不足，使得工作被动”，财务部的原因

是“销售部应收账款太多，致使资金周转不灵”，而销售部的原因是“产品质量不好，应收款难以收回”。陈小力也不知道责任究竟归谁，况且自己权力有限，便没去多加过问。

知识链接：绩效管理相关流程

绩效管理工作不是一次性工程，而是一个往复循环的过程：制订绩效计划/目标→进行绩效辅导和监控→绩效考核→绩效结果的反馈与应用→新一轮的绩效计划/目标。

绩效计划是绩效管理实施过程的起点。绩效辅导和监控是指考核者通过对被考核者绩效指标完成情况进行分析找出问题，同时向被考核者给予辅导以保证其绩效计划的完成。绩效考核是指考核者在绩效周期结束时，使用有效的评价方法和衡量技术对被考核者的目标成果进行客观、公正的评价。绩效反馈是指在绩效周期结束时，考核者与被考核者就考核结果进行面谈，让被考核者充分了解和接受绩效考核的结果，并对被考核者在下一个周期该如何改进进行指导，制订员工改进计划。

1. 绩效计划的制订

1) 绩效计划的含义

绩效计划是整个绩效管理过程的起点，是企业主管和员工进行双向沟通，并根据组织目标、本工作单元的业务重点与工作职责，制定绩效目标、发展目标及行动计划的过程，目的是帮助管理者和被管理者对每项工作目标进行讨论并达成一致。关于绩效计划，我们可以从这样几个方面来理解。

绩效管理流程图

(1) 绩效计划的制订主体是管理者和员工。

在实践中，大家往往认为绩效管理是人力资源部门的工作，因此，绩效管理体系的建立(包括绩效计划、绩效实施、绩效考核乃至绩效反馈等)都应该由人力资源部门来负责。但事实上，各职能部门的经理才是最了解其部门员工的，对各职能部门人员的绩效管理正是每一个职能部门经理的日常工作内容，而人力资源部门在这个过程中扮演的只是组织者、辅导者和监督者的角色。因此，绩效计划应该由人力资源管理者、各职能部门主管及员工本人三方共同承担。通常是人力资源管理者和部门主管一起设计一个符合各个部门情况的有关绩效目标和绩效标准的框架，在这个框架的指导下，各职能部门主管和员工针对每个岗位甚至每个人的情况制订具体的绩效计划。

(2) 绩效计划的内容是关于绩效周期内工作和绩效标准的契约。

人力资源管理者、各职能部门主管和员工在参与了绩效计划的制订后，要形成一个书面的绩效契约。在这份契约中，至少应该包含如下内容：

① 员工在这次绩效管理的周期内要达到的工作目标是什么？

② 员工应该在何时完成何项工作？

③ 所要完成的各项工作的重要性如何？

④ 为了完成工作，员工可以拥有哪些权力？

⑤ 每项工作要达到什么样的结果？

⑥ 管理者评判员工工作好坏的标准，即绩效标准是什么？

⑦ 管理者从哪里可以获取到衡量工作好坏的信息？

⑧ 员工的工作目标和工作结果的重要性如何？

⑨ 员工在完成工作的过程中可能得到何种支持？

⑩ 在完成工作过程中可能遇到哪些障碍？有何解决的办法？

(3) 绩效计划的制订是一个双向沟通的过程。

绩效计划不仅仅是纸面上的契约，更重要的是如何达成这个契约的过程。建立绩效计划的过程是一个双向沟通的过程。所谓双向沟通，指在绩效计划制定过程中，管理者和员工对绩效计划的制订都负有责任，任何一方都应主动、积极地将各自的真实想法和对方交流，一个完善的绩效计划的制订是多次沟通的结果。在沟通过程中，管理者需要向员工解释说明以下几个方面的内容：

① 组织的整体绩效目标和计划是什么？

② 为完成整体绩效目标，员工所处的业务单元的目标是什么？

③ 为完成整体绩效目标，对于员工的期望是什么？

④ 员工的工作标准是什么？

⑤ 完成期限如何确定？

员工需要向管理者表达以下几个方面的内容：

① 自己对工作目标的认识是什么？

② 自己设想将如何完成工作？

③ 自己对所做的工作的疑惑是什么？

④ 自己需要哪些资源和支持？

(4) 绩效计划内含管理者和员工双方的心理承诺。

在这个双向沟通的过程中，管理者和员工行动上的认可非常重要，但更为重要的是，双方对这一沟通过程要从心理上认可。社会心理学认为，当人们亲身参与了某项决策的制定过程时，一般会倾向于坚持立场，并且在外部力量作用下也不轻易改变，参与程度越大，态度改变的可能性越小。在绩效计划的制订过程中，员工和管理者参与计划的确定，通过双方充分的沟通达成一致并形成绩效契约，这就相当于员工对绩效计划的内容做出了公开的承诺，那么，员工就会倾向于坚持自己的承诺。

2) 绩效计划的内容

绩效计划包括三方面的内容：关键绩效指标、工作目标设定和能力发展计划。

关键绩效指标法

(1) 关键绩效指标。

关键绩效指标(KPI)是对企业经营过程中关键成功要素的提炼与归纳，是一系列计算、分析、衡量绩效的目标式的量化管理指标，是将企业经营目标分解成各个工作岗位可操作、可运作目标的工具。

关键绩效指标法作为一种构建绩效指标的方法，是绩效管理乃至企业战略管理的重要工具。首先，关键绩效指标是用于衡量工作人员工作绩效表现的量化指标，是绩效计划的重要组成部分。它可以使部门主管明确部门的主要责任，并以此为基础，明确部门人员的业绩衡量指标。其次，关键绩效指标体现了对组织目标有增值作用的绩效指标。这就是

说，关键绩效指标是连接个体绩效与组织目标的一个桥梁。基于关键绩效指标对绩效进行管理，就可以保证真正对组织有贡献的行为受到鼓励。最后，通过对关键绩效指标的承诺，员工与管理者就可以进行工作期望、工作表现和未来发展等方面的沟通。关键绩效指标是进行绩效沟通的基石，有了它，管理者和员工在沟通时就可以有共同的语言。

在建立绩效管理体系时，要确保员工的关键绩效指标与公司目标的一致性。在设计绩效指标时，首先要理顺企业的战略目标和阶段性(年度)目标(在未来的几年中发展前景是什么)，然后使用相应工具分解出企业要采取的战略举措(为了实现目标必须采取哪些行动)，分析企业的核心成功要素(为了行动成功必须具备哪些因素)，提取企业的核心衡量指标(如何来衡量驱动要素的成功与否)，再从纵向和横向上将公司层面的绩效指标分解到部门、子公司、事业部等，最后逐级分解到岗位，确保关键绩效指标对战略目标达成的支持。

从纵向上讲，关键绩效指标的设计，需要把战略目标层层分解到员工的绩效指标中，以保证绩效指标能真正地落地；从横向上来讲，公司关键绩效指标的达成，需要业务部门、职能部门、业务单元之间互相协调，发挥组织的协同性。基于企业战略的关键绩效指标的设计确保了部门和员工关键绩效指标能有效地服务于企业战略的实现，使以战略目标为导向的企业绩效管理体系更具完整性和系统性。

(2) 工作目标设定。

绩效不仅包括结果绩效，还包括过程绩效。工作目标设定(GS)是指员工在评估期内应该完成的主要工作及其效果；它是对工作职责范围内的一些相对长期性的、过程性的、辅助性的和难以量化的关键工作任务的完成情况，即过程绩效的评估方法。

工作目标设定能弥补完全量化的关键绩效指标所不能反映的方面。部分职能部门的人员，他们的工作对于公司整体的成功起着至关重要的作用，但却不能由绩效量化指标来衡量。工作目标设定的价值就在于提供了绩效管理的客观基础和全面衡量标准，可以弥补仅用完全量化的关键绩效指标所不能反映的方面，更加全面地反映员工的工作表现。

TIPS!

绩效目标设定的 SMART 原则

- S(Specific)明确具体：各项绩效目标要明确。
- M(Measurable)可衡量：各项绩效目标应尽可能地量化。
- A(Attainable)可实现：任务量适度、合理，必须是“经过一定努力”能够实现的。
- R(Relevant)相关性：绩效目标必须是与组织战略相关的。
- T(Time-bound)时间限制：没有时间限制的目标如同虚设。

工作目标设定的设计流程具体如下：

① 了解公司发展战略及年度绩效计划，明确本部门的工作使命。

② 进行职位分析，列出主要工作活动内容。

③ 根据主要工作职责，确定主要的工作目标。

④ 确定每项工作目标的权重。

⑤ 检查所设定的目标与原则的一致性及内部一致性。

关键绩效指标与工作目标应相互结合，以便使上级领导对公司关键活动有更加清晰全面的了解，并使各层各类人员都能对本职位职责与工作重点有更加明确的认识。

(3) 能力发展计划。

这里的“能力”是指根据企业发展的整体要求，个人需要发展的能力与知识，而不是个人需要完成的任务和职责。个人需要发展的能力与知识可以用个人的行为表现具体化，从而为实现关键绩效指标与工作目标提供帮助。

能力可以分为专业能力和基础能力。专业能力包括知识和技能；基础能力包括理解、判断、决断力，应用、规划、开发力，表达、交涉、协调力，指导、监督力等。

制订能力发展计划的意义，一是可以帮助企业制定员工发展的整体框架，加强企业现有的人力资源；二是能以具体的技能知识方式，将企业对个人能力的要求落实到人，落实到行动上；三是可作为评估员工表现与所需发展的领域或方面的一种统一管理方法，帮助个人了解需要发展的专业与管理能力，同时明确在何时、采取何种行动来发展这些能力以及如何判断个人已具备这些能力，以形成持续不断、协调一致的个人能力发展。

3) 制订绩效计划的过程

制订绩效计划的过程包括绩效计划的准备、绩效计划的沟通和绩效计划的审核和确认三个阶段。

(1) 绩效计划的准备。

绩效计划的准备阶段的主要工作内容是为编制不同职位绩效计划收集相关信息，并为绩效计划的沟通做好基础工作。

① 收集相关信息。绩效计划的主要目的是上下级之间通过双向沟通，就本绩效周期内被管理者的工作目标和标准达成一致，并形成契约。因此，为确保下属的工作目标与部门工作目标及企业发展战略目标一致，应该收集三种类型的信息。

首先是关于企业的信息。为确保绩效计划能够与企业经营战略目标有机结合在一起，在制订绩效计划之前，管理者与被管理者都必须重新回顾企业的组织使命、战略发展目标，确保在沟通前，双方都已经充分理解了相关的信息。

其次是关于部门的信息。每个部门的目标是根据企业的整体目标逐渐分解而成的。不仅是企业的直线部门，而且包括各职能部门，其工作目标也必须与企业的经营目标紧密联系。关于部门的信息，主要了解的是部门计划和团队计划。

最后是关于个人的信息。员工个人的信息主要有两方面：一是所在岗位的工作描述，即该岗位任职者的主要工作职责；二是员工上一个绩效周期的绩效评估结果。如果员工在上一个绩效周期内评估结果合格的话，这一周期的绩效计划就可以制定新的目标，反之，则这期绩效计划里就要考虑到那些没有达成的绩效指标该如何完成。这也体现了绩效管理的延续性以及绩效管理的最终目的，即要达到预定的绩效目标。

② 准备沟通环境和方式。

首先，明确沟通原则。在绩效计划制订之前，管理者和被管理者应就沟通原则达成共识，为绩效计划的设定奠定良好的基础。其基本原则包括管理者与被管理者关系平等，管理者应充分尊重被管理者的意见和建议；加大被管理者在绩效计划制订中的参与程度；鼓

励被管理者说出自己的顾虑。

其次，确定沟通方式。一般来说，采取什么样的方式，需要考虑不同的环境因素、员工特点以及达成工作目标的特点。如果希望借助制订绩效计划的机会向员工做一次动员，不妨召开员工大会。如果绩效计划只与部门或者团队成员有关，可以开一个部门或者小组会议，对绩效目标和计划进行讨论，明确分工、达成共识，增强协调和配合。如果主要是员工个体的工作目标，则可以采取单独交谈。

最后，准备沟通环境和时机。为了确保沟通的效果，管理者和被管理者应选择一个双方都有空闲的时间做绩效沟通，尽量避免沟通过程被打扰，努力创造轻松的沟通气氛，消除被管理者的心理压力。

(2) 绩效计划的沟通。

绩效计划沟通的目标是管理者与被管理者经过充分交流，明确被管理者在下一个绩效周期所需要达到的绩效目标。因此，正确地实施绩效计划沟通是企业绩效管理的关键步骤。绩效计划沟通的内容主要包括以下六大块：

① 回顾企业的组织目标和部门的工作内容。如前所述，组织目标和部门的工作职责是绩效目标的来源，所以，在绩效计划沟通时应首先回顾企业的组织目标和部门的工作内容，包括企业的战略发展规划、年度经营计划、所在部门的工作计划、员工个人的职责、员工上一个绩效周期的绩效评估结果等。

② 制定目标草案。在简短的回顾后，就应该尽快把绩效计划的目标具体化，制定个人目标草案，包括日常工作任务、工作范围、工作时间、工作质量标准、工作标准流程、工作纪律等。

③ 评估支持环境和工作资源。当管理者和员工制定了绩效目标后，还需要了解员工完成计划和达到标准的过程中可能遇到的困难、障碍(包括部门工作环境和工具，被管理者的工作经验和受培训程度，可提供的工作支持等)。

④ 明确绩效指标。绩效指标是评判员工是否达到目标的标准，为了使员工在随后的工作过程中目标明确，也使绩效评估时重点突出，对员工的工作行为产生有利于组织目标的引导作用，在绩效计划沟通时要明确绩效指标。

⑤ 明确绩效指标的权重。在实现绩效目标的过程中，不同工作内容所发挥的作用是不同的，因此在制订绩效计划时，应注意不同工作产出在总体绩效中所占的权重。通常权重总分为 100 分，要把总分根据每项工作产出的重要程度在不同产出上进行分配。

⑥ 确定绩效追踪的方式。管理者和被管理者要就每项工作任务完成的进度、期限、何时检查监督、检查的内容、检查的主体等达成共识。

(3) 绩效计划的审核和确认。

在绩效计划初步形成后，仍然需要审定一下绩效计划的工作是否能成功完成，最后形成需双方确认的文件，明确计划期内员工将做什么、需要做到什么程度、为什么要做、何时应该做完、员工拥有的权力大小和决策权限、员工完成工作所需的培训、员工完成工作可能遇到的困难以及管理人员应该提供的支持、衡量工作结果的指标和标准、各项工作所占的权重等，并且管理者和员工都要在绩效计划书上签字。计划书一式两份，管理者和员工各自保留一份，可作为被管理者在未来绩效周期内的工作指南及管理者开展绩效管理的重要依据。

2. 绩效实施

1) 绩效实施的含义

绩效实施是指员工根据已经制订好的绩效计划开展工作，管理者对员工的工作进行指导和监督，对发现的问题及时协助解决，并根据实际工作进展情况对绩效计划进行适当调整的一个过程。

绩效实施是连接绩效计划和绩效评估的中间环节，是绩效管理中耗时最长和最为关键的一个阶段。首先，绩效实施是实现绩效计划的保证，管理者需要通过绩效管理协调下属工作，及时了解工作的进展情况，避免意外的发生，将一些潜在的问题消除在萌芽状态，以便更好地达到目标。其次，绩效实施可以对绩效计划进行调整，外部环境的变化需要企业不断地进行改进和调整，工作内容、目标和重要性都可能随之改变。最后，绩效实施是绩效管理的主要环节，在这个过程中观察到的现象和收集到的信息是后续绩效评估和绩效反馈的重要依据。

2) 绩效实施的内容

为了实现绩效实施的作用，绩效实施阶段的主要内容有两个：一个是持续沟通式的绩效辅导，另一个是绩效信息的收集和记录。虽然在绩效计划阶段也有沟通和信息的收集，但是绩效实施的沟通和信息收集的内容与绩效计划阶段完全不同。

(1) 持续沟通式的绩效辅导。

有些企业管理者错误地认为，既然绩效计划阶段已经为每一个员工都制定了具体明确的工作目标，那么员工只需按照目标去完成，最后再进行考核，因而并没有过多关注员工的工作过程。这种观点的错误就在于忽视了与员工的持续沟通，未能在完成工作目标的过程中对员工进行绩效辅导。

在绩效管理中，持续的绩效沟通的重要意义在于：首先，通过持续的绩效沟通可以跟进变化，及时变更绩效目标和工作任务，形成新的或不同的任务重要性次序；其次，通过绩效沟通能及时地为员工提供各种帮助，而且通过持续的绩效沟通可以对员工起到有效的激励作用。

和绩效计划阶段需要沟通的内容不同，如果说绩效计划是出发的起点，那么绩效实施则是已经在出发的征程中了。此时绩效沟通的重点在于察看工作是否按绩效计划进行，绩效计划是否需要调整，绩效计划中所预见的困难和障碍是否出现，采取的措施是否取得预期的效果，如若没有，要怎么解决等，具体包括如下内容：

① 工作的进展情况。

② 员工和团队在完成绩效目标和绩效标准时，遇到的问题和困难。

③ 员工在开展工作时，有哪些好或不好的绩效表现？

④ 员工的工作是否偏离了绩效目标？

⑤ 如果偏离了正确的轨道，需要做哪些工作才能纠正？

⑥ 目前企业的经营环境和内部条件是否发生了一些变化？

⑦ 面对目前的经营和工作环境，需要对工作目标和行动计划做出哪些调整？

⑧ 员工需要管理者提供哪些支持？

持续绩效沟通的方式有很多，每种方式都有其优缺点，关键在于如何根据不同的情境

选择适当的沟通方式。沟通方式分为正式沟通和非正式沟通两大类。正式沟通是事先计划和安排的沟通，如书面报告、定期的会议、面谈等；非正式沟通往往是随机进行的，不受时间和空间限制的沟通，如开放式办公、走动式交谈、工作间歇沟通等。有关专家认为，“就沟通对工作业绩和工作态度的影响来说，非正式沟通或每天都进行的沟通比年度或半年期业绩管理评估会议时得到的反馈更重要”。

(2) 绩效信息的收集和记录。

绩效实施阶段除了持续不断地进行绩效沟通，还有一项重要的工作就是进行信息的收集和记录。其目的是：为下一阶段公正地考评员工的绩效水平提供依据；及时发现问题并提供解决方案；掌握员工有关工作行为和技能的信息，发现其优势和劣势，为针对性培训提供参考依据；在有关争议仲裁中维护企业利益。

管理者不可能对员工工作过程中的所有绩效表现都做记录，而应有目的地选择那些与绩效管理密切相关的信息进行记录，具体而言，主要包括以下内容：

① 可以确定某个员工绩效好或坏的主要事实依据。

② 引起绩效问题的主要原因。

③ 员工绩效表现突出的原因。

④ 为确定员工是否达到绩效目标提供证据。

以上绩效信息的来源可以是企业中的全体员工和与之相关的客户，收集的渠道包括员工自身的汇报和总结、同事的共事与观察、上级的检查和记录、下级的反映和考评以及相关客户的考评。一般来说，收集绩效信息的方法主要有：

① 观察法。它是指主管人员直接观察员工在工作中的表现，并记录员工的表现。例如，主管人员看到某个员工上班炒股，或看到某个员工主动帮助其他同事做工作等，都可以记录下来。

② 工作记录法。员工的某些工作目标完成情况是通过工作记录体现出来的，如财务数据中体现出来的销售额数量，整装车间记录的废品个数等。

③ 他人反馈法。员工的某些工作绩效不是管理者可以直接观察到的，也缺乏日常的工作记录，在这种情况下就可以采用员工服务对象反馈的信息。

在整个绩效信息收集过程中必须注意以下事项：

① 员工应该参与信息收集的过程。绩效管理的主要目的是提高员工的工作绩效，这是管理者和员工共同的责任，因此员工应该自己收集相关绩效信息或者参与相关信息的收集过程。员工参与信息收集过程，一方面可以及时对工作进行调整，有利于绩效目标的完成；另一方面管理者依据员工参与收集的信息与员工进行沟通的时候，他们会更容易接受这些事实。对于某些信息，可以由员工自己收集记录，最后报管理者抽查审核。还有一些信息是管理者发现并掌握的，如工作中的差错等信息；这时管理者应及时将这些信息向相关员工进行通报，对员工的工作及时进行辅导纠正，这样员工也易于接受这些绩效信息。

② 要有目的地收集信息。信息收集是一项耗时、费力的工作，要占用大量的人力、物力和时间，因此可以针对关键业绩指标中的相关内容组织相关人员进行记录、收集。此外，可以不用关注有些过程中的信息而直接关注最终结果。

③ 抽查是核对信息真实性的有效办法。很多信息是员工自己记录的，而且管理者也

没有太多的时间和精力来做信息的记录与收集工作，但员工在做工作记录或收集绩效信息的时候往往会有选择地记录和收集信息，甚至会提供虚假信息。制约员工这种行为倾向的有效办法就是抽查，抽查中若发现员工有故意提供虚假信息的行为，则要对其进行严厉的惩罚。

④ 信息记录时应把事实与推测区分开来。应该记录已成事实的绩效信息，而不应记录对事实的推测。通过观察可以记录员工的行为，但行为背后的动机和原因往往是推测的，很可能是不可靠的。例如，员工近期工作经常迟到、早退，而且效率低下，不能按期完成任务。上述内容就是事实记录，但是如果记录员工积极性降低、业务水平不高，就是简单推测，因为员工很可能是因为其他原因(如家中出现变故等)而导致工作绩效低下的。

3. 绩效考核

1) 绩效考核的含义

绩效考核，又称绩效考评、绩效评价、员工考核，是一种正式的员工评估制度，也是人力资源开发与管理中一项重要的基础性工作，旨在通过科学的方法、原理来评定和衡量员工在职务上的工作行为和工作效果。

现代的管理人员应该意识到绩效考核是一个全面的、连续的动态过程，而不是每年发生一次的事件或仅仅关注过去的绩效。绩效考核本身不是目的，而是获得更高的业绩水平的一种手段。绩效考核有两大类功能：一是管理功能，主要体现在为制定报酬标准、职位晋升以及辞退等相关的人力资源管理决策提供管理依据；二是开发功能，主要体现在识别员工潜能和规划员工的职业发展计划，进而促进组织发展。

2) 绩效考核的原则

“没有规矩，不成方圆”。一些优秀企业的成功经验证明，绩效考核应遵循以下原则：

(1) 公开性原则。考核制度、考核过程、考核结果保持必要的公开性是有效的绩效考核的重要标志。

(2) 及时反馈原则。在现代人力资源管理系统中，缺少反馈的绩效考核必然使绩效考核行为难以实现有序而正常的运转，不能发挥绩效考核的开发功能。

(3) 制度化原则。员工的绩效考核必须定期定时地进行，评估前、中、后要做什么必须形成规范。

(4) 准确性原则。考核结果准确恰当是绩效考核的基本要求。准确的考核必须以恰如其分的工作要求和标准为前提。

(5) 敏感性原则。敏感性原则又称区分性原则，是指考评系统应具备有效区分不同工作效率的员工的能力。

(6) 一致性原则。一致性原则即不同的人按照统一的考核标准和考核程序对同一员工的绩效考评的结果应大致相同；对工作相同或相近的不同员工应运用相同的评估标准。

(7) 可行性原则。绩效考核所需的时间、人力、物力、财力等各个要素要为参与考核的各方所处的客观环境所允许。

3) 绩效考核的主体

绩效考核的主体指的是对考核者做出考核的个体，其选择恰当与否是反映绩效考核系统是否科学的一个关键。通常，对员工绩效进行考核的各种可能人选主要有以下几类：

(1) 直接上级考核。直接上级是绩效考核方法中最主要、最常用的主体，原因主要有：其一，直接上级所处的位置能更好地观察员工的工作绩效；其二，绩效考核是直接上级引导和监督员工的上佳手段；其三，绩效考核有助于直接上级对员工进行培训和开发。

(2) 同事考核。同事从其与其他员工共事的过程中所观察到的员工的贡献、沟通的能力、工作的主动性等角度来看待员工的表现，同事考核可作为直接上级考核的补充。

(3) 员工自我考核。自我考核由于具有提高员工自我意识、有助于直接上级和员工之间的沟通等优越性，已经成为现代企业员工绩效考核中不可或缺的组成部分。

(4) 下级考核。由于下级对其主管或上级的授权、计划、沟通、组织等方面的能力都有切身体会，因此可以通过下级来考核主管或上级的工作绩效。

(5) 外部资源考核。外部资源包括顾客、外界专家或顾问。

(6) 360 度考核。360 度考核即由被考核者的上级、同事、下级和内部客户、外部客户以及被考核者本人担任考核者，从不同角度对被考核者进行全方位评价的多渠道考核方法。

4) 绩效考核的方法

企业在绩效考核时采用的具体方法和手段主要有以下几种：

(1) 比较法，包括排序法、配对比较法、强制分布法等。

(2) 关键事件法。

(3) 量表法，包括强迫选择量表法、行为尺度评定量表法、行为观察量表法等。

5) 绩效考核的信度与效度

(1) 绩效考核的信度。

绩效考核的信度是指考核结果的一致性和稳定性程度，即用同一考核方法和程序对员工在相近的时间内所进行的两次测评结果应当是一致的。

影响考绩信度的因素有考核者和被考核者的情绪、疲劳程度、健康状况等，也有与考核标准有关的因素，如考核项目的数量和程序，忽略了某些重要的考核维度，不同的考核者对所考核维度的意义及权重有不同的认识等，这些因素都会降低考绩的信度。为了提高绩效考核的信度，在进行考核前应首先对考核者进行培训，并使考核的时间、方法与程序等尽量标准化。

(2) 绩效考核的效度。

绩效考核的效度是指考核结果与真正的工作绩效的相关程度，即用某一考核标准所测到的是不是真正想测评的东西。

为了提高绩效考核的效度，应根据工作职责设置考核的维度和每一维度的具体考核项目，在充分调查研究的基础上确定每一项目等级设定的级差数以及不同维度的权重数，并着重考核具体的、可量化测定的指标，不要流于泛泛的一般性考核。

绩效考核过程中不可避免地存在这样或那样的偏差，一定程度上影响着绩效考核的公正性、客观性。因此，要克服近因效应、光环效应、暗示效应等干扰，全面、客观、公正地对被考核者的工作进行评价，同时要进行必要的培训，以减小偏差，使考核的有效性最大化。

4. 绩效反馈

1) 绩效反馈的含义

绩效反馈就是通过正式面谈的方式，上级主管向被考核者告知绩效考核结果，根据绩效考核结果的信息所进行的检视和讨论。绩效反馈本质上是信息沟通的一种方式，而绩效反馈最重要的实现手段也是考核者和被考核者双方的有效沟通。

绩效反馈是绩效管理过程中的一个重要环节。它主要通过考核者与被考核者之间的沟通实现，双方就被考核周期内的绩效情况进行面谈，在肯定成绩的同时，找出工作中的不足并加以改进。被考核者在绩效反馈的过程中，可以对考核结果予以认同，也可以在有异议时向公司高层提出申诉，最终使绩效考核结果得到认可。由于绩效反馈在绩效考核结束后实施，而且是考核者和被考核者之间的直接对话，因此，有效的绩效反馈对绩效管理起着至关重要的作用。

首先，绩效反馈在考核者和被考核者之间架起了一座沟通的桥梁，使考核公开化，确保考核的公平和公正。由于绩效考核与被考核者的切身利益息息相关，考核结果的公正性就成为人们关心的焦点。但考核过程是考核者的施动行为，考核者不可避免地会掺杂自己的主观意识，导致这种公正性不能完全依靠制度的改善来实现。绩效反馈较好地解决了这个矛盾，它不仅让被考核者成为主动因素，更赋予了其一定权利，使被考核者拥有知情权和发言权；同时，通过程序化的绩效申诉，有效降低了考核过程中不公正因素所带来的负面效应，在被考核者与考核者之间找到了平衡点，对整个绩效管理体系的完善起到了积极作用。

其次，绩效反馈使被考核者了解到自己工作中的不足，有利于改善绩效。绩效考核结束后，被考核者接到考核结果通知单，但对考核结果的来由并不了解，这时就需要考核者就考核的全过程，特别是被考核者的绩效情况进行详细介绍，指出被考核者的优缺点。考核者还需要对被考核者的绩效提出改进建议。通过这个环节，被考核者可充分了解到自身存在的不足，以便在日后的工作中不断完善自我，最终达到提高绩效的目的。

最后，绩效反馈可以排除目标冲突，有利于增强企业的核心竞争力。任何一个团队都存在两个目标：团队目标和个体目标。个体目标与团队目标一致，能够促进团队的不断进步；反之，会产生负面影响。在这两者之间，团队目标占主导地位，它要求个体目标处于服从的地位。有效的绩效反馈，可以通过对绩效考核过程及结果的探讨，发现个体目标中的不和谐因素，借助团队中的激励手段，促使个体目标朝着团队目标方向发展，达成团队目标和个体目标的一致性。

目前，绩效管理已被越来越多的企业所重视。但一些企业忽视了绩效反馈的作用或混淆了“绩效考核”和“绩效管理”的概念，使绩效管理体系变成了“绩效考核手段”，成为发放奖金的标准。员工只知道考核的成绩和与之相对应的奖金金额，却不知道自己为什么得到这样的考核结果，更不用说找到提高绩效的措施了。时间久了，就会对“绩效管理”的真正内涵产生误解，认为绩效管理是领导把下属分成三六九等的工具或扣发员工奖金的借口，这对企业的发展极为不利。

我们认为，绩效反馈是绩效管理的“点睛之笔”，应该把绩效反馈融入整个绩效管理

体系中：由考核者坦诚地与被考核者直接对话，尽量采用正面激励的方式，以肯定被考核者成绩和改进绩效为重点，言简意赅地指出被考核者需要改进之处；同时考核者还要注意被考核者的信息反馈，对被考核者的异议要认真听取和记录，如做出答复的承诺则应及时兑现。针对考核结果，要按照绩效管理制度中的激励办法进行兑现，最好是在绩效反馈时出具绩效管理办法的书面文件，指出实施绩效管理结果的依据，让被考核者感受到现行绩效管理体系的制度化和公正性。被考核者要勇于在绩效反馈时提出自己的不同见解或对考核结果提出质疑，并要求得到满意的答复，最终完成对考核者意见的认同。这样，在考核者和被考核者之间形成了以考核者为行为实施主体、被考核者为辅助监督的关系，使绩效反馈发挥出提高被考核者绩效和监督考核者的双重功效。

2) 绩效反馈前的准备

(1) 主管方面的准备工作。

① 收集资料。主管事前应做好演练，针对每个员工的绩效考评结果，结合员工的特点，事前要预料到员工可能会对哪些内容有疑问，哪些内容需要向员工做特别的澄清说明。只有每项内容都准备充分了，才能更好地控制整个面谈的局面，使之朝积极的方向发展，而不至于陷入尴尬的僵局或面红耳赤的争吵。僵局和争吵都会破坏主管和员工的关系，不利于以后的工作安排。为此主管要准备绩效计划书、绩效考评表、员工的绩效档案等资料。

② 安排面谈计划。通常一个主管有若干个下属，所以面谈方式可以是一对一的，也可以是一对多的。“一对一”的面谈常用于涉及私事或保密情况中；“一对多”的面谈则常用在有共同话题时。主管必须有一个统筹的安排，要根据自己的工作安排，与员工进行适当的沟通之后，拟订行之有效的面谈计划，并将计划告诉员工，让员工做好心理和行动上的准备。面谈时间最好控制在 10～15 分钟，若是月度考核，一月一次，则不少于 30 分钟；年度考核，则应多于 1 小时。地点应安排在安静且不受干扰的地方。每次绩效考核结束后的一周内应安排绩效反馈面谈。

(2) 员工方面的准备工作。

员工要主动搜集与绩效有关的资料，要实事求是，要有明确的、具体的业绩，以使人心服口服；同时，要认真进行自我评估，自我评估的内容要客观真实、准确清晰。

3) 绩效反馈面谈的实施

(1) 绩效反馈面谈的内容。

绩效反馈面谈的内容应包括：

① 通报员工当期绩效考核结果。

② 分析员工绩效差距与确定改进措施。

③ 沟通与协商下一个绩效考评周期的工作任务与目标。

④ 确定与任务、目标相匹配的资源配置。

(2) 绩效反馈面谈策略的选择。

绩效反馈面谈具有指导性与批评性，又与随后的奖惩措施有关联，所以极为敏感，但又是必不可少的。因此，选择恰当面谈策略至关重要。绩效反馈面谈中应注意以下几点：

① 对绩效结果进行描述而不是判断。在对员工进行绩效反馈面谈时，不要对结果进

行判断，而是要对绩效结果进行描述。例如：要说你某件工作没有完成，完成了多少，有多少差错，与工作目标有多大的距离，而不要说你这个工作做得很差，你工作能力很差之类的判断。

② 正面评价的同时要指出不足。领导和员工朝夕相处，一般很难抹开情面去说员工的不足，因此绝大多数人都只说正面评价，不说或少说不足之处，这样不利于员工工作的改进，也不利于组织绩效的提升。正面评价要真诚、具体、有建设性，以帮助员工获得更大的提高和改进。反面反馈应描述员工存在的不足，对事而不对人，描述而不作判断。不能因为员工的某一点不足，就做出员工“如何如何不行”之类的感性判断。这里，“对事而不对人”“描述而不做判断”应该作为重要的原则加以特别注意。应客观、准确、不指责地描述员工行为所带来的后果。只要客观准确地描述了员工的行为所带来的后果，员工自然就会意识到问题所在，所以，在这个时候不要对员工多加指责，指责只能僵化与员工之间的关系，对面谈结果无益。反面评价时要善于给员工台阶下。例如，当说出员工失误给公司带来的影响和后果时，员工已经明白了自己的错误，但碍于面子，不好当面承认错误，这时，不要一味地追问，而是可以说其以前做得很好，这次可能是失误，下次一定不会再出现同样的错误。这样员工有台阶下，就会非常感激。

③ 不仅要找出缺陷，更要找出原因。找原因本身可以变成解决问题的过程，借此可以找出所应采取的措施。

④ 要注意聆听员工的声音。从员工的角度，以聆听的态度听取员工本人的看法。听员工怎么看待问题，而不是一直喋喋不休地教导。多提开放性问题，引导员工参与面谈。

⑤ 避免使用极端化字眼。在进行绩效反馈面谈时，切忌使用极端化评价字眼，如“你不行”“你这个项目做得非常差”等。

⑥ 通过问题解决方式建立未来绩效目标。与员工探讨下一步的改进措施，与员工共同商定未来工作中如何加以改进，并形成书面内容。

对待不同类型的被考核者，面谈时可借鉴的处理技巧有：

① 优秀的被考核者。这种情况最顺利，但考核者要注意两点：一是要鼓励被考核者的上进心，为其制订好个人发展计划；二是不要急着做出承诺，答应几时提拔或给予何种特殊物质奖励之类。

② 与前几次相比未显著进步的被考核者。考核者应当开诚布公，与被考核者讨论是不是现任职位不太适合，要不要换个岗位，要让其意识到自己有哪些不足。

③ 绩效差的被考核者。造成绩效差的原因有多种，如工作态度不良、积极性不足、缺乏训练、工作条件恶劣等，必须具体分析，找出真正的原因并采取相应措施。切忌不问青红皂白就认定是这位被考核者的过错。

④ 年龄大的、工龄长的被考核者。对这种被考核者一定要特别慎重，因为他们看到比自己年纪轻、资历浅的人后来居上，自尊心会受到伤害，或者是对他们未来的出路或退休感到焦虑。对此类被考核者要尊重，要肯定他们过去的贡献，耐心而关切地为他们出主意。

⑤ 过分雄心勃勃的被考核者。有雄心是优良品质，但过犹不及。这类被考核者会迫

切期望得到提升和奖励，虽然他们此时还没进展到这种程度。对他们一定要耐心开导，说明政策是论功行赏，用事实说明他们还有一定差距，但不能只泼冷水。可以跟他们讨论未来进展的可能性和计划；不过不要让他们产生错觉，以为达到某一目标就一定马上能获奖或晋升；要说明努力进步，待机会到来自会水到渠成的道理。

⑥ 沉默内向的被考核者。这类人不爱开口，对他们要耐心启发，用提出非训导性的问题或征询意见的方式，促使其做出反应。

⑦ 发火的被考核者。首先要耐心地听他讲完想说的内容，尽量不要马上同他争辩和反驳他。从他发泄出的话中可以听出他气愤的原因，然后与他共同分析，冷静地、建设性地找出解决问题的办法。

在面谈的过程中，要注意观察员工的情绪，适时进行有针对性的调整，使面谈按计划稳步进行。在面谈结束之后，一定要和员工形成双方认可的备忘录，就面谈结果达成共识；对暂时还有异议没有形成共识的问题，可以和员工约好下次面谈的时间，就专门的问题进行二次面谈。此外，总结时以鼓励的话语结束面谈。

不管反馈面谈在什么时间、场所，以何种方式进行，过去的行为已不能改变，而未来的业绩与发展则是努力的目标。绩效反馈面谈应尽量鼓励员工、传递给员工振奋的信息，使员工摆脱信息劣势，与主管一道以平等、受尊重的心态制定下一个绩效期的发展目标与可行方案，实现组织目标并促进员工个人的发展，这才是成功的绩效反馈面谈。

5. 绩效考核结果的应用

得出绩效考核的结果并不是绩效管理的结束，而是将其应用于企业人力资源管理与开发各个环节的开始。绩效考核结果是否得到了正确的应用，是企业绩效管理是否成功的关键。一般来说，绩效考核的结果可以应用于招聘、人员调配、奖金分配、员工培训与开发、员工职业生涯规划。

(1) 绩效考核结果应用于招聘结果的衡量。

招聘和甄选的最终目标是选择顺应组织发展和职位需要的任职者。招聘是否有效，要通过新员工在一段时间内的绩效考核结果来衡量。如果绩效考核的结果令人满意，说明招聘工作比较成功；反之，就要进一步寻找原因。

(2) 绩效考核结果作为人员调配的依据。

绩效考核的结果为员工晋升、调整、淘汰提供决策支持。如果员工的绩效较出色，可以考虑让其承担更多的责任；如果员工的绩效较差，可以考虑通过职位调整改善他的绩效水平；如果经过多次工作调整，绩效结果仍不能令组织满意，就要考虑将其解聘。

TIPS!

绩效管理中应注意的劳动合同风险

企业的绩效管理体系必须和劳动法的规定相结合。我国《劳动法》和《劳动合同法》均规定，在劳动者不能胜任工作的情况下，用人单位可以调整劳动者的

工作岗位或者进行培训，对仍然不能胜任工作的劳动者可以解除劳动合同。依此规定，用人单位享有单方变更劳动合同乃至解除劳动合同的权利，因此，企业的绩效管理体系也应当以此项规定为依据进行设计。

绩效考核的结果必须与“不能胜任”相联系。所谓不能胜任，是指劳动者不能按要求完成劳动合同中约定的任务或者同工种、同岗位人员的工作量。用人单位可以将“不能胜任”界定为无法完成业绩目标计划，但必须注意：

- 业绩目标应全面包括对劳动者各方面的要求；
- 业绩目标的制定应与员工进行充分的沟通，并要求员工确认；
- 业绩目标应当明确细致，设置要合理；
- 告知员工无法完成业绩目标的后果。

(3) 绩效考核结果作为奖金分配的依据。

将绩效考核的结果应用于薪酬发放，可以强化薪酬的激励作用。目前很多组织倾向于将薪酬与绩效挂钩，挂钩的方式主要有两种：第一，绩效与一次性的绩效工资或奖金的发放对接；第二，绩效与固定工资基数的调整对接。

(4) 绩效考核结果应用于员工的培训与开发。

绩效考核的结果可以加深组织对员工能力、素质水平的认识，尤其是员工的劣势与不足。据此，人力资源部门可以制订更有针对性的员工培训计划，帮助员工弥补不足、提升绩效。此外，绩效考核的结果也可用于衡量培训的有效性。如果通过系统培训，员工的绩效有所提升，说明培训是有效的；如果绩效没有得到提升，则培训可能是低效甚是无效的。

(5) 绩效考核结果应用于员工职业生涯规划。

员工职业生涯规划是组织根据员工目前的绩效水平，与员工协商制订长期的工作绩效改进计划和职业发展路径的过程。通过绩效考核的结果，主管人员和员工都可以清楚地认识到员工的优势和不足，经过沟通和讨论，员工便能更加了解工作目标、明确自身的发展路径。

任务演练

请制定大华公司销售顾问的绩效管理流程。

5.2 任务演练

任务实施

吴辉是一家民营电器公司销售部门经理，一年一度的绩效考核已经结束，现在他面临的问题就是如何把绩效结果反馈给员工。这次他的反馈对象是销售部门的客服主管王明，他在这次绩效评估中的等级为 B+。同样都是在做绩效反馈面谈，但不同的做法，其结果大相径庭。“有比较，才有鉴别”，我们好好思考下吴经理应该如何进行有效的绩效反馈面谈。

任务 5.3　绩效考核的方法

情境导入

大华公司有员工六百余人，目前考核存在的问题是原有的考核系统缺乏明确的考核标准，实际考核中也未能保证公平与公正，员工不知道公司对他们的期望是什么。HR 经理吩咐助理陈小力重新设计一套考核的方法。应该如何对员工进行考核呢？小陈陷入了思考。

知识链接：绩效考核的相关方法

1. 比较法

比较法就是对评价对象进行相互比较，从而决定其工作绩效的相对水平。换句话说，员工比较系统采用的比较形式主要是排序，而不是评分。比较形式有多种，如排序、配对比较或强制正态分布。

1) *排序法*

排序法是一种相对比较方法，主要是按照某个考核要素上的表现将员工从绩效最好者到绩效最差者进行排序。排序法可分为简单排序法与交替排序法两种。

(1) 简单排序法。

简单排序法是指管理者把本部门的所有员工从绩效最高者到绩效最低者(或从最好者到最差者)进行排序。

(2) 交替排序法。

交替排序法是指考核者经过通盘考虑后，先从所有被考核者中选出最好和最差的两名，然后在余下的人员中再选出最好和最差的两名，以此类推，直至全部人员的顺序排定。其操作步骤如下：

步骤一，列举需要进行考核的所有员工名单，之后将因不是很熟悉而无法对其进行考核的员工的名字划去。

步骤二，运用表 5-2 所示的表格，确定在考核的某些绩效要素上，哪位员工表现是最好的，将他排在第一个位置上，哪位员工表现又是最差的，将他排在最后一个位置上。

步骤三，在剩下的员工中再挑出最好和最差的，将他们分别排在第二个位置与倒数第二个位置上。

以此类推，直到所有必须被考核的员工都排列到表格中为止。然后以同样的方法就第二个考核因素进行评估。

表 5-2 运用交替排序法对员工工作绩效进行考核

考核要素一______________				考核要素二________________			
序号	姓名	序号	姓名	序号	姓名	序号	姓名
1		7		1		7	
2		8		2		8	
3		9		3		9	
4		10		4		10	
5		11		5		11	
6		12		6		12	

2) 配对比较法

配对比较法是由排序法衍生而来的，亦称平行比较法、成对比较法。使用这种方法时，每个员工都一一与比较组中的其他每一位员工结对进行比较，评出其中的“优者”和“劣者”。在所有的结对比较完成后，将每位员工得到的“优者”数累计起来，就可以排列出一个总的顺序。这种方法可以确保每一位员工与其他的所有人一一进行对比。

配对比较法的实施步骤如下：

步骤一，按每一绩效考核要素列出表格(见表 5-3)，其中要标明所有被考核的员工的姓名以及需要考核的所有工作要素。

步骤二，分别用行中的每一个被考核者与列中的每一个被考核者进行比较。如果在这个考核要素上，处于第 n 列的被考核者比处在第 m 行的被考核者表现得好，那么就在第 n 列第 m 行交叉处的方格里填写一个“+”号；如果处于第 n 列中的被考核者不如处在第 m 行的被考核者表现得好，那么就在第 n 列第 m 行交叉处的方格里填写一个“−”号。

步骤三，最后统计每一列中的“+”号的数量，得出被考核者的分数，按照分数可以排列出被考核者的次序或者选出较好和较差的被考核者。

表 5-3 运用配对比较法对员工工作绩效进行考核

考核要素一______________				考核要素二________________			
比较对象	被考核者			比较对象	被考核者		
	A	B	C		A	B	C
A	—			A	—		
B		—		B		—	
C			—	C			—

配对比较法是通过对被考核者进行两两比较而得出次序的一种方法，因此其考核结果更为可靠。但是这种方法也会受到被考核者人数的制约，当有大量员工需要考核时，这种方法显得复杂和浪费时间。例如，当被考核者的人数为 n 时，按照一一对比的原则，总共

需要配对比较 $n(n-1)/2$ 次。如果对 5 个员工进行考核，考核者需要配对比较 10 次；10 个员工需要配对比较 45 次；当需要考核的员工为 50 个时，配对比较要增加到 1225 次。因此，这种方法一般适用于 10 人左右的绩效考核。

3) 强制正态分布法

强制正态分布法又称为“强制分布法”或“硬性分配法”，该方法是根据正态分布原理，即俗称的“中间大、两头小”的分布规律，预先确定评价等级以及各等级在总数中所占的百分比，然后按照被考核者绩效的优劣程度将其列入其中某一等级。

强制正态分布法的比例规定只是对企业员工整体考核等级比例的控制，具体到各个部门时，可以有一定的上下浮动。例如，有的部门可能只有几个人，很难要求它严格地按照比例分布来进行评定。另外，很多公司将部门整体的业绩完成情况与部门内部员工绩效等级比例联系起来。当部门整体的业绩完成情况较好时，部门内部员工被评定为较高绩效等级的比例相对比较高；相反，如果部门整体的业绩完成情况不好，那么部门内部的员工被评定为较高绩效等级的比例相对比较低。

强制正态
分布法示例

强制正态分布法有利于管理控制，特别是在引入员工淘汰机制的公司中，它能明确筛选出淘汰对象，对那些担心因多次落入绩效最低区间而遭解雇的员工具有强制激励和鞭策功能。当然，它的缺点也同样明显：如果一个部门员工的确都十分优秀，还要强制进行正态分布划分等级，可能会带来多方面的弊端。

2. 关键事件法

1) 关键事件法的定义

关键事件法是一种由工作分析专家、管理者或员工在大量收集工作相关信息的基础上详细记录其中的关键事件以及具体分析岗位特征、要求的方法。其特殊之处在于它是一种基于特定的关键行为与任务信息来描述具体工作活动的方法。这种方法最初用于培训需求评估与绩效考核。

关键事件法用于绩效考核，可使考核更具有针对性：关键事件法利用从一线管理者或员工那里收集到的有关工作表现的特别事例进行评估。通常，在使用这种方法的过程中，员工和一线管理者汇集了一系列与特别好或特别差的员工表现有关的实际工作经验，而平常的或一般的工作表现均不予考虑。利用特别好或特别差的工作表现可以把最好或最差的员工从一般员工中挑出来。因此，这种方法强调的是代表最好或最差表现的关键事例所代表的活动。

这种方法考虑了职务的动态特点和静态特点。对每一事件的描述内容应包括：

(1) 导致事件发生的原因和背景。

(2) 员工特别有效或多余的行为。

(3) 关键行为的后果。

(4) 员工自己能否支配或控制上述后果。

在大量收集这些关键事件以后，可以对其做出分类，并总结出职务的关键特征和行为要求。关键事件法既能获得有关职务的静态信息，也可以了解职务的动态特点。

2) 关键事件法的优缺点

关键事件法的主要优点是研究的焦点集中在职务行为上，因为行为是可观察的、可测量的。同时，通过这种职务行为分析可以确定行为的任何可能的利益和作用。具体而言，其优点包括：

(1) 为面向下属的绩效考核结果的解释提供了一些确切的事实证据。

(2) 确保考察下属的绩效时，所依据的是员工在整个年度中的表现(因为这些关键事件肯定是在一年中累积下来的)，而不是员工在最近一段时间的表现。

(3) 通过保存动态的关键事件记录还可以获得一份关于下属员工通过何种途径消除不良绩效的具体实例。

但这个方法也有两个主要的缺点：一是费时，需要花费大量的时间去搜集那些关键事件，并对其加以概括和分类；二是关键事件的定义是显著的对工作绩效有效或无效的事件，但是，这就遗漏了平均绩效水平。对工作来说，最重要的一点就是要描述“平均”的职务绩效。但关键事件法难以涉及中等绩效的员工，因此全面的职务分析工作就不能完成。

3. 量表法

量表法主要有强迫选择量表法、行为尺度评定量表法、行为观察量表法与混合标准量表法等。

1) 强迫选择量表法

强迫选择量表法(FCS)是第二次世界大战后由美国国防部开发研制的一种考核工具。它最独特的地方是要求考核者从每个以四个行为选择项为一组的选择组群中选择出最能反映与最不能反映被考核者的两个行为选择项。考核者不知道什么样的选择项能得高分。换句话说，考核者并不知道各选择项的分值。因此在考核过程中，客观性得到了保证而主观性受到了控制。例如，用强迫选择量表法考核一位教授时的四个行为选择项为：每年在专业杂志上发表研究成果，受到许多资深教师的好评，拒绝与系主任谈话，拒绝为大学委员会服务。

四个行为选择项中两个选项描述的是良好行为，而其余两个选项描述的是不良行为。考核者需要对照每个选项，从中选出与被考核者平时表现最相似和最不相似的两个选项。

一个比较有效并有代表性的强迫选择量表一般包括15组至50组选择项，组数多少取决于被考核者所从事工作的水平差异与复杂程度。

强迫选择量表法的优点是：使用这种考核工具时，考核者的个人偏好或偏见性大大减少，从而保证了考核分数合理分布；而且考核者的考核不会受到员工外在条件的影响，因为考核者并不知道每组的四个选项中哪两个对员工计分有利，具体的计分结果只有人力资源部才清楚。

强迫选择量表法也有它的缺点，其中最为明显的有两个：其一，一个诚实客观的考核者很难按照自己的意愿去把握员工考核的结果；其二，不能让员工在考核中产生自我激励。换句话说，因为员工不知道各个选项的分数差异，就无法对自己的工作表现提供自我强化的反馈。

2) 行为尺度评定量表法

行为尺度评定量表法(BARS)由史密斯和肯德尔于1963年提出，是描述性关键事件考

核法和量化等级考核法的结合，即用具体行为特征的描述来表示每种行为标准的程度差异。在这里对每一种具体行为特征的说明，被称为“尺度”或“锚”。因此，行为尺度评定量表可以解释为给考核者直接提供了具体行为等级与考核标准的量表，如优秀、满意、较差与不可接受等。因此，其倡导者宣称，行为尺度评定量表法具有更好和更公平的评估效果。

行为尺度评定量表有水平式的图示量表与垂直式的图示量表，两者的区别在于尺度的位置是水平的还是垂直的。如表 5-4 所示的例子，采用的就是垂直式尺度。

表 5-4　某企业内训师授课行为尺度评估的例子

维度		说　明
优秀	7	内训师能全面、客观、生动地授课
	6	内训师能清楚、简明、正确地回答学员的问题
	5	当试图强调某一点时，内训师使用例子
中等	4	内训师能用清晰、使人明白的方式授课
	3	讲课时内训师表现出许多令人厌烦的习惯
	2	内训师在班上给学员们不合理的批评
极差	1	内训师对讲授内容把控不全面，讲授生硬

运用行为尺度评定量表法进行员工绩效考核时，通常要求按照以下几个步骤来设计行为尺度评定量表。

(1) 主管人员确定工作所包含的活动类别或者绩效指标，如假设考核者所选择的主要指标为“吸收和解释政策的能力”。

(2) 主管人员为各种绩效指标撰写一组关键事件。例如，最积极的结果可能是“可以期望该员工成为组织中其他人了解新政策和政策变化的信息来源”；这个因素中最消极的结果是“即使对员工重复解释后，该员工也不可能学会什么新东西”。在最积极和最消极的层次之间可能存在几种层次。

(3) 由一组处于中间立场的管理人员为每一个考核指标选择关键事件，并确定每一个绩效等级与关键事件的对应关系。

(4) 将每个考核指标中包含的关键事件从好到坏进行排列，建立行为尺度评定法考核体系。

尽管使用行为尺度评定量表法要比使用其他的绩效考核法花费更多的时间，但是许多人认为，行为尺度评定量表法有以下一些十分重要的优点：

(1) 工作绩效的计量更为精确。鉴于编制行为尺度评定量表体系的是那些对工作及其要求最为熟悉的人，行为尺度评定量表法应当能够比其他考核法更准确地对工作绩效进行考核。

(2) 工作绩效考核标准更为明确。尺度上所附带的关键事件有利于考核者更清楚地理解“非常好”和“一般”等各种绩效等级上的工作绩效的差别。因此当考核者要给某一个员工的行为评为“非常好”时，没有必要逐字地解释“非常好”的员工行为是什么样子。

(3) 具有良好的反馈功能。关键事件可以使考核者更为有效地向被考核者提供反馈。

(4) 各种工作绩效考核维度之间有着较强的相互独立性。将众多的关键事件归纳为 5 至 6 种绩效(如“知识和判断力”)，使得各绩效维度之间的相对独立性很强。比如，在这种考核方法下，一位考核者很少会仅因某人的“知觉能力”的考核等级高，就将此人的其他所有绩效维度等级都评定为高级。

(5) 具有较高的信度。这是因为行为尺度评定量表法的每一个尺度标准下都要求考核者附有他评估期间所记录的关键行为与事件，以作为支持考核结果的依据，这也是支持考核有效性、解决争端与法律纠纷的有效证据。

行为尺度评定量表法的缺点具体如下：

(1) 许多在工作分析中得到的有实际意义的关键事件常被丢弃。如果把工作维度与行为标准划分为几个主要的部分，那么，包含关键行为事件最多的那个尺度标准实际用了所有工作分析过程中全部资料的 49%。

(2) 考核者有时很难区分自己观察到的众多被考核者行为与行为尺度评估量表上的特定行为示例的相似性，很难把所观察到的工作行为与量表上的标准行为进行相互对应。有时候，考核者甚至很难从现有的考核标准中评定他们所观察记录的特定事件。

(3) 考核使用的行为是定位于作业而不是定位于结果。这给考核者提出了一个潜在的问题，即他们不是对实现期望目标的员工进行评估，而是必须对正在执行作业的员工进行评估。因而，考核者必须在评估期间每天都对员工的行为表现进行记录，大多数主管很难做到这一点。行为尺度评定量表的倡导者也意识到了这一点。然而坚持对员工全天行为表现进行观察记录，对于行为尺度评定量表是很关键的，因为尺度量表上的标准直接说明了什么样的行为表现是优等、中等和低等的，因此，观察到的事件在考核过程中比考核尺度标准还重要。

3) 行为观察量表法

行为观察量表法(BOS)与行为尺度评定量表法有一些相似之处，但它在工作绩效考核的角度方面能比后者提供更加明确的标准。

在使用这种考核方法时，需要首先确定衡量绩效水平的维度，如工作的质量、人际沟通技能、工作的可靠性等。要将每个维度都细分为若干个具体的标准，并设计一个评估表。考核者将员工的工作行为同考核标准进行比照，每个衡量角度的所有具体科目的得分构成员工在这一方面的得分，将员工在所有考核方面的得分加总，就可以得到员工的考核总分。

分析结果显示，考核者内部信度、重考信度和组成每个行为标准的所有行为之间的内部一致性都很理想。而且行为标准与阈限的测量标准之间的显著相关性也证明了这种量表的结构(员工效率)效度较好。

开发研制行为观察量表法的详细步骤如下：

(1) 将内容相似或一致的关键事件归为一组并形成一个行为指标。例如，一个主管对工作做得好的员工进行表扬或奖励，可以用两个或两个以上的事件写出这一行为指标：对下属做得好的具体事情给予表扬和奖励。

(2) 由在职员工或分析人员将相似的行为指标归为一组，形成行为观察量表法中的一个考核标准。例如，上面的行为指标与相似的行为指标(如对员工的个人问题提出建议)可以归为一组并形成考核标准：与下属之间的相互关系。

(3) 考核者内部要一致，以判断另外一个人或另外一组人是否会根据工作分析中得出的关键事件开发设计出相同的行为考核标准。

内部一致性比率按下面这种方式计算：数出两组人员一致同意归入一个给定考核标准的关键事件的个数，除以两组人员归入该考核标准的关键事件的总个数，由此，便可以得到这一要素的内部一致性比率。因此，如果第一组人员将 4、7、8、9、17 这五个关键事件归类到同一评估标准下，而第二组人员将 7、8、9 这三个关键事件归类到这一考核标准下，评估者内部一致性就是 0.6。

通常，一个考核标准的评估者内部一致性比率必须大于或等于 0.8 时，这一考核标准才可以接受。如果这一比率低于 0.8，那么就要对这一考核标准下的行为项重新检查，以进行可能的重新分类，或改写这一考核标准，以增加考核标准的特征。

(4) 检验行为观察量表中各考核标准(如与同事的关系、安全、技术能力)的相关性或内容效度。相关性或内容效度应由那些非常熟悉被评估工作的人员对考核工具进行系统考核，以判断考核工具是否包括所关心的行为指标的代表性样本。

(5) 将考核工具中的每个行为指标划分为五级利克特(Likert)标度，每个行为指标划分为五级的原因是：当超过五级以后，所增加的标度带来的效用就很小了。

(6) 行为观察量表中的许多行为指标虽然在考核非常有效或非常无效的工作表现时很关键，但是由于这些行为指标所反映的行为在实际情况中出现得过于频繁或过于罕见而无法运用它们去区分表现好与表现差的员工。因此，这种行为指标应该通过项目分析排除掉。

(7) 如果被考核员工的人数是行为指标的三倍到五倍，就可以进行因素分析了。因素分析是根据行为指标之间的相关程度将行为指标分组，形成不同的评价标准(如与同事的关系、对组织的忠诚度)。这种分组方法不需要通过两组人员进行人为判断和将关键事件归类，这也是使用因素分析而不通过人为判断将行为指标归类的一个原因。这种方法不仅节省时间，而且还可以保证不同的考核标准相互独立，因而所包含的考核指标数目最少。

4) *混合标准量表法*

混合标准量表法(MSS)由布兰兹和基瑟力于 1972 年开发，与强迫选择量表相似，评估者不知道这种量表评估的标准是什么，只需根据行为指标评估员工的表现，是优于(+)、等于(=)还是差于(−)行为指标描述的内容。这种量表的主要目的是减少诸如晕轮误差和过宽／过严误差。

4. 360 度考核法

1) *360 度考核法的定义*

360 度考核法又称多方评估者评估法，是对一般和中层管理人员进行绩效考核时使用得最多的一种方法。它包括直接上级、间接上级、同事、下属、客户和自己的考核。考核的指标可以从三个方面来设计：努力程度、工作态度、行为结果。每一个大的指标可以下设几个小指标，如工作态度可以包括任务完成的速度、工作质量、对下属的亲和力、同事的认可度等，这样就构成一个指标体系。

在 360 度考核法中，不同考核者都从各自的工作角度，考察和评定被考核者，因而考核的结果反映了员工在不同场景、不同方面的行为特征和业绩，综合这些考核结果就能够对员工进行较全面、客观的评价，如图 5-1 所示。同时，不同角度的考核结果也在一定程度上反映了考核者的利益取向和性格特征。

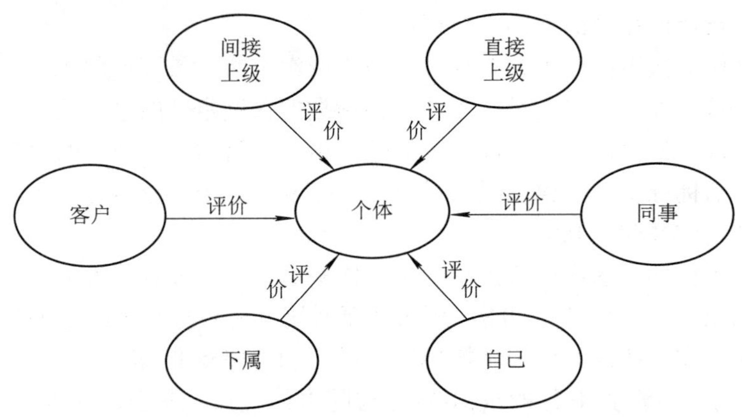

图 5-1 360 度考核法

在 360 度考核法中应对自我考核给予较高的重视，自我考核的结果高于或低于总考核结果，高于或低于其他角度的评估结果，对企业均有重要参考价值。如果自我考核的结果高于总考核结果，该员工属于自信心强或对个人评估较高的人；如果自我考核的结果低于总考核结果，说明该员工属于自信心较弱或比较谦虚的人。

2) *360 度考核法的主要步骤*

360 度考核法主要由以下四个步骤组成。

第一步：制订计划，确定考核目的。

绩效考核必须有计划地进行，360 度考核法也不例外，首先必须明确考核的目的。绩效考核的目的往往与企业的具体需要和企业发展的战略目标紧密相连。一般来说，企业进行考核的目的有：使被考核者了解他们的长处和需要改进的地方，促进员工不断进步和发展；在领导、员工中建立一种更加信任、协调合作和生气勃勃的关系；为员工成功地制订和实施职业发展计划，并将员工发展计划与人力资源管理体系中的其他环节联系在一起。考核的目的和内容是紧密相连的，一旦明确了考核的目的，就确定了要进行考核的内容。

第二步：设计考核表。

要进行有效的绩效考核，关键是要设计好考核表。

(1) 选择一个目标群体。典型的 360 度考核法的考核者包括被考核者的上级、同级、下属、组织内成员，有时也会将企业内外的客户作为考核者的一部分。不同的考核群体有着不同的观点。最近的研究表明，不同的考核群体对被考核者的能力和成绩的强调范围不一样。比如，上级趋向于重视技术能力和基层的绩效，而一般员工更强调人与人之间的关系。

(2) 确定考核内容。在设计考核内容时，要清楚地知道要考核什么，如在工作中的表现如何、客户的满意程度等。考核内容的设计越具体，考核结果就越准确。除了较特殊的被考核者，考核问题的设计要求具体、简明，不允许在一个考核项目中出现两个问题。考核内容的设计决定着是否能得到有用的绩效信息。

(3) 确定适当的考核等级。考核等级一般用数字来表示，可以采用偶数形式(如 1～4)或奇数形式(如 1～5)。同时需要对每个数字的含义进行标定或锚定，如：1 = 很不满意，2

= 不满意，3 = 不确定，4 = 满意，5 = 非常满意，并且对每一项评估内容进行检查以确保使用恰当的考核等级。

(4) 在正式考核前进行试验。在进行正式考核前先对一部分员工进行考核试验是很重要的。通过试验，可以了解考核说明、考核内容和考核程序是否清楚，有没有设计不好或意思含糊不清的评估内容，以便进行修改和完善。考核内容设计不当会影响考核的效度，因而需要进行试验以便发现问题。

(5) 修改并确定考核表。经过修改的考核表应该具有图表化、容易读懂、对考核者具有吸引力和易于操作等特点。此外，在考核表开始部分需要对考核的目的、内容等进行说明。

第三步：收集资料，进行考核。

对员工的考核必须秉持严肃认真的态度，因为考核结果常常决定一个人在组织中的地位和前途。严肃认真的基本要求就是用事实说话，这样，能否收集真实可靠的考核信息就成为考核是否可信和有效的前提。360 度考核法是由考核者根据考核表的要求对被考核者的绩效进行分析判断，所以为了使考核结果真实可靠，首先要对考核者进行培训，使他们对 360 度考核法的机制和过程有所了解，并能公平、公正地对待每一个被考核者。

第四步：分析数据，得出考核结果。

一旦手中掌握了员工的考核信息，下一步要做的就是对这些信息进行统计分析。这个过程中有时需要用到一些统计软件，如专为社会科学研究而制作的统计包及一些电子制表软件(如 Excel 等软件)。通过分析可得到一些有用的数据，并得出一些结论，用简单直接的方式呈现考核结果是很重要的，因为进行绩效考核不是学术研究，而是为了对员工的绩效做出有效的评价。

总而言之，360 度考核法是一种全新的绩效考核方法，为了使这种考核方法能顺利实施，高层管理者的重视起着非常重要的作用。如果将考核结果应用于薪资管理和奖惩管理，会对企业员工形成有效的激励机制。同时，360 度考核法需要与企业独特的需求和企业文化相结合。360 度考核法是一种既费时又费力的考核方法，但如果运用得当，会为企业提供更真实的绩效信息，使企业员工的潜能得到更好的发挥。

5. 关键绩效指标法

关键绩效指标法，是指基于企业战略目标，通过建立关键绩效指标体系，将价值创造活动与战略规划目标有效联系，并据此进行绩效管理的方法。通过 KPI 的牵引，使员工个人工作目标、职能工作目标与公司战略发展目标之间达到同步。

关键绩效指标法是目前国际通行的企业经营绩效成果测量和战略目标管理的工具，很多大公司都在使用该方法进行绩效考核，比如 IBM 公司。IBM 在运用 KPI 时秉承以下理念：

(1) KPI 是对部门和个人工作起导向作用的引导性指标，要层层分解，层层支持；

(2) 绩效是团队的绩效，部门主管和下属绩效捆绑，上下流程绩效捆绑；

(3) 定量与定性指标相结合，不同时期有不同的 KPI，实行动态管理；

(4) KPI 包含财务(收益、成本、利润)、客户(内外部客户满意度、忠诚度、投诉率、市场份额)、流程(指标覆盖全流程)和学习与成长(员工技能、素质提高、企业氛围)四个方面。

关键绩效指标法的操作流程一般可分为三大步：第一步，关键绩效指标体系的设计；第二步，关键绩效目标体系的制定(注：关键绩效指标体系+关键绩效目标体系＝关键绩效标准体系)；第三步，关键绩效指标和目标的评估与调整。接下来着重介绍关键绩效指标体系的设计。关键绩效指标体系的设计是关键绩效指标法的第一步，也是最基础的一步。在关键绩效指标体系设计好之后，才能为其中的每一个绩效指标制定出一个评估周期内应达到的合理的绩效目标(目标值或目标标准)。“关键绩效指标体系的设计”这一步又可细分为若干个小步骤，下面将对此进行具体分析。

(1) 设计企业级 KPI。

有不少学者和企业将绩效指标与绩效目标混为一谈，认为对企业的战略目标进行分解便可直接得到企业级的 KPI。其实，对企业战略目标进行分解所得到的并不是企业级的 KPI，而是企业级的目标体系。KPI 是绩效指标，不是绩效目标，二者截然不同。绩效指标指的是从哪些方面来对绩效进行评估，而绩效目标指的是在各个绩效指标上分别应该得到什么样的结果或达到什么样的标准。绩效指标解决的是需要评估“什么”的问题，而绩效目标解决的是需要达到“多少”或做到“怎样”的问题。先有指标，后有目标，每一个绩效目标都是建立在一个或多个绩效指标之上的，否则“皮之不存，毛将焉附”。

对企业战略目标进行全面分解所得到的企业级的目标体系其实就是企业的关键成功因素，寻找企业关键成功因素的过程实质上是对企业战略目标进行具体化的过程，也就是将企业的战略目标由虚做实的过程。企业的关键成功因素被全面确定下来之后，从每一个关键成功因素中提炼出一个或几个 KPI，汇总之后便可得到企业级的 KPI。例如，某企业的战略目标是实现利润若干万元，则其关键成功因素包括：选择合适的产品打入新的目标市场；开发高利润率的新产品并迅速推入市场；提高销售预测的准确率，最小化原材料和成品的库存；提高产品质量，缩短生产周期，提高供应商的准时送货率等。

(2) 设计部门级 KPI。

目前，学者们设计部门级 KPI 的思路主要有两种：其一是根据企业级的 KPI 来设计各部门的 KPI；其二是根据各部门的工作产出来设计各部门的 KPI。

在第一种设计思路下，企业级 KPI 被分解到了不同的部门，于是每个部门都有若干个 KPI，部门之间的 KPI 各不相同。可是，对于某一个部门来说，其 KPI 完成结果的好坏往往并不完全取决于该部门，还需要其他部门的大力支持和配合。可问题是，对于某一个部门来说，它应该为其他部门做的支持和配合工作往往并没有被纳入它的 KPI 体系之中。于是，该部门即使支持和配合了其他部门，也只是帮其他部门完成了 KPI，该部门自己并不能从中得到什么收益。相反，该部门即使不支持和配合其他部门，它也不会因此而遭受什么损失。这样一来，各部门便只顾埋头完成自己的 KPI，对其他部门的支持和配合工作则被置于无足轻重的地位。如果企业根据各部门 KPI 的完成情况对各部门进行强制排序，那么各部门就更不愿去支持和配合其他部门了。

为解决上述部门之间不相互支持和配合的难题，有一些学者提出了前述的第二种设计思路。具体做法是，通过分析部门的客户关系图来全面界定该部门的工作产出，据此来设计该部门的 KPI。对某一部门而言，需要它提供支持和配合的其他部门都是它的内部客户，而它应该为其他部门做的支持和配合工作，作为它对各内部客户的工作产出，都应纳入该部门的 KPI 体系之中。这样一来，部门之间难以相互支持和配合的问题似乎就可以被解决了。遗憾的是，实际情况并非如此。第二种设计思路在实践中存在着以下两大问题。

第一个问题，某一部门应该为其他部门做的支持和配合工作，对于该部门来说不一定都是它的关键职责，因此就不应该全被列入该部门的 KPI 体系之中。若硬要将所有这些对其他部门的支持和配合工作都列入该部门的 KPI 体系之中，如果该部门的内部客户有多个，那么该部门的 KPI 的数量将不得不成倍地增加，以至于 KPI 沦为了普通的 PI。

第二个问题，对于某一个部门来说，即使将它应该为其他部门做的支持和配合工作都纳入它的 KPI 体系之中，该部门也不一定会真心实意地支持和配合其他部门。这是因为，每个部门在为其他部门做支持和配合工作时，主要考虑的是如何以最小的付出来完成与那些工作相对应的 KPI，至于其他部门在它的支持和配合下能否顺利地完成他们相应的 KPI，对它来说就是无关紧要的了。实际上，将某一部门对其他部门的支持和配合工作也纳入该部门的 KPI 体系之中的目的，是促使该部门努力做好对其他部门的支持和配合工作。可是，这绝对不是最终目的。最终目的是，在该部门积极主动的支持和配合下，被它支持的部门能够顺利地完成其相应的 KPI。如果被支持的部门相应的 KPI 实际完成情况并不好，那么该部门的支持和配合工作本身做得再好也毫无意义。因此，针对某一部门所做的支持和配合工作本身设计 KPI 来对该部门进行评估是没有多大意义的，应该根据被它支持的部门相应的 KPI 实际完成情况来对它进行评估才真正有意义。

有学者提出，在企业级 KPI 被设计好之后，部门级 KPI 应该这样来设计：对每一个企业级 KPI 进行分析，将它们分成企业内通用 KPI、部门间通用 KPI、部门专用 KPI 三类。企业内通用 KPI 的特征是，该 KPI 的完成需要企业内所有部门的相互支持和配合。部门间通用 KPI 的特征是，该 KPI 的完成需要某两个或多个部门的相互支持和配合。部门专用 KPI 的特征是，该 KPI 的完成只需某一个部门的努力即可。假设 X 是企业级 KPI 之中的一个，若 X 属于部门专用 KPI，则可将其直接列入所对应的那个部门的 KPI 体系之中；若 X 属于企业内通用 KPI，则可将其直接列入每个部门的 KPI 体系之中，只不过 X 在不同部门的 KPI 体系之中所占的权重是不尽相同的；若 X 属于 A、B、C 三部门间通用 KPI，则可将 X 分别列入 A、B、C 三部门的 KPI 体系之中，只不过 X 在 A、B、C 三部门的 KPI 体系之中所占的权重是不尽相同的。这样一来，每一个企业级 KPI 都有一个或多个部门对其负责，保证了该 KPI 的真正落实和顺利完成。更为重要的是，每一个非部门专用的企业级 KPI 都被列入到了对其完成有直接影响的、需要相互支持和配合的某两个或多个部门的 KPI 体系之中，这便促使这几个部门为了完成共同的 KPI 而真正做到相互支持和配合。

(3) 设计岗位级 KPI。

岗位级 KPI 的设计方法与前述的部门级 KPI 的设计方法是非常相似的，在这里就不再重复了。

(4) 制定评分要素和考核标准。

根据岗位的性质对每个指标设定测量和考核的评分标准，将每一个标准进行相应的具体描述。定量指标的标准一般较易确定，而定性指标通常对指标的完成状况给予详尽的描述，确定评分等级。例如，可以采取“5 分制”，从 1 分到 5 分按照完成工作情况的好坏进行描述。

(5) 确定指标权重。

由于各项考核指标的重要程度是不同的，在进行绩效考核时，为了反映各项指标的主次关系，就要确定各项指标的权重系数。权重的大小不能按照完成任务的时间长短来确定，而是由公司的领导层根据公司的发展目标和重点工作任务来确定的。

(6) 进行 KPI 的特性测试与属性测试。

特性测试包括指标的可控性测试、可靠性测试、可操作性测试、可理解性测试、可衡量性测试和一致性测试。属性测试包括 CQT(成本、质量和时间)测试、相互关系测试、指标负载测试和适应性测试。以相互关系为例，如对销售人员所采用的销售收入与销售费用指标，在一般情况下，销售收入与销售费用是呈正比关系的；但它们作为关键绩效指标，销售收入越高越好，而销售费用则越低越好，两者之间是存在负相关关系的。把这两个指标放在一起，会对销售人员造成混淆——努力跑销售的话，则肯定会突破销售费用指标。假如把销售费用指标调整成为销售费用与销售收入的百分比，则两者之间的关系会变成中性。这样一来，在没有放弃评估销售费用的同时，亦可确保指标之间不会相互矛盾。

(7) 构建指标逻辑系统。

应依据经营管理系统分级设计指标逻辑系统，使公司指标体系构成完整的因果关系逻辑系统，否则，该指标体系是无用的系统。

(8) 建立指标辞典。

指标辞典的内容包括指标名称、属性、编号、定义、设立目的、计算公式、资料来源、统计周期、统计方式与相关说明。

总之，运用 KPI 方法进行企业关键量化指标的设立和分解时，要遵循相应原则，在对企业战略目标进行全面分解所得到的企业级 KPI 基础上，层层分解、层层落实，进而建立部门与岗位级 KPI，并需要确保指标体系的内在逻辑。

KPI 是用于评估和管理员工绩效的定量化或行为化的标准体系，其提供了一种可定量化或是可行为化的评估方法。也就是说，关键绩效指标是一个标准的体系，它必须是定量化的，如果难以定量化，那么也必须是行为化的。KPI 管理模式将管理内容通过科学的方法转化为影响企业、部门和员工个人实现目标的少数关键性量化指标，可以客观有效地反映员工绩效。对于一些无法量化的评估内容或是部分量化指标的相关参数采集成本过高时，则可以考虑建立行为化的替代评估模型，即定性的软性指标体系。行为化指标评估一般采用工作量、工作及时性、工作态度、协作配合度等指标评估任职者日常工作绩效表现有无达到规定标准。行为规范的具体标准和工作要求需要结合各岗位的具体职责、阶段性岗位工作内容进行个性化设置。然而，不论是定量指标还是定性指标，都必须是可以测量和评估的。

任务演练

5.3 任务演练

请为大华公司选用合适的销售顾问绩效考核方案。

任务实施

W 公司是近两年迅速崛起的民营医药企业，在全国专科医院有较大的影响力，市场占有率位居全国同行前列。但同时公司在迅速发展的过程中也出现了不少问题，现公司人力资源部需根据公司具体情况，设计出适合该公司管理人员的绩效管理体系。

自 我 检 测

自我检测答案

□ **单选题**

1. 绩效管理的目的是持续提升(　　)、部门和组织的绩效。

A. 客户　　B. 个人
C. 基层　　D. 高层

2. 绩效反馈前的准备要从(　　)方面和员工方面展开。

A. 主管　　B. 部门
C. 客户　　D. 同事

3. (　　)就是对评价对象进行相互比较，从而决定其工作绩效的相对水平。

A. 排序　　B. 强制正态分布
C. 配对比较　　D. 比较法

4. 360 度考核法的主体不包括(　　)。

A. 直接上级　　B. 同事
C. 客户　　D. 总经理

5. (　　)是指基于企业战略目标，通过建立关键绩效指标体系，将价值创造活动与战略规划目标有效联系，并据此进行绩效管理的方法。

A. 360 度考核法　　B. 量表法
C. 关键绩效指标法　　D. 强制正态分布法

□ **多选题**

1. 绩效的特点有(　　)。

A. 多因性　　B. 多维性　　C. 动态性
D. 跳跃性　　E. 持续性

2. 绩效管理中存在的问题有(　　)。

A. 企业的绩效管理与战略相脱节

B. 绩效管理被认为仅仅是人力资源部门的工作
C. 绩效管理就是绩效考核
D. 过分关注短期绩效而忽视长期绩效
E. 忽视员工的参与

3. 绩效管理工作包括(　　)。
A. 绩效计划　　B. 绩效实施与管理　　C. 绩效考核
D. 绩效反馈　　E. 绩效评估结果的应用

4. 绩效考核结果是否得到了正确的应用，是企业绩效管理是否成功的关键。绩效考核的结果可以应用于(　　)。
A. 衡量招聘结果　　B. 人员调配　　C. 奖金分配
D. 公司员工培训与开发　　E. 员工职业生涯规划

5. 量表法主要有(　　)。
A. 强迫选择量表法　　B. 行为尺度评定量表法　　C. 比较法
D. 混合标准量表法　　E. 行为观察量表法与混合标准量表法

□ **简答题**

1. 绩效管理与绩效考核的区别是什么？
2. 绩效反馈的含义及地位是什么？
3. 什么是关键事件法？
4. 什么是360度考核法？
5. 关键绩效指标法的设计流程是怎样的？
6. 如何确定KPI的指标权重？

互 动 讨 论

背景资料：

M公司作为浙江小型民营企业，具有很大的发展潜力。为了应对快速发展的公司规模和日益激烈的市场竞争，公司总经理审时度势，适时地开展了以绩效提升为主题的人力资源管理变革。为此，公司总经理集合人力资源部及各部门主管，为公司各个部门和岗位制定了详细的绩效指标，以规范和引导员工的行为。

例如，车间主任主要工作职责为：

(1) 根据企业下达的生产任务，合理安排车间各项工作进度；
(2) 监督、检查生产工人按工艺要求及质量标准进行生产；
(3) 提出生产设备、工艺流程等方面的改进建议；
(4) 解决工人操作过程中的问题；
(5) 本车间的安全生产管理。

请为该公司生产部门车间主任岗位设置绩效指标体系。

拓 展 阅 读

1. 《绩效管理与量化考核：从入门到精通》：作者，任康磊；出版社，中国工信出版社。本书细致讲解了人力资源管理的一大模块——绩效管理的大部分工作流程，把大量复杂的绩效管理理念转变成简单的工具和方法，并实现可视化、流程化、步骤化，力求有效指导和帮助读者做好绩效管理实务工作。

2. 《绩效管理：必备制度与表格范例》：作者，肖剑；出版社，清华大学出版社。本书是作者鉴于对企业绩效管理重要性的充分理解和认识，基于多年工作经验总结而成的一本有关制定企业绩效考核与薪资的参考书。书中内容主要涉及企业绩效管理、企业绩效体系设计、绩效考核设计、绩效考核流程等方面。

模块 6　员工薪酬管理

薪酬是企业员工最为关心的问题，也是现代企业人力资源管理中最重要的一项工作。确定科学合理的薪酬发放标准和薪酬分配制度，优劳优酬，将员工的劳动报酬与劳动结果相联系，是调动员工工作积极性的一项有效措施。

知识目标

◎ 了解薪酬管理的相关理论。
◎ 掌握薪酬制度设计的基本操作技能。
◎ 掌握员工工资表编制的基本原理和方法。

能力目标

◎ 能够根据给定的背景资料设计薪酬制度。
◎ 能够计算员工薪资收入。
◎ 能够编制员工的工资表。

模块学习导图

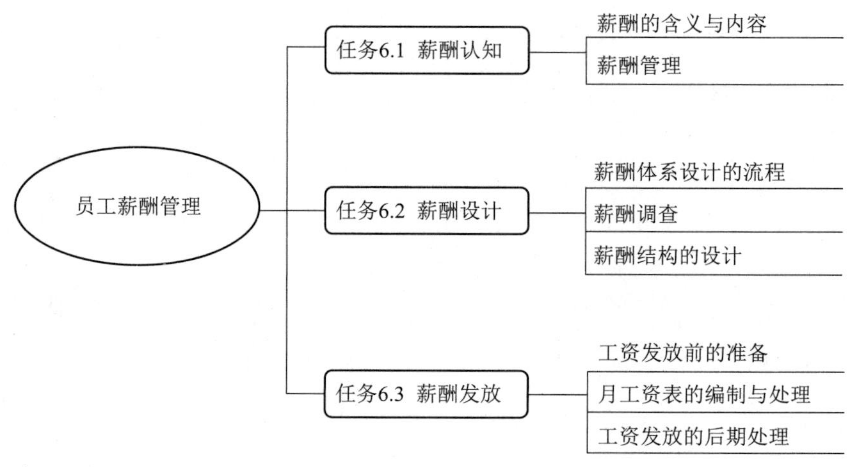

任务 6.1　薪酬认知

情境导入

各种有关薪酬的问题总能在朋友圈里引起热烈的讨论。张三说："当时我进公司的时候，老板答应给我 1 万元的月薪，谁知道拿到手只有 7400 多元，叫我怎么活啊？"李四说："你们老板已经很不错了，你要知道，就以我开的那个小公司为例，员工拿到手 7400 多元的月薪，作为老板，我得拿出的是 14400 多元，你们真是不知道当老板的苦啊！说多了都是泪！还是王五好啊，他们公司虽然工资水平不高，但是福利好啊！吃、喝、拉、撒几乎公司全包了，每年每人一次出国旅游外加 15 天带薪休假。据说他的第一套房子还是公司分的呢！"陈小力看到朋友圈的这些讨论，心想大华公司员工的薪酬构成到底该怎么设计呢？

知识链接：薪酬管理概述

1. 薪酬的含义与内容

薪酬是企业因使用员工的劳动力或因员工对企业做出的贡献(包括员工为企业实现的绩效及付出努力的时间，以及运用的学识、技能等)而支付给员工的钱和实物。薪酬是一种公平的交易或交换形式。员工为企业付出了努力，为企业做出了贡献，企业则付给员工一定的薪酬。

广义的薪酬包括两个方面：一是直接货币报酬，如工资、奖金、津贴等；二是以其他间接的货币形式支付给员工的奖励，包括福利、保险和带薪休假等。

狭义的薪酬主要指工资。工资是劳动者的工作所得，是劳动者根据劳动合同付出劳动后从企业中获得的相应报酬，是劳动者收入的主要来源，也是劳动者维持和改善生活的主要经济来源。

企业中的工资往往包括基础工资、奖金与福利。基础工资包括基本工资与津贴；奖金与劳动者付出的劳动直接相关，包括绩效奖酬和激励奖酬，它体现了多劳多得的原则；福利有国家法定福利和企业补充福利。

薪酬的构成

1) 基础工资

(1) 基本工资

基本工资是根据员工所在职位、能力、价值核定的薪资，是员工工作稳定性的基础，是员工安全感的保证。基本工资的构成往往包括工龄工资、职务工资、技能工资等。

① 工龄工资。

工龄工资是依据个人的学历、工龄或经验等情况决定的工资，在亚洲的一些国家和地区被广泛采用，尤其是在日本，由于受终身雇佣制的影响，企业普遍采用工龄工资。

② 职务工资。

职务工资是根据工作的责任大小、困难程度、危险程度等因素所决定的工资，是在工作分析的基础上，根据同工同酬的原则确定的。

③ 技能工资。

技能工资是根据员工个人在工作中表现出的能力及在某一职务上的贡献情况而定的工资。一般而言，工作能力还包括潜在的能力，涉及知识、技能和体能等因素。

(2) 津贴。

津贴是根据实际需要，在基本工资以外进行的补助，某些情况下，也可以将其计入基本工资。津贴包含的内容比较广泛，一般包括：

① 物价津贴，因物价的波动情况而定。

② 家属津贴，依据家属人口及其经济状况补给。

③ 房租津贴，一般对于未分配住房的员工给予补贴。

④ 专业津贴，一般对于一些专业人员或技术人员给予补贴。

⑤ 危险津贴，对从事危险性工作的人员的津贴。

⑥ 夜班津贴，对从事夜班工作的人员的津贴。

⑦ 交通津贴，主要指工作人员的上下班交通补贴。

⑧ 职务津贴，对各级主管人员或职务较重要人员的津贴。

⑨ 误餐或加班费，对加班人员或误餐人员的津贴。

⑩ 地区津贴，对在边远地区或特别地区工作的人员的津贴。

2) 奖金

奖金是一种补充性薪酬形式，它是针对员工超额劳动或者增收节支的一种报酬形式。劳动者在创造了超过正常劳动定额以外的劳动成果之后，企业以物质的形式给予补偿。其中，以货币形式给予的补偿就是奖金。其基本特点是：有较强的针对性和灵活性；可以弥补基本工资制度的不足；有较强的激励功能；体现了贡献、收入及企业效益三者的结合。

TIPS!

薪水的由来

据《南史·陶潜传》记载：陶潜送给他儿子一个仆人，并写信说，你每日生活开支费用，自己难以供给自己，现派一个仆人来帮助你打柴汲水。他也是人家的儿子，要好好待他。后来人们便把工资叫作薪水了。

薪酬的历史演变

东汉以前，一般以实物(粮食、布帛)形式发放俸禄，唐以后一直到明清，主要以货币形式为俸禄发给朝廷官员。古代官员俸禄的名称不止一种，如“月给”“月薪”“月钱”等，明代曾将俸禄称“月费”，后又改称为“柴薪银”，意思是帮助官员解决柴米油盐这些日常开支的费用。在魏晋六朝时，“薪水”一词除指砍柴汲水外，也逐渐发展为日常开支费用的意思，如《魏

书·卢昶传》中记载："如薪水少急，即可量计。"这里的"薪水"就是指日常费用。现代人一般按月支取的工资近乎古代的"月俸""月费"，也主要用来应付日常生活开支。因此，人们常把工资称为"薪水"。

3) 福利

(1) 员工福利。

员工福利是员工除工资收入外应享有的利益和服务。其中，利益主要是指退休金、医疗保险和休假等；服务主要是指良好的工作环境和工作条件，以及文体活动和娱乐活动设施或便利等。具体来说，员工福利包括医疗保险、失业保险、工伤补偿、养老保险、带薪休假，员工个人或家庭享受的餐饮、托儿、培训、咨询等服务，以及企业发给员工的各种实物或卡券等。

员工福利是薪酬管理中的另一项内容，与薪酬的其他部分共同构成了一个公平的、有竞争力的薪酬体系。它是企业为员工生活提供方便与保障、提高员工生活质量、增加员工归属感与企业凝聚力的重要手段。随着我国经济的发展与劳动力市场的成熟，福利在吸引人才、留住人才方面扮演着越来越重要的角色。

(2) 国家法定福利。

国家法定福利，是国家通过法律强制要求雇主为员工提供的福利项目，具有强制性、保障性、互济性、差别性和防范性的特点，一般由国家统一管理，企业只需按规定缴纳相关费用即可。根据我国的情况，基本福利包括养老保险、医疗保险、失业保险、生育保险、工伤保险和住房公积金六部分，即"五险一金"，具体如图 6-1 所示。其中养老保险、医疗保险和失业保险是由企业和个人共同缴纳保费的，工伤保险和生育保险完全是由企业承担的，个人不需要缴纳。

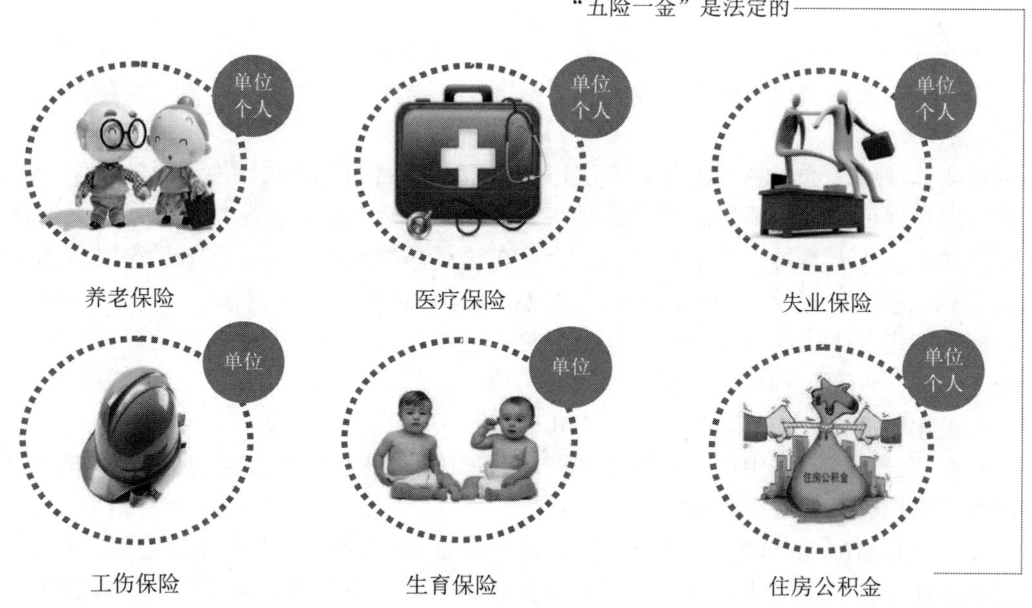

图 6-1　五险一金结构图

(3) 企业补充福利。

企业补充福利，是企业在国家法定福利之外，自行确定的福利项目。企业补充福利项目的多少和标准的高低在很大程度上要受到企业经济效益高低和支付能力大小的影响，同时兼顾企业自身的某种经营目的。

企业补充福利，一方面是企业员工所享受的由企业兴办的各种集体福利，另一方面是员工可享受的工资以外的收入，主要有补偿性、均等性和集体性的特征。企业补充福利项目的实施方式会经常性随着企业竞争策略的变化而相应调整。现在我国常见的企业补充福利主要有补充性养老计划、补偿医疗计划、住房福利计划、教育福利计划和弹性福利计划。

2. 薪酬管理

薪酬不仅是人力资源管理的一个核心问题，也是企业管理的一个主要方面。在现代高科技企业中，员工薪酬支出占企业总体成本、费用支出的比例在不断扩大，如何控制人工成本的增长、如何将人工成本的增长转化为企业效益的增长，已经成为很多企业管理者、HR 从业人员必须面对和解决的问题。除此之外，薪酬的专业性也决定了薪酬管理的必要性，大到如何选择适应企业发展的薪酬战略、如何设计科学的薪酬体系，小到如何调整员工的薪酬额度、如何与新员工面谈薪酬等，都体现着很强的专业性。

1) 薪酬管理的原则

科学合理的薪酬管理一般遵循五大原则：

(1) 公平性原则。

(2) 竞争性原则。

(3) 激励性原则。

(4) 经济性原则。

(5) 合法性原则。

2) 薪酬管理的内容

薪酬管理的内容主要包括薪酬测算、薪酬调整、薪酬控制、薪酬预算和薪酬发放。

(1) 薪酬测算。

薪酬测算，就是通过科学的计算方法，对薪酬调整后的一种预期性结果的科学分析过程，其目的是保证企业的薪酬总额及薪酬水平能更加符合企业的实际情况，同时又能保证企业在劳动力市场上具备一定的竞争力。企业在进行薪酬水平设计或薪酬调整时均需结合企业人工成本总额预算及各岗位人才市场人才供给的情况所决定的薪酬水平，对企业各岗位的薪酬额度进行相应的科学的、合理的测算。通过薪酬测算，企业能对调整的总体额度进行合理控制，进而准确地确定各岗位薪酬的调整幅度。

(2) 薪酬调整。

企业在薪酬执行过程中，经常会出现一些薪酬制度不符合现实情况或执行不理想的情形，因此要对已有薪酬进行不断调整。

企业在进行薪酬调整时，应积极进行市场薪酬水平调查及内部员工薪酬满意度调查，全面了解企业内外部薪酬实施情况，以减少企业薪酬调整带来的负面影响，只有这样才能保证企业薪酬政策持续有效地支持企业战略发展目标的实现。

(3) 薪酬控制。

企业的薪酬控制主要是指对薪酬费用总额的控制，目的是避免薪酬因过快增长而超出企业实际支付能力情况的发生。薪酬控制的常用方式一般有通过员工聘用来控制、通过薪酬结构和薪酬水平来控制、通过薪酬技术进行潜在的薪酬控制三种。

(4) 薪酬预算。

薪酬预算是一种定量的控制计划，是企业在一定周期内经营、资本、财务等各方面的收入、支出、现金流的总体计划，薪酬预算的目的在于实现对薪酬总额的控制。

薪酬预算是企业战略决策过程的一个关键，企业在进行经营决策时必须把企业市场经营状况、本企业经营状况、人力资源成本控制等因素结合起来考虑。薪酬预算也是确保薪酬成本不超出企业承受能力的必要手段。

(5) 薪酬发放。

薪酬发放是薪酬管理中最为日常的工作，一般以月为发放周期，涉及工资、福利等的发放。

任务演练

6.1 任务演练

根据以上所学知识，请帮陈小力确定大华公司的员工薪酬构成。

任务实施

学生以个人为单位，选择一位调查对象，使用表 6-1 所示的员工薪酬调查表，对该调查对象进行调查，了解其薪酬构成，同时在分析信息资料的基础上，设计一张月工资单。

表 6-1　员工薪酬调查表

<table>
<tr><td colspan="7">为了了解企业薪酬状况，特组织本次调查，希望您积极支持。本次调查仅用于专业课程的学习，我们承诺对您的信息保密，请您务必表达真实的想法。
请选择一个最符合您看法的答案，在选择的答案前打“√”。谢谢您对我们工作的支持，祝您工作愉快！</td></tr>
<tr><td rowspan="2">个人信息</td><td>岗位</td><td></td><td>学历</td><td></td><td>性别</td><td></td></tr>
<tr><td>所在部门</td><td></td><td>入职时间</td><td></td><td>是否全职</td><td></td></tr>
<tr><td rowspan="3">所在企业信息</td><td>所处行业</td><td></td><td>公司经营范围</td><td></td><td>公司成立时间</td><td></td></tr>
<tr><td colspan="6">贵单位规模：
□10 人以内　□10～50 人　□50～100 人　□100～300 人
□300～1000 人　□1000～2000 人　□2000 人以上</td></tr>
<tr><td colspan="6">贵单位性质：
□政府机构　□事业单位　□社会团体　□国有企业　□民营企业
□外资企业　□中外合资企业　□其他______</td></tr>
<tr><td colspan="7">1. 您的月工资收入项由哪些部分组成？(可多选)
□基本工资　□绩效工资　□工龄工资　□加班工资　□计件工资　□销售提成
□项目奖金　□职务工资　□职称工资　□津贴补贴　□其他____________</td></tr>
</table>

续表

2. 您每月工资中扣除项有哪些？(可多选) □养老保险　□医疗保险　□失业保险　□住房公积金　□个人所得税　□工会费 □其他＿＿＿＿＿＿
3. 贵公司月工资发放次数为：□每月一次　□每月两次 时间为：□月初　□月中　□月末 发放的是：□上月工资　□本月工资　(本题如选择每月两次，请完成第4题！)
4. 第一次发放时间为：□月初　□月中　□月末 发放的是：□上月工资　□本月工资 第二次发放时间为：□月初　□月中　□月末 发放的是：□上月工资　□本月工资
5. 贵公司工资发放形式为： □现金发放　□打入银行卡　□其他＿＿＿＿＿
6. 贵公司工资信息发送形式为： □工资短信　□纸质工资条　□OA系统　□其他＿＿＿＿＿
7. 你所在岗位的奖金发放规律为(可多选)： □无奖金　□月度奖金　□季度奖金　□半年奖　□年终奖　□其他＿＿＿＿

任务6.2　薪 酬 设 计

情境导入

新年刚过，陈小力所在的大华公司又遭遇了新一轮的“人才荒”“用工荒”问题。这是在陈小力意料之中的局面。每年这个时候对于人力资源部门来说是一个“寒冬”。各个层次人才的纷纷离职使人力资源部门负责人一到春季就措手不及。对于大华公司来说，基层人员大批量地流失也给业务的开展带来了障碍，一小部分公司高管和技术精英的流失，更是困扰着公司。

其实，公司在上一年度已经大面积给优秀员工加了薪水，但还是没有从根本上解决问题。“工资年年涨，人员年年走”的问题依然存在，如何度过用人的“寒冬”，或许已经不是通过单纯的招聘或涨薪就能够解决的问题了。从薪酬设计的角度如何解决大华公司的问题，陈小力陷入了深思。

知识链接：薪酬体系设计与调查

1. 薪酬体系设计的流程

薪酬体系是企业人力资源管理系统的一个子系统，它向员工传递了企业的价值取向，并且为报酬的支付建立了政策和程序。

薪酬体系设计是指企业在薪酬体系构建过程中，对薪酬体系中的各个构成因素分别采取科学的方法去搜集、获取信息并统计、分析相关资料和数据，以使得薪酬体系的各个构成因素均有其存在的意义和价值。设计良好的薪酬体系直接与企业的战略规划相关联，并且能够有效控制企业的人工成本，吸引、留住优秀人才，同时它也是有效支撑企业顺利、高效运行的重要保障。

明确的薪酬体系，能够为公司提供有效的经营信息，这对公司取得成功来说是至关重要的。为了提高薪酬体系设计的科学水平，企业首先要遵循相关的法律法规，包括宪法、国家性法规及地方性法规等，同时，还必须考虑相关内外部因素的影响。

1) 薪酬体系设计的外部影响因素

影响薪酬体系设计的外部因素是指企业之外的，与客观环境有关的因素，具体如图6-2所示。

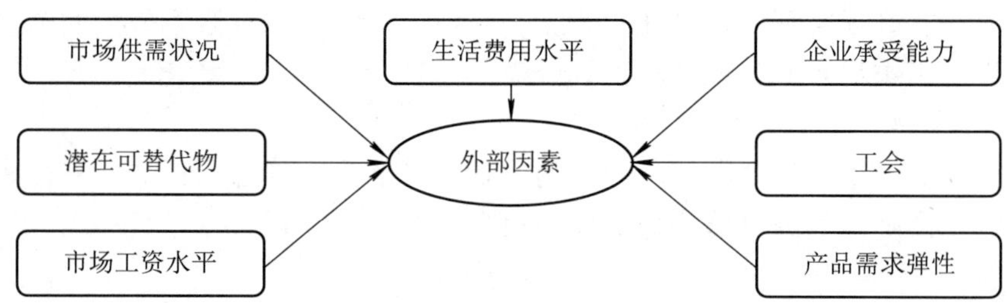

图6-2　影响薪酬体系设计的外部因素

2) 薪酬体系设计的内部影响因素

影响薪酬体系设计的内部因素主要指的是与员工个人相关的因素，具体如图6-3所示。员工个体的价值含量及稀缺性程度也是影响企业薪酬体系设计的重要因素。

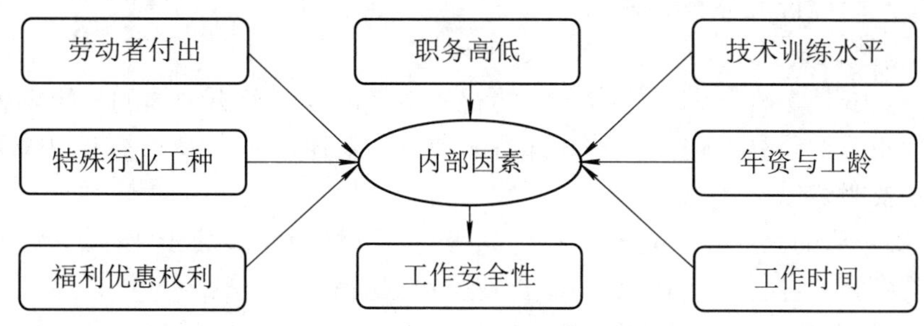

图6-3　影响薪酬体系设计的内部因素

3) 薪酬体系设计的流程

薪酬体系设计的流程主要包括以下七步，如图6-4所示。

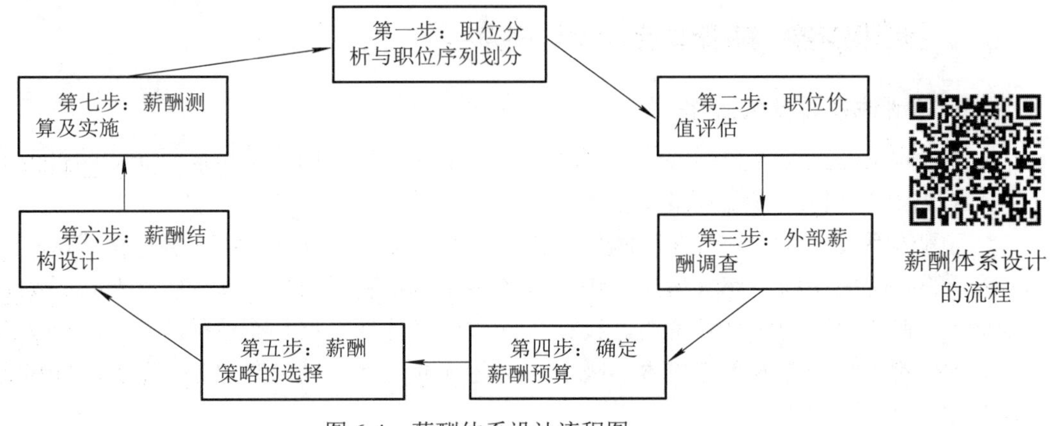

图 6-4　薪酬体系设计流程图

(1) 职位分析与职位序列划分。

职位分析主要是对职位职责进行梳理，整理出完整的工作说明书，在职位分析的过程中，需要人力资源管理部门协同任职者及任职者的主管一同参与，理论上来说，这是一项公司全员参与的工作。职位分析的主要目的是为职位价值评估做准备。

职位序列划分主要是对所有职位进行类别的划分，不同的职位类别在薪酬体系设计中的策略不同，比如有些高科技公司对技术序列的人才很重视，销售型企业对销售序列的人才很重视，那么在进行薪酬体系设计时，就会对标市场的比较有激励效果的分位水平。

输出成果：工作说明书、职位序列划分表。

(2) 职位价值评估。

职位价值评估是指通过对职位所产生的贡献、影响等因素进行评估，它是进行薪酬体系设计的前提和基础。职位价值评估的内容包含：

① 选择适合企业的职位价值评估工具；

② 成立职位价值评估委员会，明确评估委员会的职责；

③ 确定评估的要素及方法；

④ 对评估者进行培训，使评估者了解评估的原则，以便对评估标准在理解上达成一致，当量化的方法出现分歧时，可以由评估委员会协商解决；

⑤ 实施评估，挑选基准职位进行评估，并对评估结果进行汇总统计。

输出成果：职位价值等级矩阵。

(3) 外部薪酬调查。

外部薪酬调查是指收集和了解市场上的薪酬水平，以便分析公司的薪酬现状，从而采取与公司实际相符的薪酬策略。关于外部薪酬调查的具体内容可参考本节相关部分的详细论述，这里主要明确以下几点：

① 确定要调查的企业，尽量选择规模大小、行业性质相近的企业作为调查对象；

② 确定要调查的岗位，明确需要调查薪酬数据的核心岗位；

③ 进行职位匹配，将企业的职位与市场上通用的职位进行匹配，明确是否在职位职责的要求上有所不同；

④ 确定进行薪酬调查的方式，可以根据企业的经济实力选择直接购买市场薪酬报告或者其他经济实惠又方便的调查方式；

⑤ 调研数据的处理，收集调查数据进行分析处理，最终形成职位等级与市场不同分位的薪酬矩阵表。

输出成果：市场薪酬调查报告。

(4) 确定薪酬预算。

对于任何企业来说，有效的薪酬预算都是必需的。有效的薪酬预算能帮助企业控制和评估人力资源的投入和产出。有效地控制薪酬预算，不是指控制个人的薪酬水平，而是以薪酬总量为标准来实施控制。

输出成果：薪酬测算表。

(5) 薪酬策略的选择。

薪酬策略的选择是薪酬体系设计的关键，指的是对标外部薪酬调查结果及企业的薪酬预算水平，结合企业所处的发展阶段及战略定位，明确企业应该采取的薪酬策略，具体指对领先型薪酬策略、跟随型薪酬策略、滞后型薪酬策略及混合型薪酬策略的选择。

输出成果：薪酬策略选择。

(6) 薪酬结构设计。

薪酬结构设计是薪酬体系设计的核心，其内容主要包含薪酬模块设计、薪酬等级序列、薪酬等级宽度及薪酬固浮比的设计。就薪酬而言，典型的薪酬模块包含基本工资、津贴与补贴、奖金、福利、股权、精神薪酬六大模块。

输出成果：薪酬项目表、薪酬等级表、薪酬固浮比。

(7) 薪酬测算及实施。

薪酬测算的目的是通过不同岗位、不同员工薪酬数据的比较，确定薪酬体系设计的合理性，如出现异常情况，及时进行调整，在保证测算合理性的基础上，形成可实施的薪酬体系设计方案。

输出成果：薪酬测算表、薪酬实施方案。

2. 薪酬调查

外部薪酬调查

为了确定企业分配制度的可行性，企业还需对其他临近的、工作性质相似或人力资源相同的企业，以及对同样职务员工薪酬的情况进行调查。薪酬调查的目的是搜集行业薪酬水平的详细资料，为本企业制定工资表提供参考，以确保企业在市场上的竞争力。

企业进行薪酬调查的途径是多种多样的，如可以自己进行直接的市场调查、委托中介机构调查、问卷调查或者购买其他企业或顾问公司等机构公开的有关调查资料。

薪酬调查是调查相同或相近行业中企业的薪酬待遇情况的过程，其基本步骤如下：

1) 选择调查对象

薪酬调查对象最好是与自己有竞争关系的公司或同行业的类似公司，重点考虑员工的流失去向和招聘来源。薪酬调查的数据，要包括上年度的薪资增长状况、不同薪酬结构对比、不同职位和不同级别的薪酬数据、奖金和福利状况、长期激励措施以及未来薪酬走势分析等。

2) 确定调查内容

选出 20～30 种典型工作岗位，所选岗位的工作性质应明确、固定，分布在企业各类部门，具有一定的代表性。被列入调查范围的有关公司的资料一般包括公司的名称、地址、员工人数、规模、营业额、公司财产等。有关薪酬的资料包括基本工资、福利、调资措施、薪酬结构、工作时数、假期等。有关职位与员工类别的资料包括工作类别、员工类别、员工的实际薪酬、总收入、最近一次的加薪、奖金及津贴等。

3) 设计调查表格

调查表格可以分为综合性调查表格和典型性调查表格两种。综合性调查表格除了基本工资，还包括红利、加班费、通信费、交通费、奖励等辅助工资，以及养老金、员工股息、假期规定、医疗补助等各种福利和保险待遇。典型性调查表格包括基本工资、实际收入、工作时间等项目。

4) 数据分析

数据分析是指对调查表格中的资料进行核实、整理、分类、分析。

5) 编写调查报告

调查结果要以调查报告的形式呈现，报告内容包括：资料概述；个别职位薪酬资料统计，包括所调查单位的编号、员工规模、基本薪酬及范围、平均薪酬额；全部调查职位的薪酬总表与各单位薪酬总额统计。

3. 薪酬结构的设计

薪酬结构的设计包括基本工资的设计、奖金的设计、弹性福利制的设计。

1) 基本工资的设计

(1) 计时工资的设计。

基本工资的计算

计时工资是适用范围较广的工资形式，是按照职工的工资标准和工作时间长短支付工资报酬的形式。计时工资有三种表现形式：月工资制，是指按月计发工资的制度；日工资制，是指按工作日计发工资的制度；小时工资制，是按照工作小时数计发工资的制度。

根据劳动和社会保障部颁布的《关于职工全年月平均工作时间和工资折算问题的通知》，职工全年月平均计薪天数和计薪时间分别调整为 21.75 天和 174 小时，因此，由月工资标准折合为日工资标准和小时工资标准的计算公式是：

$$\text{日工资标准} = \frac{\text{月工资标准}}{21.75} \tag{6-1}$$

$$\text{小时工资标准} = \frac{\text{日工资标准}}{8} \tag{6-2}$$

例题 6-1　某员工的月工资标准为 3400 元，因故加班一天，加班工资按日工资标准的 150%支付，问该员工应当领取多少加班费？

解　根据式(6-1)：

$$\text{日工资标准} = \frac{\text{月工资标准}}{21.75}$$

$$\text{该员工应当领取的加班费} = \frac{3400}{21.75} \times 150\% = 156.32 \times 150\% = 234.48(\text{元})$$

例题 6-2　某员工的月工资标准为 3600 元，周末加班 3 小时，加班工资按小时工资

标准的 200%支付，问该员工应当领取多少加班费？

解　根据式(6-2)：

$$小时工资标准=\frac{日工资标准}{8}$$

$$该员工应当领取的加班费=\frac{3600}{21.75}\times\frac{1}{8}\times3\times200\%=62.07\times200\%=124.14(元)$$

(2) 计件工资的设计。

计件工资是按照员工完成的合格的工作数量和预先规定的计件单价计算劳动报酬的一种工资形式。计件工资的计算公式是：

$$计件工资=计件单价\times实际完成的工作量 \tag{6-3}$$

计件工资水平同计件单价有关，可以通过以下公式确定计件单价：

$$计件单价=\frac{单位时间内的工资标准}{单位时间内的工作量定额} \tag{6-4}$$

例题 6-3　某企业某岗位的日工资标准为 150 元，日工作量定额为 4 件，要求计算该工作岗位的计件单价。

解　根据式(6-4)：

$$计件单价=\frac{单位时间内的工资标准}{单位时间内的工作量定额}$$

$$该岗位的计件单价=\frac{150}{4}=37.5(元)$$

(3) 提成工资的设计。

提成工资是指按照企业的营业额或者毛利额提取工资总额，然后按照不同工作岗位或者个人所完成的工作量计发工资的一种工资形式。如果条件许可，也可以从个人实现的营业额或者利润额中提取一定的比例作为个人的工资，这也是提成工资的一种形式。

提成比例受到销售收入、销售利润、现有工资水平、工资增加幅度等因素的影响。一般来说，实现的销售收入多或者销售利润大，提成比例应当小一些；现有工资水平高、工资增加幅度大，提成比例就应当大一些。

提成工资主要适用于经济成果容易计量的部门或者岗位。比如销售岗位、生产岗位等，均可以考虑采用提成工资形式。

例题 6-4　某营业组的工资同销售收入挂钩，完成销售收入定额计发基本工资，超额部分按 10%提成计入本人工资。假设该营业组有甲、乙、丙员工 3 人，甲的年基本工资为 48 000 元；乙的年基本工资为 50 000 元；丙的年基本工资为 55 000 元。该营业组的年销售定额为 500 万元，实际完成 800 万元，如果提成部分 3 人平均分配的话，这 3 名员工的年工资收入各是多少？

解

$$提成工资总额=(800-500)\times10\%=30(万元)$$

平均每人分成 10 万元，则

$$甲年工资=48\,000+100\,000=148\,000(元)$$

$$乙年工资=50\,000+100\,000=150\,000(元)$$

$$丙年工资=55\,000+100\,000=155\,000(元)$$

(4) 岗位效益工资的设计。

岗位效益工资是指将岗位工资与效益好坏挂钩的一种工资形式。如果企业的效益好，岗位工资水平就提高一些，如果企业效益不好，岗位工资水平就要降低一些。这种同企业效益挂钩的工资制度有利于激励员工为完成企业任务努力工作，是一种把企业目标同个人目标捆绑在一起的工资制度。

例如，某公司岗位等级分别有总经理、副总经理、部门经理、部门副经理、项目主管、项目主办和办事员。该公司员工岗位效益月工资标准如表 6-2 所示。

表 6-2　某公司员工岗位效益月工资标准　　单位：元

效益	月工资标准						
	总经理	副总经理	部门经理	部门副经理	项目主管	项目主办	办事员
年利润 1000 万～2000 万	5000	4000	3000	2000	1500	1000	800
年利润 2100 万～2500 万	7000	5000	4000	3000	2000	1500	1300
年利润 2600 万～3000 万	10 000	7000	5000	4000	2500	2000	1600

(5) 技能工资的设计。

技能工资是根据员工的学历、专业技术资格核定的工资标准。通常情况下，员工的学历越高，技术资格水平越高，得到的技能工资应当越高。技能工资体现了员工潜在的工作能力和劳动质量，通过技能工资的发放可以更好地体现优劳优酬。

一般情况下，应当在对技能水平进行分级的基础上确定技能工资。如果综合学历和专业技术任职资格考虑，可以将技能水平大致分为五级：A 级为最低级，为技术员系列(或高中以下学历级)；B 级为助理技师系列(或为大专学历级)；C 级为技师系列(或为本科学历级)；D 级为副高级系列(或为硕士学历级)；E 级为正高系列(或为博士学历级)。某公司技能工资标准如表 6-3 所示。

表 6-3　某公司技能工资标准　　单位：元

技能等级	工资标准	工资级差
A 级	200	—
B 级	300	100
C 级	500	200
D 级	800	300
E 级	1200	400

(6) 工龄工资的设计。

工龄工资是根据员工工龄的长短或者在本企业任职年限的长短所确定的工资标准。可以按照员工实际工龄的长短确定工龄工资，也可以按照不同的工龄区间确定工龄工资。比如，每增加一年工龄增加 5 元的工龄补贴，某人工龄 10 年，工龄工资为 50 元。再比如，某企业工龄工资的计发办法是，在本企业工作 1～3 年，计发工龄工资 20 元；在本企业工作 4～5 年，计发工龄工资 50 元；在本企业工作 6～10 年，计发工龄工资 100 元等。

通过规定工龄工资，可以激励员工在本企业的服务热情，进而增强员工队伍的稳定性。

(7) 奖励工资(效益工资)的设计。

奖励工资是同员工的工作绩效紧密联系的一种工资形式，又称为效益工资。员工的工作成绩较大，将获得较高的奖励工资；员工的工作成绩较小，将获得较低的奖励工资。

奖励工资有多种表现形式：按照发放的时间不同，有月度奖励工资、季度奖励工资和年度奖励工资；按照发放的对象不同，有个人奖励工资和集体奖励工资。

奖励工资通常与实现的销售额、产值、产量、利润和节约的成本相联系，超出定额的部分常按照一定的比例提取奖励工资。

例如，某企业某车间的月产量定额为 10 万件，每增产 1 件，奖励该车间 10 元。假设某月该车间的产量为 10.5 万件，那么该车间本月将获得 5 万元的奖励工资。又假设该车间有工人 100 名，可以推算出本月人均奖励工资为 500 元。

2) 奖金的设计

(1) 制定奖励指标和条件。

奖励指标是将部门的关键绩效指标(KPI)予以分解后形成的明确的工作指标，这是对组织战略的具体分解和落实。奖励条件是对奖励指标实现程度上的要求。表 6-4 是我国企业常见的奖励指标和奖励条件。

表 6-4　奖励指标与奖励条件列举

部门	奖励指标	奖励条件
生产部门	产品产量	目标产量完成情况，超出部分按比例计奖
	利润	超出生产利润指标，从超值中计奖
	产品质量	合格率、次品率
	产品投入产出	产出量与投入量之比值，超标计奖
	成本节约	单位产品物耗，从节约的成本中按比例计奖
	其他	劳动纪律、操作规程、客户投诉、出勤率等
销售部门	销售额	目标销售额完成情况，超出部分按比例计奖
	货款回收	在限期内货款的回收率
	利润	目标利润完成情况，超出部分按比例计奖
	市场占有率	市场开拓是否完成

(2) 明确奖励范围、奖励周期和计奖单位。

① 奖励范围是指在既定的条件下，参加奖金分配的人员范围和奖励幅度。

② 奖励周期是指支付奖金的时间单位。奖励周期应根据奖励指标的性质和工作需要确

定。比如，与企业整体经济效益和社会效益有关的奖励，可采取年度奖的形式；针对持续的、有规律的生产和工作设置的产量奖、质量奖等，可采用月度奖、季度奖等形式。

③ 计奖单位是指按照不同劳动特点划分的计发奖金的部门。计奖单位主要有三种类型：独立计奖单位，是指计奖指标和计奖条件非常明确，易于考核，从而独立给予奖励的单位，如企业的销售部门或生产部门；参照计奖单位，指企业中服务性、辅助性的工作部门，如后勤和维修部门等，这些部门的超额劳动难以独立计算，需要以被服务对象的业绩为基础，一般用被服务部门的加权平均奖水平作为计奖依据；平均计奖单位，指劳动成果不能准确计量的单位，如总经理办公室、行政管理部门等，一般采取企业的平均奖。

(3) 确定奖金总额。

奖金总额的确定方法有以下几种：

① 按企业超额利润的一定百分比提取奖金，其计算公式如下：

$$本期新增奖金额=(本期实际利润-上期利润或计划利润)\times 超额利润奖金系数 \quad (6\text{-}5)$$

② 按产量、销售量、成本节约量来发放奖金总额，具体有三种不同的计算方法：

a. 按企业实际经营效果和实际支付的人工成本两个因素决定奖金的支付。其计算公式如下：

$$奖金总额=生产(销售)总量\times 标准人工成本费用-实际支付工资总额 \quad (6\text{-}6)$$

b. 按企业年度产量(销售量)的超额程度提奖金。其计算公式为：

$$年度奖金总额=(年度实现销售额-年度目标销售额)\times 计奖比例 \quad (6\text{-}7)$$

c. 按成本节约量的一定比例提取奖金总额。其计算公式为：

$$奖金总额=成本节约额\times 计奖比例 \quad (6\text{-}8)$$

③ 以附加值(净产值)为基准计算。这是美国会计师A.W. 拉卡所提倡的计奖方法，也称拉卡计划。拉卡对1899—1957年美国制造业的统计数字进行分析，发现在这59年中，工资含量几乎始终保持为附加价值的 39.395%，相关系数为 0.997。如果已发工资总额低于按这一比例提取的工资总额，少发的部分应以奖金形式发给劳动者。其计算公式如下：

$$奖金总额=附加价值\times 标准劳动生产率-实际支付工资总额 \quad (6\text{-}9)$$

(4) 制定奖金分配办法。

对于经常性奖金，一般采用计分法和系数法进行分析。

① 计分法。

计分法是指将各项奖励条件规定最高分数，对定额的雇员按照超额完成情况进行评分，无定额的雇员按照任务完成情况进行评分后，最后按照奖金总分计算出每位雇员奖金的分值。其公式为

$$个人奖金额=\frac{企业奖金总额\times 个人考核得分}{\sum(个人考核得分)} \quad (6\text{-}10)$$

简单地说，计分法就是先计算每个超额分的单位奖金值，然后确定每个雇员的分数，单位分值乘以分数即为奖金数额。

② 系数法。

系数法是指在按岗位进行劳动评价的基础上，根据岗位贡献的大小确定岗位的计奖系数，然后根据个人完成任务的情况，按系数进行分配。其公式为

$$个人奖金额=\frac{企业奖金总额\times个人岗位计奖系数}{\sum(岗位人数\times岗位系数)} \tag{6-11}$$

相对而言，计分法适用于生产工人，系数法适用于企业的管理人员。但无论哪种方法，确定客观的评价指标，避免人为因素的干扰是关键。在无考核的情况下，进行所谓的“自评”和主管单方评定，容易出现分配不公和平均分配的现象，应当避免。

3) 弹性福利制的设计

“弹性福利制”又称“自助餐式的福利”，即员工可以从企业所提供的一份列有各种福利项目的菜单中自由选择所需要的福利，是一种有别于传统固定式福利的新员工福利制度。弹性福利制强调让员工依照自己的需求从企业所提供的福利项目中选择适合自己的一套福利“套餐”。每一个员工都有自己的“专属的”福利组合。另外，弹性福利制非常强调员工参与的过程。

事实上，实施弹性福利制的企业，并不会让员工毫无限制地挑选福利项目，通常公司都会根据员工的薪水、年资等因素来设定每一个员工所拥有的福利限额，而在福利清单上所列出的福利项目都会附一个金额，员工只能在自己的限额内认购福利。

(1) 弹性福利制的类型选择。

弹性福利制从 20 世纪 70 年代初期开始兴起，目前已经演变出了多种类型，可供各企业参考。

① 附加型。

附加型弹性福利计划是最普遍的弹性福利制。所谓附加，顾名思义就是在现有的福利计划之外，再提供其他不同的福利措施或提高原有福利项目的水准，让员工去选择。

例如，某家公司原先的福利计划包括房租津贴、交通补助费、意外险等。如果该公司实施附加型的弹性福利制，它可以将现有的福利项目及其给付水准全部保留以作为核心福利，然后再根据员工的需求，额外提供不同的福利措施，如商业保险、带薪休假等，通常会标注一个“金额”作为“售价”。

企业可根据每个员工的薪资水准、服务年限、职务高低或家庭状况等因素，发给数目不等的福利限额，员工再以分配到的限额去认购所需要的额外福利。有些公司还规定，如果员工没有用完自己的限额，余额可以支付现金，不过现金部分于年底时必须合并其他所得课税；如果员工购买的额外福利超过限额，其超过的限额必须在自己的税前薪资中扣除。

② 弹性支出账户。

这是一种比较特殊的弹性福利形式。企业为员工设立专门的账户，员工每年可以从其税前的总收入中拨出一定数额款项存入自己的账户，并以此去选购企业所提供的各种福利项目。拨入支出账户的金额不需扣缴所得税，不过账户中的金额如果未能在年度内用完，余额就归公司所有，即余额不能在下一年度中使用，也不能以现金形式发放。这种福利形式的优点是，员工注入账户的收入免税，相对增加员工的收入，对员工有一定的吸引力。不过其行政手续较为烦琐。

③ 福利套餐型。

福利套餐型是由企业同时推出不同的福利组合，每一组合所包含的福利项目或优惠水准都不一样，员工只能选择其中的一个福利组合。就好像餐厅所推出来的 A 套餐、B 套餐一样，食客只能选其中一个套餐，而不能要求更换套餐的内容。在规划此种弹性福利制时，企业可依据员工群体的背景(如婚姻状况、年龄、有无眷属、住宅需求等)来设计。

④ 选高择低型。

选高择低型福利计划一般会提供几种项目不等、程度不一的福利组合给员工选择，以组织现有的固定福利计划为基础，再据以规划数种不同的福利组合。这些组合的价值和原有的固定福利相比，有的高，有的低。如果员工看中了一个价值比原有福利还高的福利组合，那么他就需要从薪水中扣除一定的金额来支付其间的差价。如果他挑选了一个价值较低的福利组合，他就可以要求雇主发给他其间的差额。

(2) “自助餐式”福利计划的设计步骤。

企业在设计“自助餐式”福利计划时，一般可以采取以下步骤：

步骤一：针对员工展开调查，收集他们所需要的福利物品的信息。

公司人力资源部门可以采用问卷调查、访谈等方法，提出一些诸如“你最需要的福利是什么”之类的问题，然后将所收集的信息加以分类汇总，从而确定员工需求的种类层次。在这个过程中，需要注意以下事项：

① 员工需要的福利物品尽量有可以衡量的标准。

② 员工需求的满足要在公司的能力范围之内。

③ 对于极少数特殊需求，公司应酌情加以照顾。

④ 对福利物品的描述越详尽越好，这样便于公司采购，使公司提供给员工真正需要的东西。

步骤二：确定员工的购买力。

这里所说的购买力，是一种虚拟信用形式。具体来说，就是通过资历审查、绩效考核等手段，确定一定的标准，评定出员工的购买点数，它具有类似货币的购买力，可以购买福利。这种点数具有公司信用，可作为公司范围内的交换媒介。点数的确定依据主要有两方面：资历和绩效考核。资历是指员工的工作年限、职务安排、权责大小、学历等；绩效考核则是指考察员工完成工作任务的情况，它相对于资历来说是灵活的。

步骤三：为福利物品定价。

福利物品的定价需要根据物品的现实价格，折算成相应的点数作为价格。

说到定价，首先得有一个基准货币单位，即一个点数相当于现实货币的多少，通常规定一个点数对应一元钱。这样在确定基准货币单位之后就可对福利物品进行定价了，但只是对某些可衡量的实物或服务的定价，对于那些不能用货币衡量的物品，如带薪假期则需要根据一定的标准折算成现值进行定价。比如，对带薪假期的衡量，可以用这期间的工资额加上因不工作造成的损失定价。

步骤四：员工选购和预约登记。

公司首先向广大员工公布福利物品的种类及价格。由广大员工进行挑选，然后按照员工选择的状况向他们提供物品。选购的过程并不是当时现买现付，而是做预先的登记，隔一段时间之后再提供给他们物品。在这一过程中，将不可避免地发生员工购买力不足和员工储蓄的情况。员工购买力不足是指员工本身所积累的点数不足以购买福利物品。员工储蓄是指员工暂时不购买，而把点数储存起来以备下次购买。对于员工购买力不足的情况，公司可以考虑实行分期付款的方法，实行预支。预支这种做法将不可避免地占用公司大笔资金，在实施的时候应当采取各种会计方法，对其加以管理，以减少损失。但是预支的优点也是显而易见的。它可以使员工长期地为公司工作，保持持久的忠诚。员工需要相当长一段时间才能积满他购买大件福利物品所需要的点数，这样当员工做出跳槽决策时，需要考虑更多的因素。对于员工的储蓄行为，公司应当参照现实的银行储蓄利率，对员工的储蓄点数支付当期利息。员工没有消费他的当期福利物品，实际上为公司节约了一笔购买物品的费用，因此公司需要支付相应的利息。

任务演练

请为大华公司设计薪酬制度。

6.2 任务演练

任务实施

学生以团队为单位，选择一家企业并调查其员工及企业的基本情况，按照弹性福利制设计原理为该类员工设计弹性福利方案。

任务 6.3　薪 酬 发 放

情境导入

以下是月底人力资源管理办公室的一段日常对话。

经理：“小力，这个月的工资表开始做了吗？”

陈小力：“已经开始了。前期数据基本上已经收集完成，考勤表、请假单、新进员工统计表、离职员工统计表、转正员工统计表……都已经整理好了。不过，运营部王新这个月的出差问题上有点问题，比申请的出差时间多了两天，不太好处理。”

经理：“好的，你和运营部何总确认一下，注意，不要出错，不要延误工资发放。”

陈小力：“好的，经理！”

常规性的工资表编制工作，月复一月地在企业人力资源管理部门进行。做好工资发放前的准备工作，正确无误地编制工资表并处理工资发放中的一系列工作是薪资专员的日常。

知识链接：工资发放的相应处理

1. 工资发放前的准备

1) 工作时间的定义

工作时间，又称法定工作时间，是指劳动者为履行工作义务，在法定限度内，在用人单位从事工作或者生产的时间，是影响薪酬收入的重要因素。出勤记录是对员工实际工作时间的反映，是薪酬专员计算员工实际薪酬收入的依据。工作时间一般分为标准工作时间、不定时工作时间和综合计算工作时间三种。

(1) 标准工作时间。

标准工作时间(标准工时)是指法律规定的在一般情况下普遍适用的，按照正常作息办法安排的工作日和工作周的工时制度。按照规定，目前执行的标准工作时间为每周工作 5 天，每天工作 8 小时，即每周 40 小时的工作时间。

一般规定的法定工作时间为上午九点到十二点，下午一点到五点，中间休息 1 小时，也就是我们通常说的“朝九晚五”。需要注意的是，国家规定中间休息的 1 小时也可以列入 8 小时工作时间内。

(2) 不定时工作时间。

不定时工作时间又称为不定时工时制、弹性工作时间，是指每一个工作日没有固定的上下班时间限制。它主要针对因生产特点、工作特殊需要或职责范围的关系，无法按标准工作时间衡量员工工作时间的情况。相关职业有高级管理人员、外勤人员、推销人员、部分值班人员、长途运输人员、出租车司机等。

实行不定时工作时间的员工，不受《劳动法》第四十一条规定的日延长工作时间标准和月延长工作时间标准的限制，但企业应采用弹性工作时间等适当的工作和休息方式，确保员工的休息休假权利和工作任务的完成。实行不定时工作制的人员不执行有关加班工资的规定，但是实行不定时工作时间工作人员的工作时间仍应按照相关法规文件的规定，原则上平均每天工作 8 小时，每周至少休息 1 天。

(3) 综合计算工作时间。

综合计算工作时间，又称综合计算工时工作制，是指以一定时间为周期，集中安排并综合计算工作时间和休息时间的工时制度。对于某些从事特殊工种的员工，由于其工作具有连续性或季节性，可以以周、月、季、年等为周期综合计算工作时间，但其平均日工作时间和平均周工作时间应与法定的标准工作时间基本相同。对符合下列条件之一的职工，可以实行综合计算工时工作制：

① 交通、铁路、邮电、水运、航空、渔业等行业中因工作性质特殊，需连续作业的职工；

② 地质及资源勘探、建筑、制盐、制糖、旅游等受季节和自然条件限制的行业的部分职工；

③ 其他适合实行综合计算工时工作制的职工。

实行综合计算工时工作制的企业，在综合计算周期内，某一具体日(或周)的实际工作时间可以超过 8 小时(或 40 小时)。但综合计算周期内的总实际工作时间不应超过总法定

标准工作时间，超过部分应视为延长上班时间，按劳动法的规定支付工资报酬。

TIPS!

关于工作天数

通用的工作时间以“日”为计算单位，关于工作日数有两个概念，一个是每月标准工作天数，一个是每月计薪天数，它们是两个不同的概念，但是非常容易混淆。

(1) 每月标准工作天数即月平均工作天数为 20.67 天，计算方法是：

$$年工作天数 = 365\text{ 天} - 104\text{ 天(休息日)} - 13\text{ 天(法定节假日)} = 248\text{ 天}$$

$$月工作天数 = \frac{248天}{12个月} = 20.67\text{ 天}$$

(2) 每月计薪天数为 21.75 天，计算方法是：

$$年出勤天数 = 365\text{ 天} - 104\text{ 天(双休日)} = 261\text{ 天}$$

$$每月实际出勤天数 = \frac{261天}{12个月} = 21.75\text{ 天}$$

2) 考勤管理

考勤管理是人力资源日常管理基础工作之一，是企业了解员工劳动强度、身体状况、人员配置合理程度的重要指标。考勤主要用于全面客观地反映和记录员工出勤、加班、出差、年休假、病假、事假、迟到、早退、旷工等信息，为企业加强员工健康管理、科学调度人员、合理配置资源及员工奖惩、晋升等提供科学依据。

考勤管理一般包括以下几项主要内容：出勤记录、外出管理、加班管理、出差管理、非正常出勤管理、休假管理等。考勤管理是每个月工资报表制作的依据，也是工资报表很重要的一项数据来源。

(1) 出勤记录。

员工在工作日按规定的工作时间正常上班及经审批外出执行公务、出差等均为正常出勤。原则上要求出勤期间不得无故离岗、串岗，不得办理私人事务。出勤以 0.5 天为最小考勤单位。

企业需要对员工的出勤情况进行记录。出勤记录的方式一般分为打卡机或门禁刷卡、指纹考勤和签到等几种形式，现在比较高端的有人脸识别、虹膜扫描等技术。原则上要求员工在工作日上班、下班、中途因公务外出时均需进行考勤记录。

(2) 外出管理。

员工经常会因公外出，由于因公外出不仅会涉及企业支出费(如外出交通费、外出餐费、招待费用等)，还会涉及管理责任问题(如工伤、意外伤害等)，所以一般企业都会加强员工的外出管理。凡在正常工作时间因公外出人员，需在考勤管理员处进行外出登记备案，备案登记需登记外出时间、去向、事由及批准人。外出未报部门经理批准并备案的，一律按旷工处理。

(3) 加班管理。

员工在正常工作时间外的延长工作时间，即为加班。由于加班会增加人工成本(《劳动合同法》规定，按不同的标准支付 1.5 倍、2 倍和 3 倍工资)，所以对于加班要加强管理。

TIPS!

加班工资计算的基数和倍数

➢ **加班工资计算的基数**

加班工资的基数情况比较复杂，不一定是劳动者的全部工资，具体有以下几种情况：

(1) 劳动合同中对工资有约定的，按不低于劳动合同约定的劳动者本人所在岗位相对应的工资标准确定；

(2) 劳动合同中没有约定的，可由用人单位与员工代表通过集体协商，在集体合同中明确；

(3) 用人单位与劳动者无任何约定的，同时也没有通过用人单位和劳动者协商的，按劳动者本人所在岗位正常出勤月工资的 70%确定；对实行标准工时制的月薪制员工，其加班工资基数则为月标准工资。最后要注意的是，如果上述办法确定的加班工资计算基数低于最低工资，则要按最低工资计算。

在实际计算中，月工资基数折算为日工资基数和小时工资基数，折算方法是：日加班工资基数为 $\frac{\text{月工资基数}}{21.75}$ 。小时工资基数为 $\frac{\text{日工资基数}}{8}$ 。对于实行纯计件工资制的员工，加班工资可以以计件单价为基数来核算。

➢ **加班工资的倍数**

加班工资的倍数取决于加班发生的时间，一般有三种情况：第一种情况，若用人单位在节假日安排劳动者加班，则应按照不低于劳动者本人日或小时工资的 300%支付加班工资；第二种情况，若用人单位在休息日安排劳动者加班，则可以给劳动者安排补休而不支付加班工资，如果不给补休，应当按照不低于劳动者本人日或小时工资的 200%支付加班工资；第三种情况，若用人单位在平时安排劳动者加班，则应当按照不低于劳动者本人小时工资的 150%支付加班工资。

企业在实际情况的处理上有一定弹性。比如，有些公司有加班情况，但企业原则上不鼓励加班，这种情况如何处理呢？有公司就采取了这样的处理方式：将 3000 元的工资拆分为基本工资 2400 元，加班工资 600 元，只要员工的实际加班工资不多于 600 元，就按 600 元计算并计入加班工资中，这样员工实际到手的仍为 3000 元。

加班工资计算公式为

$$\text{平时加班工资} = \frac{\text{加班工资计算基数}}{21.75} \times 150\% \tag{6-12}$$

$$节假日加班工资 = \frac{加班工资计算基数}{21.75} \times 300\% \tag{6-13}$$

$$休息日加班工资 = \frac{加班工资计算基数}{21.75} \times 200\% \tag{6-14}$$

例题 6-5　某员工月岗位标准工资为 2750 元，1 月共加班 3 天，分别为元月 1 日、16 日、31 日，请计算该员工 1 月份加班工资。

解　根据式(6-13)，元月 1 日加班工资为

$$\frac{2750}{21.75} \times 300\% = 379.31(元)$$

根据式(6-14)，元月 16 日为周末，加班工资为

$$\frac{2750}{21.75} \times 200\% = 252.87\,(元)$$

根据式(6-14)，元月 31 日为周末，加班工资为

$$\frac{2750}{21.75} \times 200\% = 252.87\,(元)$$

1 月加班工资合计为

$$379.31 + 252.87 \times 2 = 885.05(元)$$

(4) 出差管理。

凡出差的员工，在出差之前必须向其直属上级明确出差的工作目标及达到目标所需的行程安排和费用支出，填写《出差审批表》。其直属上级必须认真对员工的《出差审批表》中填写的出差目标及行程安排和费用支出进行审核。考勤管理人员对员工的实际出差情况进行记录。

(5) 非正常出勤管理。

有部分员工因各种原因会出现非正常出勤情况，主要有迟到与早退、旷工、轮休以及非正常人员的出勤等。

① 迟到、早退。

工作日内晚于到岗时间到岗的员工视为迟到，工作日内早于离岗时间离岗的员工视为早退。企业为了避免员工的迟到和早退行为，一般会对迟到和早退行为进行扣薪惩罚。

② 旷工。

旷工是指未事先办理请假手续而缺勤或未准假而私自离岗，以及各种假期逾期而未办理续假等行为。企业为了避免员工的旷工行为，一般会对旷工行为进行扣薪惩罚，如旷工一天扣发三天日薪。和迟到早退不同，旷工是一种可以定性的行为，所以处罚更为严厉。

③ 轮休。

在加班的三种情况中，关于周末的加班我国的《劳动合同法》和《劳动法》都有特殊的规定。其中，《劳动法》规定：休息日安排劳动者工作，又不能安排补休的，支付不低于工资的 200%的工资报酬。由此可见，休息日加班后，企业可以首先安排补休，在无法安排补休时，才支付不低于工资 200%的加班费。也就是说，双休日加班后，是安排补休还是加班费，决定权在企业，职工没有选择权。我国有关法律规定，只有平时晚上的加班和法定节假日的加班，用人单位必须支付加班工资。

④ 非正常人员的出勤。

除了企业的正常员工外，还有一些身份较为特殊的员工，包括兼职员工、实习学生、临时工作人员等，他们的考勤管理与正常员工的考勤管理会有些不同。

(6) 休假管理。

在实际工作中，员工会因为各种原因申请休假，正常休假是任何一位员工应享受的权利之一，对休假的管理则是人力资源部管理职责之一。首先要做到的一点是，请假流程务必规范。

在薪资管理中，有些休假会影响到员工的工资收入，有些则不会。根据休假对员工收入的影响，薪酬计算时将休假分为两种类型，一种称为少做少得的假期(即休假会影响薪资收入)，另一种称为不做也得的假期(即休假不影响薪资收入)。

① 病假。

病假指的是员工因病请假的情况，员工病假期间可享受病假工资。根据员工工作年限的不同，以及医疗期的期限的不同，员工相应地享受不同额度的病假工资。在员工医疗期内，企业不得与其解除劳动合同。

病假工资计算公式为

$$\text{月病假工资} = \text{病假工资的计算基数} \times \text{相应的病假工资的计算系数} \tag{6-15}$$

$$\text{日病假工资} = \frac{\text{病假工资的计算基数}}{\text{月标准工作天数}} \times \text{相应的病假工资的计算系数} \tag{6-16}$$

TIPS!

医疗期的规定如表6-5所示。

表6-5　医疗期的规定

总工作年限	本单位工作年限	应给予的医疗期(月)
10年以下	5年以下	3
	5年以上	6
10年以上	5年以下	6
	5年以上10年以下	9
	10年以上15年以下	12
	15年以上20年以下	18
	20年以上	24

备注：医疗期的计算应从病休第一天开始，累计计算；病休期间，公休、假日和法定节日包括在内。

总工作年限越长、本单位工作年限越长，能够享受的医疗期越长，超出医疗期之外的不能享受病假工资。

TIPS!

最低病假工资的规定如表 6-6 所示。

表 6-6　最低病假工资的规定

<table>
<tr><td rowspan="3">计算基数</td><td colspan="3">(1) 劳动合同有约定的，按不低于劳动合同约定的劳动者本人所在岗位(职位)相对应的工资标准确定，集体合同(工资集体协议)确定的标准高于劳动合同约定标准的，按集体合同(工资集体协议)标准确定</td><td rowspan="3">均不低于本市规定的最低工资标准</td></tr>
<tr><td colspan="3">(2) 劳动合同、集体合同均未约定的，可由用人单位与职工代表通过工资集体协商确定，协商结果应签订工资集体协议</td></tr>
<tr><td colspan="3">(3) 用人单位与劳动者无任何约定的，病假工资的计算基数统一按劳动者本人所在岗位(职位)正常出勤的月工资的 70%确定</td></tr>
<tr><td rowspan="10">计算方法</td><td>计算公式</td><td colspan="3">方法 1：
$$病假工资=\frac{计算基数}{月计薪天数(21.75天)}\times计算系数\times病假天数$$
方法 2：
$$病假工资=当月工资-\frac{计算基数}{月计薪天数(21.75天)}\times(1-计算系数)\times病假天数$$</td></tr>
<tr><td rowspan="9">疾病或非因工负伤连续休假</td><td>休假时间</td><td>本单位连续工龄</td><td>计发标准(计算系数)</td></tr>
<tr><td rowspan="5">连续休假 6 个月以内(疾病休假工资)</td><td>不满 2 年</td><td>按本人工资的 60%计发</td></tr>
<tr><td>满 2 年不满 4 年</td><td>按本人工资的 70%计发</td></tr>
<tr><td>满 4 年不满 6 年</td><td>按本人工资的 80%计发</td></tr>
<tr><td>满 6 年不满 8 年</td><td>按本人工资的 90%计发</td></tr>
<tr><td>满 8 年及以上</td><td>按本人工资的 100%计发</td></tr>
<tr><td rowspan="3">连续休假超过 6 个月(疾病救济费)</td><td>不满 1 年</td><td>按本人工资的 40%计发</td></tr>
<tr><td>满 1 年不满 3 年</td><td>按本人工资的 50%计发</td></tr>
<tr><td>满 3 年及以上</td><td>按本人工资的 60%计发</td></tr>
<tr><td colspan="5">温馨提示：
1. 企业支付职工疾病休假工资或疾病救济费不得低于当年本市企业职工最低工资标准的 80%。
2. 企业职工疾病休假工资或疾病救济费最低标准不包括应当由职工个人缴交的养老、医疗、失业保险费和住房公积金</td></tr>
</table>

② 事假。

事假指的是员工因私事或其他个人原因请假的情况，公司不支付事假期间工资，按天核算。关于事假的相关规定：一个月内事假累计 3 天以上者，停发当月的各类奖金。一年内事假累计 30 天以上者，从第 31 天起按月停发本人工资，如遇配偶、直系亲属和一起生活的岳父母、公婆因病重、病危住院，确需要职工本人陪住的，经批准，可不计入 3 天以上连续事假和累计事假，但要计入考勤以便考核。在国家规定的探亲假待遇之外，申请出境探亲或处理私事的按事假对待。也有些公司的处理方式是不扣除事假期间的工资，但事假的天数有上限，超过请假上限，员工当年将不再享受年休假。

③ 年休假。

年休假，是国家根据劳动者工作年限和劳动繁重紧张程度每年给予的一定期间的带薪连续休假(以下简称年休假)。《劳动法》第四十五条规定：国家实行带薪年休假制度，劳动者连续工作一年以上在年休假期间享受与正常工作期间相同的工资收入。职工累计工作已满 1 年不满 10 年的，年休假 5 天；已满 10 年不满 20 年的，年休假 10 天；已满 20 年的，年休假 15 天。国家法定休假日、休息日不计入年休假的假期。年休假期间，工资、奖金和其他福利待遇照发，不得扣减。

员工有下列情形之一的，不应享受当年的年休假：a. 职工依法享受寒暑假，其休假天数多于年休假天数的；b. 职工请事假累计 20 天以上且单位按照规定不扣工资的；c. 累计工作满 1 年不满 10 年的职工，请病假累计 2 个月以上的；d. 累计工作满 10 年不满 20 年的职工，请病假累计 3 个月以上的；e. 累计工作满 20 年，请病假累计 4 个月以上的。

因工作需要不能安排职工休年休假的单位，经职工本人同意，可以不安排职工休年休假。对职工应休的年休假天数，单位应按照该职工日工资收入的 300%支付年休假工资报酬。

④ 法定节假日。

TIPS!

法定节假日的规定(《全国年节及纪念日放假办法》，2024 年 11 月修订)

第二条　全体公民放假的节日：(一)新年，放假 1 天(1 月 1 日)；(二)春节，放假 4 天(农历除夕、正月初一、初二、初三)；(三)清明节，放假 1 天(农历清明当日)；(四)劳动节，放假 2 天(5 月 1 日、2 日)；(五)端午节，放假 1 天(农历端午当日)；(六)中秋节，放假 1 天(农历中秋当日)；(七)国庆节，放假 3 天(10 月 1 日、2 日、3 日)；

第三条　部分公民放假的节日及纪念日：(一)妇女节(3 月 8 日)，妇女放假半天；(二)青年节(5 月 4 日)，14 周岁以上的青年放假半天；(三)儿童节(6 月 1 日)，不满 14 周岁的少年儿童放假 1 天；(四)中国人民解放军建军纪念日(8 月 1 日)，现役军人放假半天。

第六条　全体公民放假的假日，如果适逢星期六、星期日，应当在工作日补假。部分公民放假的假日，如果适逢星期六、星期日，则不补假。

部分休假规定如下：

① 婚假。按法定结婚年龄(女 20 周岁，男 22 周岁)结婚或再婚的，可享受 3 天婚假，结婚时男女双方不在一地工作的，可视路程远近，另给予路程假。婚假期间，工资、奖金和其他福利待遇照发，不得扣减。

② 丧假。丧假即职工的直系亲属(父母、配偶和子女)死亡时，可以根据具体情况，由本单位行政领导批准，酌情给予一至三天的丧假；职工结婚时双方不在一地工作的，职工在外地的直系亲属死亡时需要职工本人去外地料理丧事的，都可以根据路程远近，另给予路程假。丧假期间，工资、奖金和其他福利待遇照发，不得扣减。

③ 产育假。产假期间工资福利待遇不变，企业缴纳生育保险且符合计划生育规定的，产假期间工资由生育保险基金支付；企业未缴纳生育保险的，由企业支付。女职工单胎顺产者，给予产假 98 天，其中产前休息 15 天，产后休息 83 天。难产者，增加产假 15 天；多胞胎生育者，每多生育一个婴儿，增加产假 15 天。

④ 护理假。晚育妇女分娩后，配偶可享受 7 天护理假，护理假期间，工资、奖金和其他福利待遇照发，不得扣减。各地的情况略有不同，视具体单位而定。

⑤ 工伤假。工伤期间，工资、奖金和其他福利待遇照发，不得扣减；工资按照发生工伤前 12 个月的平均工资核算。如果发生工伤前入职未满 12 个月的，则按实际月数核算平均工资。

⑥ 探亲假。根据《国务院关于职工探亲待遇的规定》：在国家机关、人民团体和全民所有制企业、事业单位工作的职工，工作满一年以上者，满足下列条件者，享受探亲假：一是与配偶不住在一起，又不能在公休假日团聚的，可以享受探望配偶的待遇；二是与父亲、母亲都不住在一起，又不能在公休假日团聚的，可以享受探望父母的待遇。

“不能在公休假日团聚”是指不能利用公休假日在家居住一夜和休息半个白天。职工与父亲或与母亲一方能够在公休假日团聚的，不能享受本规定探望父母的待遇。需要指出的是，探亲假不包括探望岳父母、公婆和兄弟姐妹。新婚后与配偶分居两地的从第二年开始享受探亲假。此外，学徒、见习生、实习生在学习、见习、实习期间不能享受探亲假。

3) 关于最低工资保障制度

最低工资保障制度是指国家通过强制手段规定用人单位(雇主)支付给劳动者的工资下限，以满足劳动者自身及其家庭成员基本生活需要的法律制度，是国家对劳动力市场运行进行干预的一种重要手段。

最低工资标准

(1) 最低工资标准。

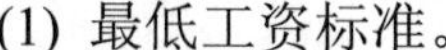

最低工资标准又称最低工资率，是指劳动者在法定工作时间或依法签订的劳动合同约定的工作时间内提供了正常劳动的前提下，用人单位依法应支付的最低劳动报酬。

中华人民共和国劳动和社会保障部令(第 21 号)《最低工资规定》，于 2003 年 1 月 20 日颁布，2004 年 3 月 1 日起施行。我国《劳动法》第四十八条也规定，国家施行最低工资保障制度，用人单位支付劳动者的工资不得低于当地最低工资标准。最低工资标准每年会随着生活费用水平、职工平均工资水平、经济发展水平的变化由当地政府进行调整。每两年至少调整一次，薪酬专员应关注每年政府是否调整最低工资标准。

最低工资标准一般采用月最低工资标准和小时最低工资标准两种形式，月最低工资标准适用于全日制就业劳动者，小时最低工资标准适用于非全日制就业劳动者。

最低工资标准一方面是对员工工作收入的保障，另一方面是对企业必须支付给员工最低工资的控制。最低工资标准一般适用于以下几种特殊的情况：

① 企业经济效益低下、经营困难，连续三个月以上无法正常发放工资；

② 试用期员工；

③ 员工法定假期期间(如年休假、婚假、丧假、产假、哺乳假等)；

④ 需要注意的是，如果员工提供了正常的劳动，且企业经营正常，是不得执行最低工资标准的；

⑤ 新进员工、离职员工等由于未提供约定的劳动，不适用最低工资标准；

⑥ 在企业实习的在校学生，不适用最低工资标准。

TIPS!

浙江省近年最低工资标准如表6-7所示。

表6-7　浙江省近年最低工资标准

	2017年		2021年		2024年	
档次	月最低	小时最低	月最低	小时最低	月最低	小时最低
一档	2010元	18.4元	2280元	22元	2490元	24元
二档	1800元	16.5元	2070元	20元	2260元	22元
三档	1660元	15元	1840元	18元	2010元	20元
公布时间	2017.11		2021.7		2024.1	
执行日期	2017.12		2021.7		2024.1	

(2) 最低工资的计算方法。

按照相关规定，最低工资包含员工的基本工资、奖金、津贴、补贴、应依法缴纳的社会保险费和住房公积金等项目，但不包含以下几项：

① 延长法定工作时间的工资；

② 中班、夜班、高温、低温、井下、有毒有害等特殊工作环境、条件下的津贴；

③ 企业通过伙食补贴、住房补贴、上下班交通费补贴等支付给劳动者的非货币性收入。

读懂工资条的科目

2. 月工资表的编制与处理

1) 月工资表的科目设计

工资表(工资条)由很多科目和数字组成。科目是从财务借用过来

的术语，做财务报表时，就涉及会计科目。

工资科目，有一级科目和二级科目。

(1) 一级科目。

不会变的一级科目有三个，即应发工资、代扣代缴项和实发工资。例如，银行工资短信，一般只会告诉我们一个数据，这个数据就是实发工资。实发工资等于应发工资减去代扣代缴部分。

(2) 二级科目。

应发工资的二级科目一般包括：基本工资、绩效工资、工龄工资、加班工资、带薪休假工资、津贴补贴、计件工资、销售提成、项目奖金、年终奖等。

代扣代缴项的二级科目一般包括：养老保险、医疗保险、失业保险、生育保险、工伤保险、住房公积金、工会费、个人所得税等。

一级科目和二级科目之间，都是 +、- 的关系。每一个二级科目的计算都依据具体的计算公式进行计算，有些简单，有些复杂。应根据公司薪酬制度、人事管理规定、国家劳动政策等确定计算公式，并在 Excel 工资表中进行公式设置。

2) 工资表的结构

工资表是详细记录工资、基本福利发放情况的表格，原则上要清晰明了、逻辑关系明确、数据准确。一般的工资表包括以下结构：

(1) 表头、表尾。

表头一般包括文件名称、统计周期和打印日期三项。大多数企业的工资是一月一发，所以工资表一般是一月一做，文件名称一般为“**公司**年**月工资明细表”。统计周期是指工资的计薪周期，企业一般采取“自然月(1 日～30/31 日)”或“16 日～次月 15 日”或“21 日～次月 20 日”等几种方式，可依据企业的不同情况来确定。打印日期是指出表日期，一般在制作好工资表并准备签批前填好此日期。

表尾一般包括备注、页码和工资表签批人员、日期。备注是要对工资表进行特别说明或补充说明的事项。工资表签批部分一般包括“制表人”“审核人”和“审批人(批准人)”及签批日期，如签批人较多，可以增加“一级审核人”“二级审核人”或“HR 经理审核”“业务部经理审核”等，来区分不同的审核、批准级别或职位人员。

(2) 员工基本信息。

员工基本信息是用于明确员工的基本信息，通常在工资表最左侧的几列固定项，一般包括“序号”“部门”“姓名”等，也可以根据实际情况增加项目，如“工号”“职位”“二级部门”“技术等级”等。原则上，员工基本信息要尽量简短。

(3) 应发工资(税前工资)细目及总额。

绝大部分工资科目都是税前工资。在这部分主要体现工资的具体细目，一般采用“基本/岗位工资 + 绩效工资增项 - 绩效工资减项 + 补贴/津贴增项 - 补贴/津贴减项 + 其他工资”的模式。

在明确工资细目的基础上，要计算出总额，即以上述明细加减后得到的结果。

(4) 代扣代缴项(预扣预缴项)。

应发工资与实发工资之间的差额来自代扣代缴项的扣除部分，2019 年新税法颁布以后，也成为预扣预缴项。

第一笔扣款是社会保险 / 住房公积金。这里要注意的是社会保险(五险)和住房公积金的个人缴纳部分是列入税前扣款的。虽然社会保险(五险)和公积金的公司缴纳部分不对个人扣款，但仍列入工资表中，用于人工成本总额的统计。

第二笔扣款是考勤扣款项。考勤扣款也是列入税前扣款部分的。一般使用考勤扣款的汇总数，但也有使用考勤扣款细目的，如“迟到扣款”“事假扣款”等。

第三笔扣款是个人所得税。个人所得税也是一笔重要的扣款，一般指个人所得税总数，但也可细分为“税前总额”“扣税基数”“速算扣除数”“个人所得税扣除额”等细项。

除以上扣除项外，根据企业具体情况，还涉及其他一些扣除项，如成立工会的企业，工会费也是扣除项的一种，如出现员工上月工资多发的情况，多发的部分也会产生本月补扣工资的扣除项。

(5) 税后增减项。

对税后的增减项要特别注意，尤其是税后增项，需要查询相关税法来确定。

(6) 实发工资项。

这一项是指实际发到员工手里的工资额，来自应发工资减去代扣代缴项的差额。如代扣代缴项显示为负值，实发工资也可以表达为应发工资加代扣代缴项(负值)。

(7) 工资总额项。

这部分一般包括“公司工资支出合计”“公司福利支出合计”和“公司人工成本支出合计”三项。这部分体现在工资表中主要是为人工成本总额统计做准备工作。

(8) 其他补充信息。

除以上工资表项目外，还可以添加企业补充信息，包括“身份证号”“银行卡号”“发薪地”“备注”等信息，看公司具体情况而定。

3) 月工资表的版式设计

月工资表的版式设计一般包括以下三个操作步骤：

(1) 工资表的横向设置。

月工资表的横向内容包含基本信息和科目。在月工资表中一般直接做到二级科目。

第一部分为基本信息，包括序号、姓名、工号(主要为了区分重复姓名)、部门、职位，还有薪点、出勤天数等，其他根据公司薪酬制度规定而定。

第二部分为应发工资和应发工资对应的二级科目，包括基本工资、绩效工资、工龄工资、计件工资、销售提成、加班工资、津贴补贴、年休假补偿及其他，各个公司因具体情况不同，其应发工资的二级科目会有变化。

第三部分为代扣代缴项及其对应的二级科目，包括个税、养老保险、医疗保险、工伤保险、生育保险、失业保险、住房公积金及工会费等，其中生育保险和失业保险在员工个人扣除项中不出现。

第四部分为实发工资项。

(2) 工资表的纵向设置。

工资表的纵向设置包括序号、基本信息、小计、合计等。

公司员工数的多寡会导致工作量大小的不同，基本信息的基本要求是录入完整、准确。

小计常用于具体公司有多个子公司账户分别做工资表，或因为公司人数多而进行部门分类(通过小计可方便统计部门人工成本)的情况；最后合并的是合计项，显示公司总人工成本。

(3) 月工资表的规范表式。

规范的月工资表需考虑页面设置、格式、小数点、表格的完整性及打印需要。月工资表完成后需要打印并找领导签字。

月工资表的页面一般为横向设置，为保证一个页面能够完整打印，需要设置好页边距；格式主要涉及字体、字号及单元格对齐的问题，一般建议选 9 号宋体(或更小号)，单元格数据需根据信息内容选择适当的对齐方式。

从月工资表的完整性上来说，需要添加表头和表尾，表头显示“**公司**年**月工资明细表”，表尾需添加编制人、审核人、审批人及各自对应日期。

通过上述操作，就可以得到一张完整、规范的月工资表。

4) 一级科目应发工资的编制

(1) 基本工资的计算。

月工资标准有两种形式，一种是直接的数据，如每月工资 3000 元，另一种是根据薪点计算。比如，某员工薪点是 3.0 分，目前公司薪资制度规定薪点值 1 分＝1000 元，则其月工资标准＝3.0 × 1000＝3000 元。假定公司规定，根据职位规定的基本工资比例为 70%，绩效工资比例为 30%，则基本工资＝3000 × 0.7＝2100 元，绩效工资＝3000 × 0.3＝900 元。

如果员工当月满勤，基本工资就是 2100 元，假如有缺勤，比如请假、旷工等，HR 就要进行相应的计算。一般企业会制定薪资制度或假期规定，会明确各种请假薪资的扣法。

在基本工资的实际计算中，HR 有可能会多算一点，也有可能会少算一点，都没有错，关键取决于计算方式，即一种是按出勤加，一种是按缺勤扣。

算法 1：按出勤加，即

$$当月基本工资＝日工资 \times 出勤天数 \tag{6-17}$$

算法 2：按缺勤扣，即

$$当月基本工资＝基本工资 - 日工资 \times 缺勤天数 \tag{6-18}$$

例题 6-6　员工林某，薪点为 3 分，公司薪资制度规定薪点值 1 分＝1000 元，标准月薪＝基本工资＋绩效工资。其中，基本工资比例为 0.7，绩效工资比例为 0.3。11 月，林某请假 3 天。请计算林某该月的基本工资。两种算法如表 6-8 和表 6-9 所示。

表 6-8　基本工资算法 1

月基本工资/元	月工作日/天	日工资/(元/天)	当月实际天数/天	工作日/天	出勤天/天	月出勤工资 A1/元
2100	21.75	96.55	30	21	18	1737.93

表 6-9　基本工资算法 2

月基本工资/元	月工作日/天	日工资/(元/天)	当月实际天数/天	工作日/天	缺勤天/天	月缺勤工资/元	月基本工资 A2/元	出入：(A1−A2)/元
2100	21.75	96.55	30	21	3	289.66	1810.34	−72.41

在 30 天的月份，这两种算法的出入达 72.41 元。不同的算法，除了正常的在岗员工，对于试用期、实习、离职的情况，影响还是有的，虽然金额不大，但是确实会有出入。

(2) 加班工资的计算。

按照规定，员工在正常工作时间以外付出劳动时，企业需要支付加班工资，加班工资核算标准一般为 1.5 倍、2 倍、3 倍。

通常，员工延长工作时间的，加班工资按 150%计发；休息日安排劳动者工作又不能补休的，加班工资按 200%计发；法定节假日安排劳动者工作的，加班工资按 300%计发。对于实施综合计算工时工作制的企业，综合计算工作时间超过法定标准工作时间的，加班工资按 150%计发，法定节假日安排劳动者工作的，加班工资按 300%计发。

对实行标准工时制的月薪制员工，其加班工资基数为标准月薪数，日加班工资基数为月标准工资/20.83，小时工资基数为日工资/8。对于实行纯计件工资制的员工，加班工资可以以计件单价为基数来核算。

(3) 津贴与补贴的计算。

津贴与补贴项根据实际规定即额度计入工资表即可。

5) 一级科目预扣预缴项的编制

(1) 社保费的计算。

五险一金的缴纳

社保费的计算公式为

$$社保月缴纳金额=社保缴费基数\times缴费比例 \tag{6-19}$$

社保的缴费主体包含企业和职工两个部分，各自的缴费基数和缴费比例都有不同，以下分情况介绍。

① 企业社保缴费基数。

企业社保缴费基数即企业本月工资总额，按照国家统计局的有关文件规定，工资总额是指各单位在一定时期内直接支付给单位全部职工的劳动报酬总额，由计时工资、计件工资、奖金、加班工资、特殊情况下支付的工资、津贴和补贴等组成。

劳动报酬总额包括：在岗职工工资总额，不在岗职工生活费，聘用、留用的退休人员的劳动报酬，外籍及港澳台人员劳动报酬以及聘用其他从业人员的劳动报酬。

② 职工社保缴费基数。

关于职工社保缴费基数的相关规定，各地区略有不同，下面以杭州市为例进行说明。杭州市规定，职工社保缴费基数即职工本人上一年度月平均工资。新参加工作、重新就业和新建单位的职工，从进入用人单位之月起，当年社保缴费基数按用人单位确定的月工资收入计算。职工缴费工资低于上一年度全省在岗职工月平均工资 60%的，按照 60%确定

社保缴费基数；高于上一年度全省在岗职工月平均工资 300%的，按照 300%确定社保缴费基数。

职工在一个社保年度的社保缴费基数按上年 1～12 月申报个人所得税的工资、薪金税项的月平均额进行确定(职工的上年度工资收入总额是指，职工在上一年的 1 月 1 日至 12 月 31 日整个日历年度内所取得的全部货币收入，包括计时工资、计件工资、奖金、津贴和补贴、加班加点工资、特殊情况下支付的工资)。其中，新进单位的人员以职工本人起薪当月的足月工资收入作为缴费基数，参保单位以单位全部参保职工月基数之和作为单位的月基数。

社保缴费基数在同一缴费年度内一旦确定，中途不作变更。

③ 缴费比例。

缴费比例由各省市自行确定，分为企业缴费和个人缴费两个部分。职工个人缴纳的社保费用由用人单位每月从职工工资中代扣代缴，企业每月从工资总额中扣除。同样以杭州市为例，各类社保缴费比例如表 6-10 所示。

表 6-10　杭州市社保缴费比例

险种	企业部分费率	个人部分费率	备注
养老保险	14%	8%	—
医疗保险	11.5%	2%	—
失业保险	1.5%	0.5%	农业户口个人失业保险不交
工伤保险	0.2%	0	按企业类别略有不同
生育保险	1.2%	0	—

例题 6-7　杭州市 A 员工社保月缴费基数为 6500 元，请计算该职工个人及所在企业每月需要缴纳的社保费用是多少？(计算过程如表 6-11 所示)

表 6-11　社保费用的计算过程

类别	月缴费基数		养老	医疗	失业	工伤	生育	小计
个人	6500 元	缴费比例	8%	2%	0.5%	0	0	10.5%
		缴费金额	520.00 元	130.00 元	32.50 元	—	—	682.50 元
企业	6500 元	缴费比例	14%	11.5%	1.5%	0.2%	1.2%	28.4%
		缴费金额	910.00 元	747.50 元	97.50 元	13.00 元	78.00 元	1846.00 元

(2) 住房公积金的计算。

根据规定，新设立的单位应当自设立之日起 30 日内到公积金中心办理缴存登记，单位新录用职工应当自录用之日起 30 日内到公积金中心办理缴存登记。

住房公积金的计算公式为

$$住房公积金=公积金缴存基数\times缴费比例 \tag{6-20}$$

住房公积金的个人缴存基数即职工本人上一年度平均工资，新参加工作的职工从参加工作的第二个月开始缴存公积金，月缴存基数为本人当月工资；单位新调入的职工从调入单位发放工资之日起缴存公积金，月缴存基数为本人当月工资。

职工缴费工资低于上一年度全省在岗职工月平均工资 60%的，按照 60%确定公积金缴存基数；高于上一年度全省在岗职工月平均工资 300%的，按照 300%确定公积金缴存基数。

住房公积金的缴费比例，一般企业部分和个人部分比例一致，具体参照各地标准。以杭州市为例，企业及个人部分缴费比例各为 12%，具体如表 6-12 所示。

表 6-12　杭州市住房公积金缴费比例及计算

类别	月缴存基数	公积金缴费比例	公积金缴费金额
企业	6500 元	12%	780 元
个人	6500 元	12%	780 元

需要说明的是，实际操作中，有些公司为控制人工成本，缴费基数和缴费比例会比上述规定低，但是在政策允许范围之内。

(3) 个人所得税的计算及编制。

个人所得税简称个税，是国家对本国公民、居住在本国境内的个人的所得和境外个人来源于本国的所得征收的一种所得税。

个人所得税
改革变迁史

我国从 1980 年开始征收个人所得税，当时的免征额度是每个月 800 元，2011 年起免征额度是每月 3500 元，2019 年开始，免征额度提高到每月 5000 元，即每年 60000 元的免征额度。

我国目前实行的是“七级累进超额税率制”。超额指的是超出了免征额的部分必须征缴个人所得税。七级累进指的是征缴额度不同，相对应的缴费比率和速算扣除数也是不同的，也就是说不同的纳税等级对应不同的税率和相应的速算扣除数。

我国《个人所得税法》(2019 版)规定了九类所得，其中第一至第四类所得是：工资薪金、劳务报酬、稿酬、特许权使用费，这四类所得称为综合所得，按年度合并纳税，适用于企业员工。

① 综合所得的年个税计算。

新个税法把纳税人分为居民个人、非居民个人两类。

居民个人的综合所得的个税按月预扣预缴，按年代扣代缴。综合所得中的工资薪金所得采用累计预扣法，其余的劳务报酬、稿酬、特许权使用费所得也有各自的预扣法。

除居民综合所得年度个税外，还要计算平时各月预扣缴的综合所得四类个税总额，进行年度汇算清缴，个税多退少补。

综合所得年个税的计算公式为

$$\text{应纳税额} = \text{应纳税所得额} \times \text{适用税率} - \text{速算扣除数} \tag{6-21}$$

其中：

$$\begin{aligned}\text{应纳税所得额} = &\text{综合所得} - \text{免税收入} - \text{扣减费用} - \\ &\text{专项扣除} - \text{专项扣除附加} - \text{其他法定的扣除}\end{aligned} \tag{6-22}$$

例题 6-8　某公司技术部经理李某在公司连续工作 3 年。今年，公司向其支付工资薪

金 18 万、年终奖 6 万。李某今年享受的专项扣除附加费用涉及子女教育这 1 项，标准是 1000 元/月。其他法定扣除无，根据所在地的规定，李某五险一金每月缴纳额度为 3200 元。

今年结束后，由该公司作为扣缴义务人，请用合并计税方法对居民个人李某上述各项所得的个税进行计算并扣缴。

解　根据式(6-22)，应纳税所得额为

$$(180000 + 60000) - (5000 \times 12) - (3200 \times 12) - (1000 \times 12) = 129600 \text{ 元}$$

根据所得，李某的纳税等级处于 2 级，税率和速算扣除数分别为 10%和 2520。

根据式(6-21)，应纳税额为

$$129600 \times 10\% - 2520 = 10440 \text{ 元}$$

所以，使用合并计税方法，根据收入情况，李某今年综合所得应纳税额为 10440 元。

劳务报酬、稿酬、特许权使用费所得按 20%的费用扣除后的余额作为收入额，其中的稿酬更优惠一些，收入额减按 70%计算。

TIPS!

最新个人所得税税率如表 6-13 所示。

表 6-13　(2024 版)个人所得税税率表(综合所得适用)

级数	全年应纳税所得额	税率/(%)	速算扣除数
1	不超过 3.6 万元的	3	0
2	超过 3.6 万元至 14.4 万元的部分	10	2520
3	超过 14.4 万元至 30 万元的部分	20	16920
4	超过 30 万元至 42 万元的部分	25	31920
5	超过 42 万元至 66 万元的部分	30	52920
6	超过 66 万元至 96 万元的部分	35	85920
7	超过 96 万元的部分	45	181920

② 综合所得的月个税预扣缴计算。

综合所得年个税的计算仅适用于一年一次年底的个税计算，在日常薪资的处理中，居民个人的综合所得月个税实行预扣缴，也就是每月累计所得进行预先扣缴，年底统一清算。其中，工资薪金所得按累计预扣法，其他三类(劳务报酬、稿酬、特许权使用费)所得按月或次预扣缴。

a. 工资薪金的月个税预扣缴计算。

工资薪金所得，是指个人因任职或受雇而取得的工资、薪金、奖金、年终加薪、劳动分红、津贴、补贴以及与任职或受雇有关的其他所得。这就是说，个人取得的所得，只要与任职、受雇有关，以现金、实物、有价证券等形式支付的，都是工资、薪金所得项目的课税对象。

工资薪金的月个税计算采用累计预扣法，计算公式如下：

$$本月个税预扣缴=累计个税-累计减免税额-累计已预扣缴个税 \tag{6-23}$$

$$累计个税=累计应纳税所得额\times税率-速算扣除数 \tag{6-24}$$

注 1：除 1 月份个税预扣缴直接计算外，其余月份都需要按照上述的两个公式计算。

注 2：居民个人的综合所得的月个税预扣缴，查找的税率表还是年税率表，千万不要去查找月税率表(那是非居民个人适用的)。

例题 6-9 李小虎是某汽配公司的技术部经理。今年，公司全年向其支付工资薪金 18 万元(平均月工资为 15000 元)、年终奖 10 万元；除公司外，某培训机构向其支付劳务报酬 3 万元(其中 6 月份支付了 0.4 万元，10 月份支付了 2.6 万元)；某出版社向其支付稿酬 2 万元(其中 6 月份支付了 1.5 万元，12 月份支付了 0.5 万元)；某软件网站向其支付特许权使用费 4 万元(其中 6 月份支付了 3 万元，12 月份支付了 1 万元)。其中，李小虎五险一金每月缴纳额度为 3200 元，专项扣除附加额每月 2000 元，无其他免税情况。

请分别计算李小虎 1 月份和 2 月份应缴纳个人所得税的额度。

解 1 月份个税情况：

根据式(6-23)，应纳税所得额=15000－3200－5000－2000=4800 元；

根据式(6-24)，应纳税额=4800×3%=144 元。

2 月份个税情况：

根据式(6-23)，应纳税所得额=15000×2－3200×2－5000×2－2000×2=9600 元；

根据式(6-24)，应纳税额=9600×3%－144=144 元。

所以，李小虎 1 月份和 2 月份应缴纳个人所得税均为 144 元。

b. 特许权使用费的月个税预扣缴计算。

特许权使用费是指人们因使用权利或如信息、服务等无形财产而支付的任何款项，例如个人提供专利权、商标权、著作权、非专利技术以及其他特许权的使用权而取得的所得。

非权利所有人在使用该权利前，必须征得所有人同意或支付一定的费用，否则将被视为侵权行为，要负法律责任。

特许权使用费的月个税计算采用比例税率，预扣率 20%；以每次取得收入扣除 20%的费用后的余额作为收入额，即打 8 折。

特许权经营费的月个税计算公式为

$$应纳税额=应纳税所得额\times税率=特许权经营费收入额\times0.8\times税率 \tag{6-25}$$

c. 稿酬的月个税预扣缴计算。

稿酬所得，是指个人因其作品以图书、报纸形式出版、发表而取得的所得。这里所说的“作品”，是指包括中外文字、图片、乐谱等能以图书、报刊方式出版、发表的作品。“个人作品”，包括本人的著作、翻译的作品等。个人取得遗作稿酬，应按稿酬所得项目计税。

稿酬的月个税计算也采用比例税率，预扣率 20%；以每次取得收入扣除 20%的费用后的余额作为收入额，并且收入额减按 70%计算，即打 5.6 折。

稿酬的月个税计算公式为

$$应纳税额=应纳税所得额\times税率=稿酬所得\times0.56\times税率 \tag{6-26}$$

d. 劳务报酬的月个税预扣缴计算。

劳务报酬所得，是指个人从事设计、装潢、安装、制图、化验、测试、医疗、法律、会计、咨询、讲学、翻译、审稿、书画、雕刻、影视、录音、录像、演出、表演、广告、展览、技术服务、介绍服务、经济服务、代办服务以及其他劳务取得的所得。

劳务报酬的月个税计算采用了超额累进法，有三档预扣率：20%、30%、40%；以每次取得收入扣除 20%的费用后的余额作为收入额，即打 8 折。

国家税务总局 2018 年第 56 号公告中发布的个人所得税预扣率如表 6-14 所示。

表 6-14　个人所得税预扣率表(居民个人劳务报酬所得预扣预缴适用)

级数	预扣预缴应纳税所得额	预扣率/(%)	速算扣除数
1	不超过 2 万元的	20	0
2	超过 2 万元至 5 万元的部分	30	2000
3	超过 5 万元的部分	40	7000

劳务报酬的月个税计算公式为

$$\begin{aligned}\text{应纳税额} &= \text{应纳税所得额} \times \text{预扣率} - \text{速算扣除数} \\ &= \text{劳务报酬所得} \times 0.8 \times \text{预扣率} - \text{速算扣除数}\end{aligned} \tag{6-27}$$

③ 个税退补额的计算。

年个税退补额的计算公式为

$$\text{年个税退补额} = \text{综合所得年个税} - \text{综合所得四类个税月预扣缴总额} \tag{6-28}$$

④ 年终奖个税计算。

全年一次性奖金是指行政机关、企事业单位等扣缴义务人根据全年效益对员工全年工作业绩的综合考核情况，向员工发放的一次性奖金，包括年终加薪、实行年薪制和绩效工资办法的单位根据考核情况兑现的年薪和绩效工资。

全年一次性奖金个税计算采用老算法、新税率。

如果在发放年终一次性奖金的当月，员工当月新进所得低于税法规定的费用扣除额 5000 元，应将全年一次性奖金减除“员工当月工资薪金所得与费用扣除额的差额”后的余额，按上述办法确定全年一次性奖金的适用税率和速算扣除数。

另外值得注意的是：在一个纳税年度内，对每一个纳税人只允许按上述方法计算一次全年一次性奖金，员工取得的除全年一次性奖金以外的其他名目的奖金，如半年奖、季度奖、加班奖、现金奖、全勤奖等，一律与当月工资、薪金收入合并，按税法规定缴纳个人所得税。

全年一次性奖金个人所得税的计算公式为

$$\text{年终奖个税基数} = \frac{\text{全年一次性奖金}}{N} \tag{6-29}$$

算法 1：当月员工工资薪金所得≥5000 元(税法规定的费用扣除额)时，

$$\text{年终个税} = \text{员工当月取得全年一次性奖金} \times \text{适用税率} - \text{速算扣除数} \tag{6-30}$$

算法 2：当月员工工资薪金所得＜5000 元(税法规定的费用扣除额)时，

$$\text{年终个税} = \left(\frac{\text{员工当月取得}}{\text{全年一次性奖金}} - \frac{\text{员工当月工资薪金所得与}}{\text{费用扣除额的余额}}\right) \times \text{适用税率} - \text{速算扣除数} \quad (6\text{-}31)$$

按财税〔2018〕164 号文规定：年终奖属于工资薪金所得，在 2019～2021 年发放的年终奖可单独计算扣缴个税，按 9 号文执行，2022 年起须并入当年综合所得后计算扣缴个税。

TIPS!

全年一次性奖金的“老算法、新税率”

老算法：

国税发〔2005〕9 号文件《国家税务总局关于调整个人取得全年一次性奖金等计算征收个人所得税方法问题的通知》规定：纳税人取得全年一次性奖金，单独作为一个月工资、薪金所得计算纳税，并按以下计税办法，由扣缴义务人发放时代扣代缴：先将雇工当月内取得的全年一次性奖金，除以 12 个月，按其商数确定适用税率和速算扣除数。

新税率：

新税率的费用扣除标准、税率和速算扣除数根据《中华人民共和国个人所得税法》(2018 版)规定执行。

按财税〔2018〕164 号文规定：居民个人取得全年一次性奖金，以全年一次性奖金除以 12 个月得到的数额，按照按月换算后的综合所得税率表(即月度税率表)，确定适用税率和速算扣除数，单独计算纳税。

年终奖个税的计算公式为

$$\text{应纳税额} = \text{全年一次性奖金收入} \times \text{适用税率} - \text{速算扣除数} \quad (6\text{-}32)$$

注：上述公式适用情形为年终奖发放当月的工资不低于新的费用扣除额 5000 元。

计算年终奖个税，在查找适用税率和速算扣除数时，仍按以前的办法，即以“全年一次性奖金/*N*”去查找。这里的税率表不再是年税率表，而是月税率表，见表 6-15。

表 6-15　按月换算后的综合所得税率表

级数	全月应纳税所得额	税率/(%)	速算扣除数
1	不超过 3000 元的	3	0
2	超过 3000～12000 元的部分	10	210
3	超过 12000～25000 元的部分	20	1410
4	超过 25000～35000 元的部分	25	2660
5	超过 35000～55000 元的部分	30	4410
6	超过 55000～80000 元的部分	35	7160
7	超过 80000 元的部分	45	15160

例题 6-10　刘女士是一家公司的雇员，12 月取得当月工资 6500 元，社保公积金缴纳基数是 5000 元，无个人专项扣除附加，全年一次性奖金收入只含年终奖 60000 元，该怎样计算其年终奖个税？

其计算过程如表 6-16 所示。

表 6-16　年终奖个税部分

年终奖 W/元	按 12 个月折算的 基数/元	适用税率 P/%	速算扣除数 D/元	年终奖个税 $F = W \times P - D$/元
60000	5000	10	210	5790

所以，刘女士应缴年终奖个税为 5790 元。

⑤ 年终奖与综合所得合并后计算个税。

164 号文还规定，在 2019～2021 年期间，居民个人取得全年一次性奖金，也可以选择并入当年综合所得计算纳税。居民可以根据哪种方法对自己有利，而选择年终奖单独计税或者年终奖合并计税的其中一种。在计算的过程中，需注意以下几点：

a. 月税率表的使用。

从时间来看，2018 年 10 月到 12 月是个税新旧办法的过渡期，当时暂时规定把减除费用从 3500 元/月改成 5000 元/月，当月工资薪金所得＝工资薪金－5000－社保公积金个人部分－其他法定的扣除，按月税率表查找适用税率和速算扣除数，计算当月个税。

从 2019 年起，纳税人分为居民个人、非居民个人两类。居民个人的月个税预扣缴(其中的工资薪金所得)、年个税代扣缴查年税率表，例外的情况是居民个人的全年一次性奖金的个税扣缴查月税率表。非居民个人的个税扣缴查月税率表。

b. 发放当月工资低于 5000 元时。

若年终奖发放当月的月工资低于 5000 元，则按(全年一次性奖金－上述差额)作为应纳税所得额，再去查表，确定适用税率和速算扣除数。例如：

一员工月工资只有 4000 元，与费用扣除额 5000 元的差额是 1000 元，12 月份调整后的应纳税所得＝60000－1000＝59000 元，按“(60000－1000)/12＝4916.67 元”，查月度税率表，适用税率 10%、速算扣除数 210，年终奖个税＝(60000－1000)×0.1－210＝5690 元，即少扣个税 100 元。

c. 适用时间。

若 2018 年的年终奖在 2019 年 2 月发放，也属于 2019～2021 年期间，应按本文前述操作。

(4) 工会费的计算。

已经成立工会的企业，员工需要缴纳工会费。工会费，是指工会依法取得并开展正常活动所需的费用。根据《中华人民共和国工会法》，工会费的主要来源是工会会员缴纳的会费和按每月全部职工工资总额的 2%向工会拨交的经费这二项，其中 2%工会费是经费的主要来源。

工会费缴纳金额的计算公式为

$$工会费的月缴纳金额＝缴费基数(本月基本工资)\times 缴费比例 \tag{6-33}$$

缴纳工会费时个人比例为 0.5%，单位比例为 2%。其中单位比例中的 2%中的 0.8%交给财税，1.2%返还给工会作为活动经费(按照各地规定比例分配)。

其中：单位每月要按全部职工工资总额的 2%提取工会经费，全部职工包括临时工，因此，单位缴纳工会经费基数包括临时工的工资；工会会员(个人)目前仍暂按全国总工会 1978 年颁发的《关于收交工会会费的通知》规定，按照会员本人每月工资(基本工资)收入的 0.5%计算交纳会费。

3. 工资发放的后期处理

1) 工资表的数据检查

工资表制作完成后，在发放工资前，还需重点关注工资数据处理的正确率问题。一般公司工资表的处理涉及大量数据，特别是员工规模达到一定程度以后，数据处理的正确率必须引起薪酬专员的高度重视，必须反复检查。这一方面要求薪酬专员要足够细心和耐心，更重要的是要掌握正确的数据检查技巧，对工资表数据进行多轮检查，还需要把好薪酬专员自检和 HR 经理审核两道关。

2) 工资表的后续发放

HR 经理审查完工资表后，即进入薪资后续发放的环节。一般企业，薪资计算是薪酬专员的职责，薪资发放是财务人员需要处理的业务，还涉及财务与银行人员的交接。当然，当薪酬专员将工资表完成后，并不能直接进入薪资发放的环节，这个当中还需要经过领导审批的流程，这一步特别重要，关系到薪资的发放是否合法。

(1) 工资表签批。

工资表的签批流程取决于公司的授权程度，部分公司执行“薪酬专员制表—HR 经理审核—总经理审批”的流程，也有些公司会有财务审核的环节，具体流程为“薪酬专员制表—HR 经理审核—财务经理审核—总经理审批”的流程。

(2) 提交财务。

完成了工资表的签批，接下来需要进行工资表跨部门的交接，即从人力资源部流转至财务部。薪酬专员要注意学习公司的财务管理相关制度，同时需要为财务部门单独制作工资发放汇总表，如表 6-17 所示。

表 6-17　工资发放汇总表

序号	部门	工资总额	养老(个人)	养老(公司)	医疗(个人)	医疗(公司)	失业(个人)	失业(公司)	工伤(公司)

生育(公司)	住房(个人)	住房(公司)	考勤扣款	个人所得税	其他补贴(+)	其他扣款(−)	工资实发额	公司福利支出合计	公司支出合计

(3) 银行打款/现金发放。

目前，工资发放一般采取银行卡发放和现金发放两种形式，以银行卡打款方式居多。在银行卡发放形式中，薪酬专员在财务领取支票后(也有不用领取支票而以网银的方式直接打入银行账户的)，银行会有对接本公司工资发放业务的工作人员。这时薪酬专员还需要制作银行使用的工资发放清单，银行确认接收到公司的当月工资总额和发放清单后，按流程在系统上操作，打入员工工资卡。

(4) 员工查收，流程结束。

员工收到短信后，工资发放流程一般就结束了。但有时可能有例外情况，需要 HR 协调财务、银行等。

3) 工资发放中的疑难杂症处理

员工的薪资问题无小事，一旦出现薪资纠纷，很容易使企业陷入被动的境地，得不偿失，不仅给薪资专员的工作带来麻烦，给企业造成经济损失，同时也会带来企业信誉的损害。因此，防患于未然，在问题产生之前进行预测，解决问题于无形之中是非常重要的，这也是薪资工作中的当务之急。具体而言，工资发放中的常见问题有：

(1) 工资发放延误和出现差错。

除基础数据的提供外，所有的薪资报表都由薪资专员核算完成，所以薪资专员的责任大。薪资专员除了根据数据核算，还需审核基础数据的有效性和真实性，要能够发现其中的一些差别。另外核算时需要非常仔细，核算完毕后要先进行自检，特殊问题需要重点核对。

薪资核算完毕后需提交领导审核，领导审核时一般不能面面俱到，只能抓重点、抓特殊情况来审核。如果遇上比较忙、常出差的领导，则需要时刻关注其行程安排，尽量保证工资能按期或提前审核完毕，签字确认。如遇领导刚好出差在外，并且近几天都不能审核工资的情况，则需要考虑如何特殊处理，切不可因此耽误了工资发放的时间。

工资审核、签字完毕后就可以提交财务发放了。因为工资由银行代发，所以还会涉及与银行的联系，一般情况由财务部和银行进行对接，银行对工资提交的时间、公司提供的工资数据的格式、数据的准确性问题有很高的要求。此外，还有一些同名同姓的情况也会造成工资发放的失误，因此最好使用工号。

(2) 薪资发放错误。

薪资发放错误主要分以下三种情况。

第一种情况：工资错发。工资错发一般是由核算人员或基础数据提供人员的粗心、不仔细造成的，比如考勤统计错误、计件工资统计错误、特殊补贴遗漏等。这种情况比较好处理，一般员工自己会发现问题并来询问，只要核对清楚，确认无误，次月给员工多扣少补即可。

第二种情况：薪资专员对政策的不理解导致核算错误。比如病假工资怎么核算？其他种类假期的工资如何核算？加班工资如何核算？如果对政策不了解，就会导致核算错误。这种情况员工就不太容易知道，因为他们也不知道假期工资是怎么计算的？除非他们觉得异常才会来询问。这种情况只能靠薪资专员自己进行核查，核查出问题后应在事后及时补救，以免给员工或公司造成不必要的损失。

第三种情况：员工信息重合造成的工资信息错误。若企业招聘到同名同姓的员工，对工资核算和发放都会造成一定的困扰。比如同一个车间出现两个员工重名，车间核算计件工资或同级考核时容易错位，财务发工资时也容易将银行卡号弄错导致错发。这种情况可以通过员工的工号来识别员工。此时，工号就相当于员工在企业的身份证号。

(3) 因薪资发生劳动纠纷。

一般情况下，员工不会随意投诉。但如果发生以下问题，也存在投诉的可能：公司未按时缴纳社会保险；公司未按时发放工资，并延期多天或数月；公司无故扣减工资；公司未按国家规定支付加班工资；公司未按国家规定给予员工法定休假权利，或不按规定扣减工资。

薪酬专员应从技术上保证不让类似情况发生，按时、按规发放工资。

任务演练

请帮大华公司编制员工月工资表。

6.3 任务演练

任务实施

学生以个人为单位，根据“员工月工资表制作背景资料”，完成员工月工资表的编制。

员工月工资表制作背景资料：

杭州市某公司是一家经营汽车配件的企业，今年5月份公司有关薪酬发放的基本资料如下：

(1) 该公司现行工资制度。

公司采用结构工资制，工资由基础工资、职务工资、技能工资、工龄工资和奖励工资组成。月标准工资由基本工资和绩效工资构成，比例分别为0.8和0.2；公司实行薪点工资制，每点点值为400元，各岗位点数见表6-21；工龄工资按照每年工龄50元的标准确定；奖励工资根据当月的经济效益情况确定，假设本月总经理的奖励工资3000元，副总经理的奖励工资2500元，部门经理的奖励工资1800元，项目主管的奖励工资1500元，项目主办的奖励工资1000元，办事员的奖励工资800元。公司规定每人每月午餐补贴200元；部门经理以上每月通讯补贴300元，其余岗位150元；总经理及副总经理每月车贴分别为800元和600元，部门经理为400元。职务等级工资和技能等级工资分别如表6-18所示和表6-19所示。

注：公司按杭州市相关规定缴纳五险一金，并成立工会。

表6-18　杭州市某公司职务工资标准　　单位：元

职务等级	工资标准	工资级差
一级	500	—
二级	600	100
三级	800	200
四级	1000	200
五级	1300	300
六级	1700	400
七级	2200	500

表 6-19　杭州市某公司技能工资标准　　单位：元

技能等级	工资标准	工资级差
一级	200	—
二级	300	100
三级	500	200
四级	700	200
五级	1100	400

(2) 人员调整及出勤情况。

王巨、黄明于今年 3 月 1 日入职；

当月员工出勤情况：

事假：马敏 2 天、彭娜 1 天、项栋 2 天、黄平 3 天、陈华 1 天。

周末加班：马敏 2 天、李淳 1 天、谢畅 3 天。

其他：陈杰，因病住院已有 9 个月，本月继续住院，本公司是其唯一任职的公司；赵峰，32 岁，本月申请了护理假；项栋，29 岁，本月申请了婚假，因要在三地办婚礼，故申请了 20 天的假期；周霞，28 岁，本月 16 日住院生小孩；周颖本月申请了年休假。

(3) 公司员工社会保险费和住房公积金缴费基数资料如表 6-20 所示。

表 6-20　杭州市某公司当年各月社会保险费和住房公积金缴费数据表

序号	姓名	上年度月平均工资/元	缴费工资基数/元	社会保险费计费比例/(%)			住房公积金缴存比例/(%)
				养老保险	医疗保险	失业保险	
01	王栋	8500	8500	8	2	0.5	12
02	李忠	7500	7500	8	2	0.5	12
03	赵峰	7000	7000	8	2	0.5	12
04	钱英	6000	6000	8	2	0.5	12
05	马敏	6000	6000	8	2	0.5	12
06	邓波	6000	6000	8	2	0.5	12
07	周颖	5000	5000	8	2	0.5	12
08	李淳	5000	5000	8	2	0.5	12
09	彭娜	5000	5000	8	2	0.5	12
10	陈杰	4500	4500	8	2	0.5	12
11	刘帅	4500	4500	8	2	0.5	12
12	张超	4500	4500	8	2	0.5	12

续表

序号	姓名	上年度月平均工资/元	缴费工资基数/元	社会保险费计费比例/(%)			住房公积金缴存比例/(%)
				养老保险	医疗保险	失业保险	
13	项栋	4000	4000	8	2	0.5	12
14	章冬	4000	4000	8	2	0.5	12
15	韩涵	3500	3500	8	2	0.5	12
16	吴昊	3500	3500	8	2	0.5	12
17	谢畅	3500	3500	8	2	0.5	12
18	杨浪	3500	3500	8	2	0.5	12
19	黄平	3500	3500	8	2	0.5	12
20	周政	3500	3500	8	2	0.5	12
21	汤涛	3500	3500	8	2	0.5	12
22	周霞	3500	3500	8	2	0.5	12
23	陈华	3500	3500	8	2	0.5	12
24	王巨	—	—	8	2	0.5	12
25	黄明	—	—	8	2	0.5	12

(4) 今年 5 月 2 日，该公司 25 名员工的基本情况如表 6-21 所示。

表 6-21 部分员工基本情况

20××年 5 月 2 日

序号	姓名	性别	职务	职称	学历	工龄/年	职务等级	技能等级	岗位点数
01	王栋	男	总经理	副高级	硕士研究生	25	07	04	5
02	李忠	男	副总经理	副高级	硕士研究生	23	06	04	5
03	赵峰	男	副总经理	副高级	硕士研究生	10	05	04	5
04	钱英	女	部门经理	副高级	本科	8	05	04	4.5
05	马敏	女	部门经理	中级	本科	6	05	03	4.5
06	邓波	男	部门经理	中级	本科	7	03	03	4.5
07	周颖	女	项目主管	中级	本科	12	03	03	4
08	李淳	男	项目主管	中级	本科	21	03	03	4
09	彭娜	女	项目主管	中级	本科	7	02	03	4

续表

序号	姓名	性别	职务	职称	学历	工龄/年	职务等级	技能等级	岗位点数
10	陈杰	男	项目主办	中级	本科	13	02	03	3.5
11	刘帅	男	项目主办	中级	本科	16	02	03	3.5
12	张超	男	项目主办	中级	本科	22	02	03	3.5
13	项栋	男	项目主办	中级	本科	5	02	02	3.5
14	章冬	女	项目主办	中级	本科	9	02	02	3.5
15	韩涵	女	业务员	中级	本科	7	01	02	2.5
16	吴昊	男	业务员	中级	大学专科	4	01	02	2.5
17	谢畅	女	业务员	初级	大学专科	12	01	02	2.5
18	杨浪	男	业务员	初级	大学专科	12	01	02	2.5
19	黄平	男	业务员	初级	大学专科	8	01	02	2.5
20	周政	男	业务员	初级	大学专科	4	01	02	2.5
21	汤涛	男	业务员	初级	大学专科	2	01	02	2.5
22	周霞	女	业务员	初级	大学专科	5	01	01	2.5
23	陈华	男	业务员	初级	大学专科	11	01	01	2.5
24	王巨	男	业务员	初级	大学专科	—	01	01	2.5
25	黄明	男	业务员	初级	大学专科	—	01	01	2.5

自 我 检 测

自我检测答案

□ **单选题**

1. (　　)是指员工全部货币工资收入中扣除法律规定的个人统一缴纳项目所得税、社会保险金、工会会费等费用后所剩下的货币工资额。

A. 应发工资　　B. 实发工资　　C. 总工资　　D. 货币工资

2. 医疗期的长短有相应的规定，员工总工作年限在 10 年以上，本单位工作年限在 5 年以下，应给予的医疗期为(　　)。

A. 3 个月　　B. 6 个月　　C. 9 个月　　D. 12 个月

3. 以下加班工资计算公式不正确的是(　　)。

A. 平时加班工资＝加班工资计算基数÷21.75×150%

B. 休息日加班工资＝加班工资的计算基数÷21.75×150%

C. 休息日加班工资＝加班工资的计算基数÷21.75×200%

D. 节假日加班工资＝加班工资的计算基数÷21.75×300%

4. 以下关于各类假期的说法不正确的是(　　)。

A. 按法定结婚年龄(女20周岁，男22周岁)结婚或再婚的，可享受7天婚假

B. 单位因工作需要不能安排职工休年休假的，经职工本人同意，可以不安排职工休年休假

C. 产假期间工资福利待遇不变，企业缴纳生育保险且符合计划生育规定的，产假期间工资由生育保险基金支付

D. 工伤期间，工资按照发生工伤前12个月的平均工资核算，如果发生工伤前入职未满12个月，则按实际月数核算平均工资

5. (　　)又称不定时工时制、弹性工作时间，是指每一个工作日没有固定的上下班工作时间。

A. 标准工作时间　B. 综合计算工作时间　C. 不定时工作时间　D. 标准工时

6. 考勤的设置、统计及考勤系统的维护工作一般由专人负责监督及管理，考勤数据的确认一般采用统一管理与部门管理双向负责制，其中统一管理一般由(　　)负责。

A. 用人部门　B. 办公室　C. 总经理　D. 人力资源部门

7. 用人单位与劳动者无任何约定的，假期工资的计算基数统一按劳动者本人所在岗位(职位)正常出勤月工资的(　　)确定。

A. 80%　B. 65%　C. 70%　D. 50%

8. 在常见的工资表中，表头一般不包括(　　)。

A. 文件名称　B. 统计周期　C. 工资表签批人员　D. 打印日期

9. 工资科目分为一级科目和二级科目，不变的一级科目有三个，即应发工资、代扣代缴项和实发工资。银行工资短信一般只显示(　　)数据。

A. 应发工资　B. 实发工资　C. 代扣代缴项　D. 基本工资

10. 员工当月基本工资是3200元，该员工日工资标准和小时工资标准分别是(　　)元和(　　)元。

A. 147.13　18.39　B. 153.62　19.20　C. 153.62　18.39　D. 147.13　19.20

11. 新参加工作、重新就业和新建单位的职工，五险一金的缴纳基数为(　　)。

A. 本人上一年度月平均工资　B. 本人当月工资收入

C. 当地社会平均工资　D. 本单位员工平均工资水平

12. 新员工进入单位，分别从第(　　)个月开始缴纳住房公积金和社会保险费。

A. 一、一　B. 一、二

C. 二、一　D. 二、二

13. 目前实行的个人所得税的免征额度为每个月(　　)元。

A. 3500元　B. 60000元　C. 5000元　D. 2000元

14. 劳务报酬的月个税计算采用的方法为(　　)。

A. 超额累进法　　B. 三级超额累进税率制
C. 七级超额累进税率制　　D. 累计预扣法

15. (　　)是普通员工收入的主要来源，也是企业运营成本的主要组成部分，在企业内部，一方面给予了员工基础的生活保障，另一方面又是反映不同员工工资水平公平性的重要依据。

A. 实发工资　　B. 应发工资　　C. 基本工资　　D. 奖金

□ 多选题

1. 以下国家法定福利中，由企业和员工个人共同缴纳的有(　　)。

A. 养老保险　　B. 医疗保险　　C. 失业保险　　D. 工伤保险　　E. 生育保险

2. 弹性福利制的典型形式有(　　)。

A. 附加型　　B. 核心加选择型　　C. 福利套餐型
D. 选高择低型　　E. 弹性支用账户

3. 工作时间一般分为以下(　　)三种。

A. 标准工作时间　　B. 不定时工作时间　　C. 定时工作时间
D. 综合计算工作时间　　E. 随机工作时间

4. 以下属于少做少得的假期有(　　)。

A. 婚假　　B. 病假　　C. 产假　　D. 年休假　　E. 事假

5. 最低工资标准的基本形式有(　　)。

A. 月最低工资标准　　B. 年最低工资标准　　C. 小时最低工资标准
D. 周最低工资标准　　E. 当地最低工资标准

6. 以下属于应发工资二级科目的有(　　)。

A. 津贴/补贴　　B. 个人所得税　　C. 绩效工资　　D. 全勤奖　　E. 销售提成

7. 以下属于代扣代缴项二级科目的有(　　)。

A. 五险一金　　B. 个人所得税　　C. 个人专项扣除金
D. 工会费　　E. 考勤扣款

8. 月工资表表头包含的内容有(　　)。

A. 文件名称　　B. 统计周期　　C. 打印日期
D. 审批人　　E. 签批日期

9. 月工资表中个人缴纳的社会保险金有(　　)。

A. 医疗保险　　B. 工伤保险　　C. 失业保险
D. 生育保险　　E. 养老保险

□ 简答题

1. 最低工资标准在计算时包含员工报酬的哪些部分？不包括哪些部分？
2. 员工在哪些情形下，不应享受当年的年休假？
3. 请简述工资表的基本结构。
4. 请简述企业社会保险的缴纳基数及其构成。
5. 薪酬专员自检工资表数据时应关注哪些内容？
6. 在工资发放过程中，常见的薪资纠纷有哪些？

互 动 讨 论

拉面馆曾经很辉煌，日进斗金。

问题出现：与拉面师傅在工资上谈不拢。

原来的方法：按销量给拉面师傅分成，一碗面给他 2 元钱的提成。

效果：由于客人越多，拉面师傅的收入就越多，他就在每碗面里放超量的牛肉来吸引回头客。一碗牛肉面卖 20 元钱，本来就图个薄利多销，他每碗多放几片牛肉，拉面馆还赚哪门子钱啊！

调整后的方法：每月给拉面师傅发固定工资，客多客少和他的收入没关系。

效果：拉面师傅在每碗面里都少放许多牛肉，意图把客人都赶走。因为牛肉分量少，回头客就少，生意就清淡，他就可以闲着。

请同学们结合本模块所学内容为面馆老板出出主意。

拓 展 阅 读

1. 《手把手教你做薪酬管理》：作者，周野；出版社，天津科学技术出版社。本书以薪酬模型为依据，对企业薪酬管理活动中涉及的理论知识进行了充分的概述，对薪酬管理思想、体系做了详细的介绍。书中再以职位分析为基础，对基本薪酬、绩效奖金、福利管理进行了全面的介绍。作者基于企业薪酬管理工作的实际内容，对年度薪酬的预算管理、各类工资项目的具体管理方法、工资表的编制以及内外部薪酬调查进行了实操展示。通过阅读本书，读者可以系统地认识薪酬管理的本质，掌握薪酬管理的一些有效方法。

2. 《薪酬管理实操：从入门到精通》：作者，任康磊；出版社，人民邮电出版社。本书被公认为是薪酬管理的实用工具书，内容涵盖了薪酬管理几乎所有的工作流程，对一些容易出现错误的重要问题点的操作细节和注意事项做了重点介绍。内容通俗易懂，实操性强，特别适合薪酬管理从业人员、人力资源管理实务入门者、企业的管理者及各高校人力资源管理专业的学生学习、使用。

模块 7　劳动关系管理

劳动关系是现代社会最基本的社会关系，没有劳动关系的和谐就没有社会的和谐。劳动合同是劳动者和用人单位确立劳动关系、明确双方权利义务的协议。依法建立劳动关系，积极预防和及时处理劳动争议，不断改善和巩固劳动关系，才能促进企业的发展及企业人力资源管理目标的实现。

知识目标

◎ 掌握劳动合同的订立、履行、变更、解除和终止的相关内容。
◎ 掌握劳动争议的处理原则、程序。
◎ 了解劳动争议预防的意义和措施。
◎ 了解劳动关系的含义和处理原则。
◎ 了解集体合同的基本知识。

能力目标

◎ 能够根据给定的背景资料为企业拟定劳动合同书。
◎ 能够根据背景资料制作各类劳动争议处理文书。
◎ 能够帮助员工和企业更好地维护劳动关系。

模块学习导图

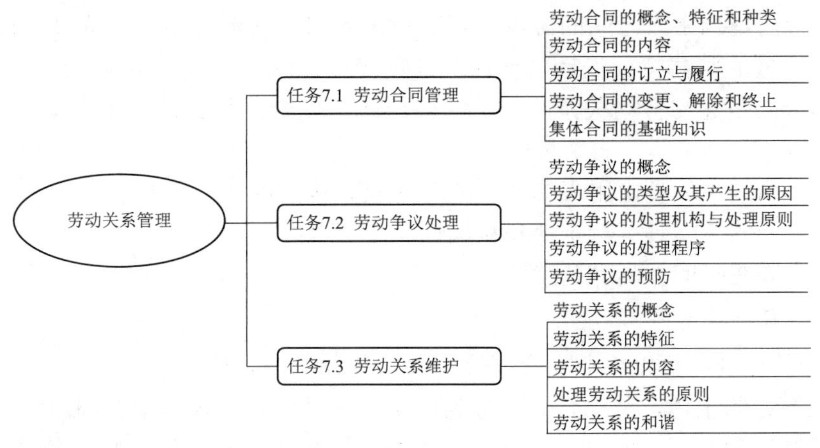

任务 7.1　劳动合同管理

情境导入

大华公司人力资源管理部门这两天准备通知公司新招聘的员工签订劳动合同，经理要求陈小力准备好劳动合同，制定好相关内容。陈小力把准备好的合同拿给经理审阅，经理简单地看了合同后，认为该合同不是很规范，要求陈小力仔细学习劳动合同相关的法律法规，对合同进行完善。

知识链接：劳动合同概述及操作

1. 劳动合同的概念、特征和种类

1) 劳动合同的概念

劳动合同，又称劳动契约、劳动协议，是劳动者与用人单位确立劳动关系、明确双方责任、权利和义务的协议。订立劳动合同，对于用人单位而言，是完成一定的劳动生产过程所必要的条件；对于劳动者而言，是参与劳动过程、完成劳动任务并获取劳动报酬的保障。劳动合同是劳动者实现劳动权利的法律途径，是维护劳动者合法权益的法律保障，是用人单位进行人力资源管理、合理配置劳动力资源的有效方式。

2) 劳动合同的特征

劳动合同的特征可分为一般特征与法律特征。

(1) 劳动合同的一般特征包括以下几个方面：

① 劳动合同是法律行为。

② 劳动合同以在当事人之间产生权利义务为目的。

③ 劳动合同是当事人之间的协议，表示当事人双方或多方相互的意思一致。

(2) 劳动合同的法律特征包括以下几个方面：

① 劳动合同是建立劳动关系的一种法律形式，以合同形式确立了劳动者与用人单位的权利和义务。

② 劳动合同的主体是由用人单位和劳动者双方构成的。

③ 劳动合同的主体具有特定性和从属性。

④ 劳动合同在时间上具有延续性。

3) 劳动合同的种类

按照不同的标准，可以将劳动合同分为不同的种类，具体如下：

(1) 按照签订的主体，劳动合同可分为单个劳动合同和集体劳动合同。

(2) 按照其表现是否为常态，劳动合同可分为一般的劳动合同和特殊的劳动合同。一

般的劳动合同包括劳务派遣合同、非全日制劳动合同、专项合同协议。

2. 劳动合同的内容

根据《中华人民共和国劳动合同法》(书中简称为《劳动合同法》)规定，建立劳动关系，应当订立书面劳动合同。劳动合同的内容是指劳动者与用人单位双方通过协商所达成的关于劳动权利和义务的具体规定，其内容必须符合国家法律、行政法规的规定。

劳动合同的内容可以分为法定条款和约定条款。

1) 法定条款

劳动合同的法定条款又称必备条款，是指根据法律规定，双方当事人签订的劳动合同必须具备的内容。根据《劳动合同法》第十七条规定，劳动合同应当具备的法定条款有：

(1) 用人单位的名称、住所和法定代表人或者主要负责人；

(2) 劳动者的姓名、住址和居民身份证或者其他有效身份证件号码；

(3) 劳动合同期限；

(4) 工作内容和工作地点；

(5) 工作时间和休息休假；

(6) 劳动报酬；

(7) 社会保险；

(8) 劳动保护、劳动条件和职业危害防护；

(9) 法律、法规规定应当纳入劳动合同的其他事项。

2) 约定条款

劳动合同的约定条款又称商定条款，是指法律不做强制规定，由双方当事人经过协商取得一致意见并纳入劳动合同的内容，具体包括以下内容：

《劳动合同法》关于试用期的规定

(1) 试用期；

(2) 培训；

(3) 保守秘密(包括商业秘密和与知识产权相关的事项)；

(4) 补充保险；

(5) 福利待遇(包括住房补贴、通讯补贴、交通补贴、子女教育等)。

3. 劳动合同的订立与履行

1) 劳动合同的订立

劳动合同的订立，是指用人单位与劳动者就劳动合同条款经协商，取得一致，达成协议的法律行为。劳动合同的订立是引起合同当事人之间劳动法律关系开始的事实。

(1) 订立劳动合同时应注意以下几个方面的问题：

① 关于企业的具体情况。

② 关于合同的形式及内容。

③ 关于劳动报酬的约定。

④ 关于试用期的问题。

⑤ 关于社会保险的约定。

(2) 在订立劳动合同时劳动合同双方当事人应遵循以下原则：

① 合法原则；
② 公平原则；
③ 平等自愿原则；
④ 协商一致原则；
⑤ 诚实信用原则。

TIPS!

劳动合同的订立程序

劳动合同的订立程序，就是签订劳动合同必须履行的法律手续。用人单位或劳动者向对方提出订立劳动合同的建议为要约，即一方向另一方明确提出订立劳动合同的要求。提出要求的一方为要约方，与之相对的一方为被要约方。被要约方接受要约方的建议并表示完全同意称为承诺。承诺一旦做出，劳动合同即告成立。这是劳动合同订立的一般程序。

2) *劳动合同的履行*

劳动合同的履行是指劳动合同双方当事人履行劳动合同所规定的义务，实现劳动过程的法律行为。

劳动合同的履行和变更

劳动合同的条款之间存在无法割裂的内在联系，因此，合同双方当事人必须履行合同所规定的各自应当履行的全部义务，且必须依照合同约定的时间和方式履行义务。这就是《劳动合同法》规定的全面履行的原则。在劳动合同未发生变更时，用人单位一般不得要求劳动者从事合同约定以外的工作。劳动合同还强调劳动者要亲自履行，不能由第三人代替履行。

4. 劳动合同的变更、解除和终止

1) *劳动合同的变更*

劳动合同的变更是指劳动合同当事人依法修订劳动合同内容的法律行为。劳动合同中可变更的条款限于依法可以变更的条款、尚未履行或者尚未完全履行的条款以及因为订立合同所依据的客观条件发生变化，致使无法履行的条款。

在劳动合同的履行过程中，经双方协商一致，可以对合同条款进行修改或补充，具体包括工作内容、工作地点、工资福利的变更等。劳动合同的变更，其实质是双方的权利义务发生变化。合同变更的前提是双方原已存在合法的合同关系，变更的原因主要是客观情况发生变化，变更的目的是为了继续履行合同。劳动合同变更一般限于内容的变更，不包括主体的变更。

引起劳动合同变更的主要原因，大致有以下几种：

(1) 用人单位方面的原因，如转产、调整生产经营项目、重新进行劳动组合和企业经营状况发生重大变化等。

(2) 劳动者方面的原因，如身体健康状况发生变化、所在岗位与技能不相适应、职业技能提高到一定等级等。

(3) 客观方面的原因，如法律法规和政策发生变化，必须修改有关条款，劳动合同订立时所依据的客观情况发生重大变化，致使劳动合同无法履行等。

TIPS!

劳动合同的变更操作

劳动合同的变更操作是经过双方协商一致，对合同条款的内容进行修改和补充的操作。劳动合同的变更应当遵循平等自愿、协商一致和合法的原则，劳动合同变更应当具备法律规定的条件。

2) 劳动合同的解除

劳动合同的解除，是指劳动合同当事人依法提前终止劳动合同的法律效力，解除双方的权利义务关系。

(1) 劳动合同解除的分类。

① 根据解除方式的不同，可以将劳动合同的解除分为协议解除和单方解除。

a. 协议解除是指劳动合同经当事人双方协商一致而解除。

b. 单方解除是指享有单方解除权的当事人以单方意思表示解除劳动合同。所谓单方解除权，是指当事人依法享有的，无需对方当事人同意而单方决定解除合同的权利。根据法律的规定，无论是用人单位还是劳动者单方解除劳动合同，都应当以书面形式通知对方。

② 以是否有过错为标准，可以将劳动合同的解除分为无过错解除和有过错解除。

a. 无过错解除，即在对方当事人无过错行为或者其过错行为轻微的情况下单方解除劳动合同。为避免或减少合同解除可能给对方当事人造成的损失，要求解除方必须预先告知对方当事人后方可解除合同。

b. 有过错解除，是指因对方当事人的过错行为而导致劳动合同解除的情形，包括劳动者因用人单位有过错而辞职和用人单位因劳动者有过错而辞退的情况。无过错方提出的解除劳动合同的要求对有过错方具有强制性，并且可以不预告就行使单方解除权。有过错解除的条件是法定的。

(2) 劳动合同解除的方式。

劳动合同解除的方式有以下几种。

① 劳动者提前通知解除。

a. 劳动者解除劳动合同，应当提前三十日以书面形式通知用人单位。

b. 在试用期内解除劳动合同时应当提前三日通知用人单位。

② 劳动者随时通知解除。

这是一种因用人单位有过错而由劳动者单方面解除合同的情况。有下列情形之一的，劳动者可以随时通知用人单位解除劳动合同：

a. 用人单位未按照劳动合同约定提供劳动保护或劳动条件的。

b. 未及时足额支付劳动报酬的。

c. 未依法为劳动者缴纳社会保险费的。

d. 用人单位的规章制度违反法律、法规的规定，损害劳动者权益的。

e. 以欺诈、胁迫的手段或者乘人之危，使对方在违背真实意愿的情况下订立或者变更劳动合同的。

f. 法律、行政法规规定劳动者可以解除劳动合同的其他情形。

用人单位以暴力、威胁或者非法限制人身自由的手段强迫劳动者劳动的，或者用人单位违法指挥、强令冒险作业危及劳动者人身安全的，劳动者可以立即解除劳动合同，不需要事先告知用人单位。

③ 用人单位预告解除劳动合同。

这是一种无过错辞退，即因劳动者的客观情况发生变化而导致其无法继续履行劳动合同的情况，用人单位可以单方面解除劳动合同，但用人单位必须提前三十日以书面形式通知劳动者本人或者额外支付劳动者一个月工资后，方可解除劳动合同。适合这种方式的情形包括：

a. 劳动者患病或者非因工负伤，在规定的医疗期满后不能从事原工作，也不能从事由用人单位另行安排的工作的。

b. 劳动者不能胜任工作，经过培训或调整工作岗位，仍不能胜任工作的。

c. 劳动合同订立时所依据的客观情况发生重大变化，致使原劳动合同无法履行，经用人单位与劳动者协商，未能就变更劳动合同内容达成协议的。

④ 用人单位无需向对方预告就可以随时解除劳动合同。

有下列情形之一的，用人单位无需向对方预告，就可以随时解除劳动合同：

a. 在试用期间被证明不符合录用条件的。

b. 严重违反用人单位规章制度的。

c. 严重失职、营私舞弊，给用人单位造成重大损害的。

d. 劳动者同时与其他用人单位建立劳动关系，对完成本单位的工作任务造成严重影响，或经用人单位提出，拒不改正的。

e. 以欺诈、胁迫的手段或者乘人之危，使对方在违背真实意愿的情况下订立或者变更劳动合同的。

f. 被依法追究刑事责任的。

TIPS!

劳动合同的解除操作

对于劳动合同的解除和终止，《劳动合同法》《劳动合同法实施条例》都做了详细的规定，当员工与公司解除劳动合同时需办理相应手续，所以了解劳动合同的解除操作过程非常重要。

⑤ 经济性裁员。

经济性裁员是无过错辞退的一种特殊情形。所谓经济性裁员，即用人单位由于生产经营状况发生变化而出现劳动力过剩的现象，故一次性裁减部分劳动者，以此作为改善生产经营状况的一种手段。《劳动合同法》第四十一条规定，有下列情形之一，需要裁减人员二十人以上或者裁减不足二十人但占企业职工总数百分之十以上的，用人单位提前三十日

向工会或者全体职工说明情况，听取工会或职工的意见后，裁减人员方案经向劳动行政部门报告，可以裁减人员：

a. 依照企业破产法规定进行重整的；

b. 生产经营发生严重困难的；

c. 企业转产、重大技术革新或经营方式调整，经变更劳动合同后，仍需裁减人员的；

d. 其他因劳动合同订立时所依据的客观经济情况发生重大变化，致使劳动合同无法履行的。

裁减人员时，应当优先留用下列人员：

a. 与本单位订立较长期限的固定期限劳动合同的；

b. 与本单位订立无固定期限劳动合同的；

c. 家庭无其他就业人员，有需要扶养的老人或者未成年人的。

用人单位依照本条第一款规定裁减人员，在六个月内重新招用人员的，应当通知被裁减的人员，并在同等条件下优先招用被裁减的人员。

劳动者有下列情形之一的，用人单位不得解除劳动合同：

① 从事接触职业病危害作业的劳动者未进行离岗前职业健康检查，或疑似职业病病人在诊断或者医学观察期间的；

② 在本单位患职业病或因工负伤并被确认丧失或部分丧失劳动能力的；

③ 患病或者非因工负伤，在规定的医疗期内的；

④ 女职工在孕期、产期、哺乳期的；

⑤ 在本单位连续工作满十五年，且距法定退休年龄不足五年的；

⑥ 法律、行政法规规定的其他情形。

用人单位单方解除劳动合同，应当事先将理由通知工会。用人单位违反法律、行政法规规定或者劳动合同约定的，工会有权要求用人单位纠正，用人单位应当研究工会的意见，并将处理结果书面通知工会。与用人单位相比，一般的劳动者都处于弱势地位，其力量无法与用人单位抗衡，工会是劳动者为实现维持和改善劳动条件之目的而结成的团体，因此，法律赋予工会监督权。

3) *劳动合同的终止*

劳动合同的终止，是指劳动合同所确立的劳动关系由于一些法律事实的出现而终结，劳动者和用人单位之间的权利和义务也不复存在，即结束劳动合同法律关系的行为。

(1) 劳动合同终止的法定事由。

能够引起劳动合同终止的法定事由，主要有以下几种：

① 劳动合同期满的；

② 劳动者开始依法享有基本养老保险待遇的；

③ 劳动者死亡，或者被人民法院宣告死亡或者宣告失踪的；

④ 用人单位被依法宣告破产的；

⑤ 用人单位被吊销营业执照、责令关闭、撤销或用人单位决定提前解散的；

⑥ 法律、行政法规规定的其他情形。

(2) 劳动合同终止的限制性规定。

对劳动合同终止的限制性规定主要是基于对劳动者进行特殊保护以及维护劳动关系稳定的考虑。劳动合同终止限制的事由主要有：

① 劳动合同期满，但该劳动者是从事接触职业病危害作业的，且未进行离岗前职业健康检查，或者疑似职业病尚在诊断或者在医学观察期间；

② 劳动合同期满，但该劳动者患病或者非因公负伤，在规定的医疗期内的；

③ 劳动合同期满，女职工在孕期、产期、哺乳期内的；

④ 劳动合同期满，但该劳动者已在本单位连续工作 15 年以上，且距退休年龄不足 5 年；

⑤ 法律、行政法规规定的其他情形。

如果发生以上事由，则劳动合同的法律效力依然存在，劳动合同期限顺延至上述情形消失时。

对于在本单位患职业病或者因公负伤并被确认丧失或者部分丧失劳动能力的劳动者，如果劳动合同期满，依据《工伤保险条例》的规定处理。

TIPS!

劳动合同终止操作

与劳动合同解除相比，劳动合同终止引发风险的概率要小得多，因而往往容易被人力资源管理部门所忽略，但是事实情况并非如此，劳动合同终止操作不慎，企业极有可能承担本不应该承担的风险。

(3) 劳动合同解除和终止的经济补偿。

经济补偿，是指在法定条件下，用人单位按照法定的项目和标准，向劳动者(或其亲属)一次性支付经济补偿金。经济补偿金的支付事由包括以下情形：

① 因用人单位有违法或者违反劳动合同约定等过错行为，劳动者行使即时辞职权时，用人单位应当向劳动者支付经济补偿金。

② 经劳动合同当事人协商一致，由用人单位提出解除劳动合同协议的，用人单位应当向劳动者支付经济补偿金。如果是劳动者提出解除协议的，则用人单位无需向其支付经济补偿。

③ 在劳动者非因过错而无法履行劳动合同或者因合同订立所依据的客观情况发生重大变化，致使劳动合同无法履行，且双方协商后仍不能就变更劳动合同达成协议的情况下，用人单位解除劳动合同时应当向劳动者支付经济补偿。

④ 用人单位在具备许可性条件下进行经济裁员时，应当向被裁减劳动者支付经济补偿。

⑤ 劳动合同期限届满时，用人单位如果不与劳动者续订劳动合同，则需要向劳动者支付经济补偿。如果用人单位维持或提高原劳动合同约定的条件而劳动者不愿意续订时，用人单位无需向劳动者支付经济补偿。

⑥ 因用人单位被依法宣告破产、用人单位解散、被吊销营业执照或者责令关闭而终止劳动合同的，用人单位应当向劳动者支付经济补偿金。

(4) 经济补偿金的支付标准。

经济补偿按劳动者在本单位工作的年限，每满一年支付一个月工资的标准向劳动者支付。六个月以上不满一年的，按一年计算；不满六个月的，向劳动者支付半个月工资的经济补偿。

劳动者月工资高于用人单位所在直辖市、设区的市级人民政府公布的本地区上年度职工月平均工资三倍的，向其支付经济补偿的标准按职工月平均工资三倍的数额支付，向其支付经济补偿的年限最高不超过十二年。

(5) 违规解除劳动合同的赔偿。

依照《劳动合同法》第八十七条，用人单位违反《劳动合同法》规定解除或者终止劳动合同的，应当依照《劳动合同法》第四十七条规定的经济补偿标准的二倍向劳动者支付赔偿金。依据《劳动合同法实施条例》第二十五条的规定，用人单位支付二倍赔偿金之后，无需再向劳动者支付补偿金。

依照《劳动合同法》第四十八条，用人单位违反《劳动合同法》规定解除或者终止劳动合同，劳动者享有选择权，可以要求用人单位继续履行劳动合同，如果用人单位能够履行的，应当继续履行；如果劳动者不要求继续履行或者劳动合同已经不能进行履行的，用人单位应当依照《劳动合同法》第八十七条规定支付赔偿金。

5. 集体合同的基础知识

1) 集体合同的概念

集体合同是指用人单位与本单位职工根据法律、法规和规章的规定，就劳动报酬、工作时间、休息休假、劳动安全卫生、职业培训和保险福利等事项，通过协商签订的书面协议。集体合同草案应当提交职工代表大会或者全体职工讨论通过。

集体合同通常由工会代表职工与企业签订，没有成立工会组织的，由职工代表与企业签订。依法签订的具体合同对用人单位和全体职工具有约束力。职工个人与用人单位订立的劳动合同中劳动条件和劳动报酬等标准不得低于集体合同的规定。集体合同签订后应当报送劳动行政部门审查。劳动行政部门自收到集体合同文本之日起 15 日内未提出异议的，集体合同即可生效。

2) 集体合同订立原则

根据我国 2004 年 1 月 20 日颁布的《集体合同规定》第五条，进行集体协商，签订集体合同或专项集体合同，应当遵循下列原则：

(1) 遵守法律、法规、规章及国家有关规定；

(2) 相互尊重，平等协商；

(3) 诚实守信，公平合作；

(4) 兼顾双方合法权益；

(5) 不得采取过激行为。

3) 集体合同的效力

集体合同的法律效力是指集体合同的法律约束力。集体合同的法律效力包括以下几个方面。

(1) 集体合同对人的法律效力：指集体合同对什么人具有法律约束力。根据《劳动法》的规定，依法签订的集体合同对用人单位和用人单位全体劳动者都具有约束力。

(2) 集体合同的时间效力：指集体合同从什么时间开始发生效力，什么时间终止其效力。集体合同的时间效力通常以其存续时间为标准，一般从集体合同成立之日起生效。

(3) 集体合同的空间效力：指集体合同规定的对于哪些地域、哪些从事同一产业的劳动者、哪些用人单位所具有的约束力。

任务演练

7.1 任务演练

请拟定一份劳动合同书。

任务实施

××化工机械有限责任公司在《劳动合同法》实施以后，发现企业原有的劳动合同存在着许多与新法相抵触的地方，急需进行调整。公司人力资源部经理老郭请示总经理后准备修改公司的劳动合同。他把分管劳动关系管理的主管小李找来，要求他根据《劳动合同法》的规定并结合本企业的实际情况，草拟一份本企业的劳动合同。具体要求是：

(1) 内容合法，要符合《劳动合同法》的规定；

(2) 形式上要求清晰、简洁；

(3) 要对特别约定留有空白之处，可根据需要进行补充；

(4) 要对保守商业秘密和竞业禁止条款进行约定；

(5) 要对培训条款进行约定；

(6) 要与公司今后的发展相适应。

请你帮助小李根据上述要求拟订一份劳动合同书。

任务 7.2　劳动争议处理

情境导入

小王与公司签了两年的劳动合同，但工作半年后，公司以其不能胜任工作为由与之解除了劳动合同。小王觉得非常委屈，想为自己讨个说法。听说企业有劳动争议调解委员会，但小王担心调解委员会偏袒企业，所以最终决定去法院讨个公道。小王的想法可行吗？

知识链接：劳动争议概述和处理

1. 劳动争议的概念

劳动争议又称劳动纠纷、人事纠纷，是劳动关系当事人之间因实现劳动权利和履行劳动义务产生分歧而引起的争议。随着社会的不断发展和劳动法制的逐步健全，针对劳动争议的处理已经建立了相应的法律制度，且在劳动法律制度中占有重要地位，并在调整劳动关系中发挥着重要的作用。

2. 劳动争议的类型及其产生的原因

1) 劳动争议的类型

劳动争议按照不同的标准，可划分为不同的种类。

(1) 按照劳动争议当事人人数多少的不同分类。

按照劳动争议当事人人数多少的不同，劳动争议可分为个人劳动争议和集体劳动争议。个人劳动争议是劳动者个人与用人单位发生的劳动争议。集体劳动争议是指劳动者一方当事人在三人以上，有共同理由的劳动争议。集体劳动争议中劳动者应当推举代表参加劳动争议处理活动。

(2) 按照劳动争议的内容分类。

按照劳动争议的内容，劳动争议可分为：因履行劳动合同发生的争议，因履行集体合同发生的争议，因企业开除、除名、辞退职工及职工辞职和职工自动离职发生的争议，因执行国家有关工作时间、休息休假、工资、保险、福利、培训和劳动保护的规定发生的争议等。

(3) 按照当事人国籍的不同分类。

按照当事人国籍的不同，劳动争议可分为国内劳动争议与涉外劳动争议。国内劳动争议是指我国的用人单位与具有我国国籍的劳动者之间发生的劳动争议，其中包括外商投资企业与中国员工之间、我国在国(境)外设立的机构与我国派往该机构工作的人员之间发生的劳动争议。涉外劳动争议是指具有涉外因素的劳动争议，包括中国用人单位与外籍员工之间、外商投资企业的用人单位与劳动者之间发生的劳动争议。凡用人单位在我国境内的涉外劳动争议，都应当适用我国法律进行处理。

2) 劳动争议的范围

劳动争议的范围，在不同的国家有不同的规定。根据《中华人民共和国劳动争议调解仲裁法》第二条规定，劳动争议的范围是：

(1) 因确认劳动关系发生的争议；

(2) 因订立、履行、变更、解除和终止劳动合同发生的争议；

(3) 因除名、辞退和辞职、离职发生的争议；

(4) 因工作时间、休息休假、社会保险、福利、培训以及劳动保护发生的争议；

(5) 因劳动报酬、工伤医疗费、经济补偿或者赔偿金等发生的争议；

(6) 法律、法规规定的其他劳动争议。

3) 劳动争议产生的原因

劳动争议是市场经济和社会化大生产的必然产物。由于市场经济要求资源流动而形成最佳配置，这就决定了用人单位和劳动者之间不可避免地会因劳动关系的产生、变更、终止而发生冲突和纠纷，加之二者利益、看问题的角度也不同，增加了纠纷的可能性。劳动争议的产生有用人单位和劳动者双方的原因。

(1) 用人单位方面的原因。

① 忽视劳动合同的管理，如：劳动合同签订不全面、劳动合同不规范、履行劳动合同的方式与程序不当等。

② 企业规章制度不合理、不健全或没有依照合理程序制定并执行。

③ 人力资源管理人员缺乏预防劳动争议的知识与技能。

(2) 劳动者方面的原因。

① 由于社会进步，法制大环境的影响，劳动者的法制意识和维权意识增强，当自身的利益受到侵害后能勇敢地拿起法律武器维护自己的合法权益。

② 个别劳动者违反用人单位的劳动纪律或侵害用人单位的利益，给用人单位造成严重损失。

3. 劳动争议的处理机构与处理原则

1) 劳动争议的处理机构

劳动争议处理，是指法律、法规授权的专门机构对劳动关系双方当事人之间发生的劳动争议，依法进行调解、仲裁和审判的行为。

根据《劳动法》第七十七条规定：用人单位与劳动者发生劳动争议，当事人可以依法申请调解、仲裁、提起诉讼，也可以协商解决。也就是说，我国把劳动争议的处理程序分为调解、仲裁和诉讼三个阶段。与此相应的机构是：用人单位设立的劳动争议调解委员会、劳动争议仲裁委员会以及人民法院。

2) 劳动争议处理原则

劳动争议处理原则是指劳动争议处理机构在处理劳动争议的过程中应当遵循的行为原则。根据《劳动法》第七十八条规定：解决劳动争议，应当根据合法、公正、及时处理的原则，依法维护劳动争议当事人的合法利益。因此，处理劳动争议要在查清事实的基础上，遵循法律规定的原则进行。

(1) 合法原则。

合法原则是指劳动争议处理机构在处理劳动争议案件的过程中应当坚持以事实为依据，以法律为准绳，依法处理劳动争议。

(2) 公正原则。

公正原则是指劳动争议处理机构在处理劳动争议时，要秉公执法，不徇私情，客观、公平、合理地处理劳动争议，不偏袒任何一方，保证双方当事人处于平等的法律地位，具有平等的权利和义务。公平原则还体现在任何一方当事人都不存在超越另一方的特权，任何一方在申请调解、仲裁和提起诉讼时，在参加调解、仲裁和诉讼活动中，都享有同等权利，承担的义务也相同。

(3) 及时处理原则。

及时处理原则是指在劳动争议案件处理中，当事人要及时申请调解或仲裁，超过法定时限将不予受理。劳动争议处理机构，在处理劳动争议案件时，要在规定的时间内完成，

否则要承担相应的责任。

(4) 调解原则。

调解是在第三方的主持下，依法劝说争议双方当事人进行协商，在互谅互让的基础上达成协议，从而解决争议的一种方法。劳动争议经过说服教育和协商对话有可能及时化解。

4. 劳动争议的处理程序

我国现行的劳动争议处理程序为：协商、调解、仲裁和诉讼。协商和调解不是劳动争议处理的必经程序，而仲裁是劳动争议处理的必要程序；只有不服仲裁裁决的，才可以向人民法院提起诉讼。

(1) 协商：劳动争议发生后，劳动者可以与用人单位协商，也可以请工会或者第三方共同与用人单位协商，达成和解协议。

(2) 调解：当事人不愿协商、协商不成或者达成和解协议后不履行的，可以向调解组织申请调解。调解委员会调解劳动争议，一般按照申请调解、受理调解、实施调解和终止调解四个阶段进行。

TIPS!

劳动争议的调解操作

劳动争议调解，是指劳动争议调解机构对申请调解的劳动争议案件，依法通过调解的方式进行处理。调解组织有：企业领导争议调解委员会，依法设立的基层人民调解组织，在乡镇、街道设立的具有劳动争议调解职能的组织。

(3) 仲裁：不愿调解、调解不成或者达成调解协议后不履行的，可以向劳动争议仲裁委员会申请仲裁。仲裁过程一般包括申诉、受理、仲裁准备、案件审理、裁决执行等阶段。

申请劳动仲裁的五个关键点

TIPS!

劳动争议的仲裁操作

劳动争议仲裁，是指劳动争议仲裁委员对申请仲裁的劳动争议案件依法进行裁决活动。仲裁是我国处理劳动争议的一种基本形式，在劳动争议处理工作中具有重要作用。

(4) 诉讼：对仲裁裁决不服的，除《中华人民共和国劳动争议调解仲裁法》另有规定的外，可以向人民法院提起诉讼。劳动争议诉讼的程序一般包括起诉、受理、审理前准备、案件审理、判决、案件执行等阶段。

TIPS!

劳动争议的诉讼操作

劳动争议的诉讼是指发生劳动争议的当事人对仲裁裁决不服，并在规定的时间内向人民法院提起诉讼的请求，人民法院受理后，依法对劳动争议案件进行审理的活动。劳动争议诉讼是解决劳动争议的最终程序。

5. 劳动争议的预防

1) 劳动争议预防的概念及意义

一般而言，劳动争议预防包括两层含义。广义的劳动争议预防是指劳动行政机关、劳动争议处理机构及其他有关行政机构依照法律的规定，事先采取各种有效措施，积极防范和制止用人单位与劳动者之间发生劳动纠纷的活动。这一层面上的预防主要是劳动行政机关、劳动争议处理机构及其他有关行政机构通过事先采取各种有效措施，从而防止发生劳动争议的一种积极协调劳动关系的活动。狭义的劳动争议预防主要针对企业内部，企业人力资源管理人员在一定程度上充当着内部劳动关系调解员，在进行企业内部劳动关系管理时，要依法行事。本书所讲的劳动争议预防主要针对狭义层面。

劳动争议预防是一项复杂和长期的工作，从根本上看，劳动争议预防是避免劳动争议的第一道防线。因此，必须对劳动争议预防工作给予足够的重视，这项工作做好了，劳动关系就会更加和谐，各项工作效率也会得到提高。

劳动争议预防在处理劳动争议中占有重要的地位，重视预防工作并积极采取预防措施，能够在源头上控制争议的发生，保障企业和劳动者的合法权益，协调、稳定劳动关系和社会秩序，对企业和社会经济的发展有着十分重要的意义。

2) 预防劳动争议的措施

一般来说，劳动争议预防措施主要有六条：

(1) 加强企业劳动争议调解委员会自身建设，充分发挥其作用，建立健全规章制度，实行目标管理，主动深入职工中了解情况，做好思想工作，预防争议的发生。

(2) 加强劳动法律、法规普及和宣传教育。在工作中，加强企业职工劳动法律、法规的宣传教育，有针对性地开展形式多样的宣传教育活动，加强对企业行政人员和工会骨干的劳动法律、法规和政策的培训，提高企业和职工遵守劳动法律、法规的自觉性，增强他们的法律意识和知法、守法的观念，自觉依法办事。

(3) 规范劳动合同管理，从源头上预防劳动争议的发生。用人单位要认真贯彻劳动合同管理的法律、法规和政策，使劳动合同签订和合同管理水平有新的提高，形成劳动用工合同化和劳动关系法制化的新格局。劳动行政部门要严格按照劳动合同管理标准审查备案制度和解除劳动合同备案制度去执行。

(4) 推行集体合同制度，把劳动关系纳入合同调整范围。集体合同的效力高于个人劳动合同，集体合同的起草、讨论、签订和履行过程，就是提高职工遵章守纪的自觉性、减少劳动争议的过程。

(5) 强化企业民主管理，依法维护劳动者的合法权益。

(6) 劳动行政部门要加强劳动监察执法。对企业的内部规章制度严格检查，既要符合国家法律、法规和政策，又要符合企业的实际情况，做到合法、合情、合理，及时纠正和查处各种违反劳动法律、法规的行为。

任务演练

7.2 任务演练

请帮企业进行劳动争议处理。

任务实施

胡明大学毕业后应聘到某机械制造有限公司，于 2006 年 9 月 1 日与公司签订了 5 年劳动合同，岗位为技术管理，在质量管理处担任技术员工作。上岗后，胡明对工作尽心尽力、认真负责。2008 年 3 月，销售部门反映一家客户以近期出厂的设备质量有问题为由，取消了一笔订单，公司领导很恼火，责成质量管理部门要严肃处理，部门领导没有认真调查原因，就以胡明“对工作不认真，不能严格按照质量管理标准进行工作，作为技术员要为漏检负责”为名，将他调离原岗位，安排到车间担任工长。其工资也由每月 3000 元下降到 2000 元。胡明不服单位的决定，提出异议。他认为自己是严格按照质量管理标准执行的，客户提出的质量问题都是在规定的标准范围内，不存在漏检问题，客户取消订单另有原因；再说，出了问题也不能由技术员负全责。根据《劳动法》的规定，变更员工工作岗位，要事先征得员工的同意。因此胡明拒绝接受，没有到车间上班。单位辩称正是考虑到技术员不负全责，才没有处分胡明，只是认为他不适合这个工作，工长也是技术管理，不存在岗位变更的问题，也不需要变更劳动合同，因此，没有必要征求他的意见。双方发生争议后，胡明首先到企业劳动争议调解委员会申请调解，未达成协议。胡明又向劳动仲裁委员会提起申诉，请求予以公正仲裁。

请根据上述背景材料，完成以下工作：

(1) 替胡明写一份劳动争议调解申请书。

(2) 替公司劳动争议调解委员会设计一个完整的劳动争议调解程序。

(3) 替公司劳动争议调解委员会写一份劳动争议调解意见书。

(4) 替胡明写一份劳动仲裁申诉书。

任务 7.3　劳动关系维护

情境导入

小张在大华公司从事司机的工作，每天为该公司接送员工，双方未签订书面劳动合同。之后，该公司口头与其解除劳动关系。小张认为该公司应该支付未签订劳动合同的二倍工资，支付解除劳动关系的经济补偿，而公司却认为小张与公司不存在劳动关系，所以不需要支付其他的费用。

知识链接：劳动关系概述

1. 劳动关系的概念

劳动关系是人力资源管理的重要内容之一。随着我国经济体制改革的不断深入，社会主义市场经济体制的逐步建立，各种社会关系发生了重大变化。劳动关系是社会关系的重要组成部分，是市场经济中的一个重要领域，正确认识并依法调整劳动关系是促进社会和谐的重要途径。劳动关系是指劳动力所有者(劳动者)与劳动力使用者(用人单位)之间，为实现劳动过程而发生的一方有偿提供劳动力，由另一方用于同其生产资料相结合的社会关系。

劳动关系有广义和狭义之分。从广义上讲，生活在城市和农村的任何劳动者与任何性质的用人单位之间因从事劳动而结成的社会关系都属于劳动关系的范畴；从狭义上讲，现实经济生活中的劳动关系是指依照国家劳动法律、法规规范的劳动关系，即双方当事人是被一定的劳动法律规范所规定和确认的权利和义务联系在一起的，其权利和义务的实现，是由国家强制力来保障的。

2. 劳动关系的特征

劳动关系的特征主要体现在以下几个方面：

(1) 劳动关系是在实现劳动过程中发生的关系，必须以劳动为目的，以劳动力与生产资料的结合为手段。

(2) 劳动关系的双方当事人，一方是劳动者，另一方是提供生产资料的劳动者的所在单位。

(3) 劳动关系既具有法律上的平等性，又具有实现这种关系的隶属性。

(4) 劳动关系是兼具财产性和人身性的社会关系。

(5) 劳动关系的产生、变更和终止，以及双方当事人在劳动过程中的权利、义务等都应该按照劳动法律、法规处理。

3. 劳动关系的内容

劳动关系的内容是指劳动关系双方依法享有的权利和承担的义务。

我国《劳动法》第三条规定劳动者享有的主要权利有：① 平等就业和选择职业的权利；② 休息休假的权利；③ 取得劳动报酬的权利；④ 获得劳动安全卫生保护的权利；⑤ 接受职业技能培训的权利；⑥ 享受社会保险和福利的权利；⑦ 提请劳动争议处理的权利以及法律规定的其他权利。

劳动者承担的主要义务有：① 按质、按量完成生产任务和工作任务；② 学习政治、文化、科学、技术和业务知识；③ 遵守劳动纪律和规章制度；④ 保守国家和企业的机密。

用人单位的主要权利有：① 依法录用、调动和辞退职工；② 决定企业的机构设置；③ 任免企业的行政干部；④ 制定工资、报酬和福利方案；⑤ 依法奖惩职工。

用人单位的主要义务有：① 依法录用、分配、安排职工工作；② 保障工会和职代会行使其职权；③ 按职工的劳动质量、数量支付劳动报酬；④ 加强对职工思想、文化和业务的教育、培训；⑤ 改善劳动条件，搞好劳动关系和环境保护。

4. 处理劳动关系的原则

正确处理劳动关系应遵循以下原则：

(1) 兼顾各方利益的原则；

(2) 协商为主解决问题的原则；

(3) 以法律为准绳的原则；

(4) 劳动争议以预防为主的原则。

5. 劳动关系的和谐

劳动关系的和谐是实现企业人力资源管理目标的保证。

劳动关系是现代社会最基本的社会关系，没有劳动关系的和谐就没有社会的和谐，更谈不上企业的发展及企业人力资源管理目标的实现。正确处理和不断改善劳动关系，是企业人力资源管理的重要任务。这是因为：

(1) 只有切实保障企业与职工的互择权，才能实现生产要素的优化配置。要发展社会生产力，就必须使各种生产要素在适当的流动中获得最佳组合。如果员工不能选择企业，企业不能选择职工，势必造成人力资源的浪费，阻碍生产力的发展。

(2) 只有保障企业各方面的正当权益，才能调动各方面的积极性。合理的投资回报可以吸引更多的资金流入企业，合理的工资、福利可以吸收和稳定企业所需人才。

(3) 只有改善企业内部劳动关系、维护安定团结，才能确保企业改革和转换经营机制的顺利进行。只要企业各方能相互信任、相互尊重、互助合作，就能创造出一个令人心情舒畅的工作环境。只有调整好各方面的利益，才能保证企业改革的深入进行。

任务演练

根据以上所学知识，结合背景资料判定公司劳动者与公司是否存在劳动关系。

7.3 任务演练

任务实施

2020 年 12 月，陈某受聘于某家政公司，双方未签订劳动合同，也未缴纳社会保险。2021 年 1 月，家政公司派陈某到客户家中从事护理工作，家政公司与客户签订了聘请母婴护理员服务合同。陈某在客户家中工作期间，工资由家政公司发放，并要求陈某遵循家政公司制定的员工手册等各项规章制度。2021 年 5 月，家政公司以陈某私自给客户催乳为由口头将其辞退，陈某认为，家政公司属于单方解除劳动关系，应支付其经济补偿。家政公司则认为，公司与陈某之间只是劳务关系，双方不存在劳动关系，公司解雇陈某无需支付经济补偿。双方因此发生争议，陈某向基层调解组织申请调解，要求确认其与家政公司之间存在劳动关系，并要求家政公司支付解除劳动关系的经济补偿。

问题：该家政公司与陈某之间是否构成劳动关系。

自 我 检 测

自我检测答案

□ 单选题

1. (　　)属于劳动合同的约定条款。

A. 劳动合同期限　B. 工作内容　C. 补充保险　D. 劳动报酬

2. 劳动合同期限一年以上不满三年的，试用期不得超过(　　)。

A. 一个月　B. 两个月　C. 三个月　D. 四个月

3. 因签订或变更集体劳动合同发生争议的处理程序首先应(　　)。

A. 让当事人协商　B. 上报劳动争议协调处理机构

C. 向政府报告情况　D. 上报劳动争议仲裁处理机构

4. (　　)是劳动者与劳动力使用者之间因就业或雇佣而产生的关系。

A. 法律关系　B. 命令关系

C. 劳动关系　D. 协作关系

5. 下列对劳动争议调解委员会受案范围的理解错误的是(　　)。

A. 劳动者与企业之间的所有争议　B. 本企业范围内的劳动争议

C. 劳动者与企业之间的劳动争议　D. 争议双方自愿调解的劳动争议

□ 多选题

1. (　　)情形出现，用人单位要承担经济补偿的义务。

A. 经济型裁员　B. 非过失性辞退　C. 劳动者被迫解除劳动合同

D. 用人单位维持劳动合同的约定条件续订劳动合同，劳动者不同意续订

E. 劳动者违反与用人单位签订的劳动合同中的保密条约，与用人单位解约

2. 订立劳动合同要遵循的原则包括(　　)。

A. 合法　B. 公平合作　C. 遵守国家的相关规定

D. 平等自愿　E. 确保劳动者权益最大化

3. 用人单位可以解除劳动合同的情形有(　　)。

A. 与劳动者协商一致

B. 劳动者有严重违纪、违法行为

C. 劳动者患病后不能从事原有工作的

D. 劳动者不能胜任工作，经过培训或调整仍然不能胜任的

E. 用人单位未达到预定的利润指标，裁减服务支持性人员

4. 个体劳动者享有(　　)权利。

A. 就业权　　B. 休息休假权　　C. 社会保险权

D. 劳动安全卫生权　　E. 劳动争议处理权

5. 劳动争议处理程序有(　　)。

A. 协商　　B. 调解　　C. 人民法院诉讼　　D. 和解　　E. 仲裁

□ **简答题**

1. 什么是劳动关系？劳动关系的法律特征是什么？

2. 处理劳动关系的原则是什么？在劳动关系中劳动者有哪些基本权利？

3. 劳动合同的订立原则有哪些？

4. 处理劳动争议的原则和途径有哪些？

5. 制作调解意见书时需注意哪些问题？

互 动 讨 论

背景资料：

陈某是某机械工业公司的副总经理，因离职相关事宜与公司发生了争议，遂向所在区劳动争议仲裁委员会提起了申诉。陈某提出，公司一直没有依法支付其任职两年来的加班工资，并向仲裁庭提交了其两年来在公司工作的工作日志，上面详细记录了其节假日加班的具体情况。但是，该公司对其工作日志的记录不予认可，但也未提供陈某的考勤表。公司辩称，陈某作为高级管理人员实行的是不定时工作制，并提供了公司当时与陈某签订的劳动合同。劳动合同上关于工时制度的约定是："实行标准工时制，经批准实行特殊工时制的，按特殊工时制的相关规定执行"。而陈某认为，公司根本没有向当地劳动行政部门申请实行特殊工时制，所以其工作工时应属于标准工时制，故存在加班费问题。劳动争议仲裁庭要求公司提供关于陈某所在岗位实行特殊工时制的相关批件，公司却不能提供。

此后不久，劳动争议仲裁庭基于该公司不能提供当地劳动部门有关实行特殊工时制的批文的事实，做出了支持陈某诉求的裁决。

问题：为何劳动争议仲裁庭做出了支持陈某诉求的裁决？

拓 展 阅 读

1. 《劳动关系管理：理论与实务(第二版)》：作者，陈维政、李贵卿、毛晓燕；出版社，科学出版社；出版时间，2017 年 6 月。本书以现代劳动关系理论为依据，结合我国劳动关系的现实，从企业劳动关系管理的视角，系统介绍了劳动关系管理的演进和发展，并就劳动关系管理实务中劳动合同、企业用工、劳动标准、社会保险、集体协商、劳动争议、非标准劳动关系管理等进行了全面的阐述。

2. 《企业劳动关系案例解析》：作者，张彦宁、陈兰通；出版社，企业管理出版社；出版时间，2006 年 10 月 1 日。随着法律意识的增强，更多的人懂得了拿起法律的武器保护自身的权益，尤其是在劳动关系中，由于直接牵涉到个人和企业之间的利益关系，这类的法律诉讼案件数量直线上升。针对在企业劳动关系中，到底哪些权益可以通过怎样的途径来维护，作者在本书中给我们罗列了九大类情况，让读者有针对性地得到答案。通过这本书的案例，读者能够学到如何保护自己的利益和如何利用多种方式去维护自身的权益不被他人侵犯。

模块 8　企业人力资源日常事务管理

企业人力资源日常事务除了前面七个模块所述内容，主要还包括社保的管理、人力资源规章制度的制定和检查、人事报表的分析和统计等。加强人事规章制度的管理工作，有利于建立和完善公司规章制度体系，使规章制度的制定、修改、废止、审核、发布和备案工作程序化、规范化，提高工作效率，保证工作质量，促进依法治企，提高组织效能。通过人事报表可以动态反映企业人力资源的状况，对人事报表进行分析有助于企业认清自己的人力资源的知识和年龄结构、招入和离职情况、绩效和薪酬情况，有助于企业进行有针对性的改进，加强企业自身的核心竞争力。

知识目标

◎ 熟悉企业员工的社保管理。
◎ 了解人力资源制度、人事报表的重要性。
◎ 掌握人力资源制度、人事报表的基本操作技能。

能力目标

◎ 能够根据给定的背景资料为企业编写人力资源制度。
◎ 能够对企业的人事报表进行统计和分析。

模块学习导图

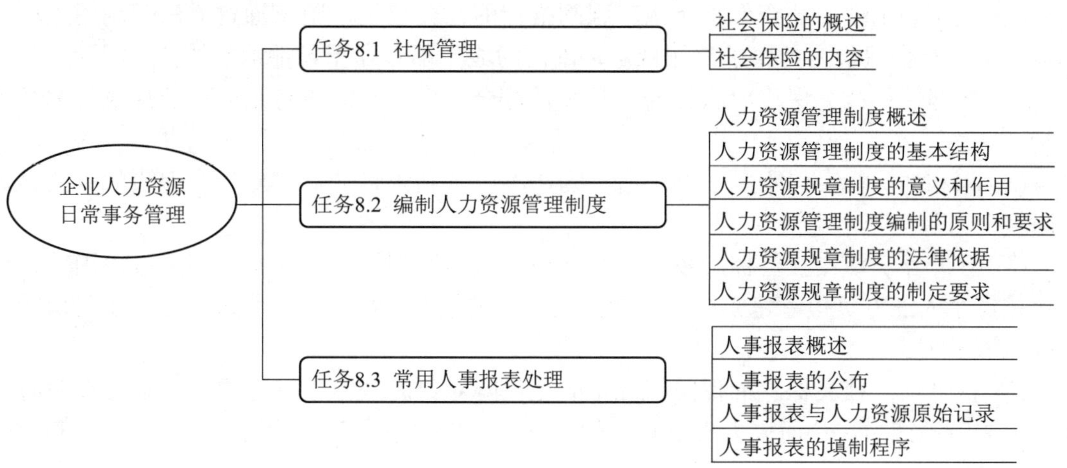

任务 8.1 社 保 管 理

情境导入

大华公司人力资源部招聘了几个外地来的劳动者。其中一位劳动者说："我一个月就几百块钱，我不愿意参加什么社保，到时候得了病或者发生了事故，我自己负责，我可以写个'自愿放弃社保'的申请"。他拿着"自愿放弃社保申请"交到了公司人力资源部的陈小力的手里，但是陈小力拿到申请书，心里有些犯嘀咕，不知道这样可不可以呢？

知识链接：社会保险概述

1. 社会保险的概念

1) 社会保险的含义

社会保险，是指劳动者因年老、患病、生育、伤残、死亡等原因造成劳动能力暂时或永久丧失以及中断劳动而不能获得劳动报酬时，从国家和社会获得物质帮助和补偿的一种社会制度。社会保险是国家通过立法而建立起来的，旨在当劳动者暂时或永久丧失劳动能力时，保障其在工作中断期间的基本生活需求的一种保险制度，即国家通过立法强制建立社会保险基金，对与企业建立了劳动关系的劳动者在丧失劳动能力或失业时给予必要的物质帮助的制度。社会保险主要是通过筹集社会保险基金，并在一定范围内对社会保险基金实行统筹调剂，对劳动者遭遇劳动风险时给予必要的帮助。社会保险对劳动者提供的是基本生活保障，只要劳动者符合享受社会保险的条件，即劳动者与企业建立了劳动关系，或者已按规定缴纳了各项社会保险费，即可享受社会保险待遇。

2) 社会保险的特征

(1) 国家强制性：社会保险是国家强制推行的社会政策，国家通过立法强制用人单位和职工参加社会保险，凡属于法律规定范围内的成员都必须无条件地参加社会保险。

(2) 普遍性：社会保险要求社会化，凡是符合法律规定的所有企业和社会成员都必须参加。

(3) 福利性：社会保险是一种政府行为，不以营利为目的，实施社会保险的目的就是保障参保人员的基本生活。

(4) 互助互济性：社会保险依据社会共担风险的原则设立，保险费用一般由国家、用人单位、个人三方负担，建立社会保险基金，通过统一调剂、互助互济办法，支付保险金和提供服务。

(5) 保障性：社会保险的保障标准是满足保障对象的基本生活需要，劳动者在暂时或永久失去劳动能力，从而失去工资收入的情况下，仍能享有和在业期间相差不大的基本生

活保障，以利于社会安定。

3) 社会保险的意义和作用

社会保险是人类社会文明进步的一种表现，它的产生和发展是必然的，不受任何个人意识所支配。具体而言，社会保险的作用体现在以下几个方面：

(1) 稳定社会秩序，巩固社会制度。

(2) 改善就业结构，提供劳动者的劳动技能，促进就业。

(3) 保护劳动力，扩充劳动队伍。

(4) 促进社会经济发展：第一，社会保险制度作为需求管理的一个重要工具，对经济起正面的作用；第二，社会保险基金的有效利用可以促进经济的持续繁荣；第三，社保成为企业招揽人才的基本条件。

2. 社会保险的内容

我国《劳动法》第七十条规定："国家发展社会保险事业，建立社会保险制度，设立社会保险基金，使劳动者在年老、患病、工伤、失业、生育等情况下获得帮助和补偿。"这就明确规定了我国社会保险的内容包括养老保险、医疗保险、失业保险、工伤保险和生育保险。

社会保险的产生和发展

1) 养老保险

养老保险是国家通过立法对劳动者因达到规定的年龄，按国家规定解除劳动者义务后，给他们提供一定的物质帮助以维持其基本生活水平的一种社会保险制度。养老保险的目的是为老年人提供保障其基本生活需求的稳定可靠的生活来源。

国有企业、集体企业、外商投资企业、私营企业和其他城镇企业及其职工，实行企业化管理的事业单位及其职工必须参加基本养老保险。

养老金领取的必备条件有两条，第一是达到国家法定的退休年龄，第二是职工养老保险累计缴费年限满十五年。中国的企业职工法定退休年龄为男职工 60 岁，从事管理和科研工作的女干部 55 岁，女职工 50 岁。

基本养老金由基础养老金和个人账户养老金组成，单位和个人对养老保险金的缴纳比例是不同的，单位缴费比例为 20%，个人缴费比例为 8%。

2) 医疗保险

医疗保险指由国家立法对公民实施的基本医疗保险制度，是为了抗御疾病风险而建立的一种社会保险。被保险人患病就诊发生医疗费用后，由医疗保险机构对其给予其一定的经济补偿。建立医疗保险制度有利于劳动者的病、伤得到及时有效的医治，保证劳动者的身体健康，促进生产的发展，而且有利于消除或减轻劳动者及其家属由于患病或负伤而在经济上和精神上产生的负担，保证劳动者及其家庭的正常生活。

基本医疗保险基金由统筹基金和个人账户构成。职工个人缴纳的基本医疗保险费全部计入个人账户；用人单位缴纳的基本医疗保险费分为两部分，一部分划入个人账户，一部分用于建立统筹基金。基本医疗保险费由用人单位和职工个人共同缴纳，其中单位按 8% 的比例缴纳，个人缴纳 2%。

3) 失业保险

失业保险指劳动者由于非本人原因暂时失去工作，致使工资收入中断而失去维持生计的来源，并在重新寻找新的就业机会时，从国家或社会获得物质帮助以保障其基本生活的一种社会保险制度。失业保险是根据政府法令举办的，以失业为给付条件，由国家劳动法规定在一定期限内对失业者发放失业保险金的社会保险制度。

各类企业及其职工、事业单位及其职工、社会团体及其职工、民办非企业单位及其职工，以及国家机关与之建立劳动合同关系的职工都应办理失业保险。失业保险基金主要用于保障失业人员的基本生活。城镇企业、事业单位、社会团体和民办非企业单位按照本单位工资总额的2%缴纳失业保险费，其职工按照本人工资的1%缴纳失业保险费。

领取失业保险金应具备的条件：第一，按照规定参加失业保险，所在单位和本人已按照规定履行缴费义务满 1 年；第二，非因本人意愿中断就业，即失业人员不愿意中断就业，但因本人无法控制的原因而被迫中断就业；第三，已办理失业登记，并有求职要求的人员。凡是符合领取条件的失业人员，都可以申请失业保险金来保障自己最基本的生活。

4) 工伤保险

工伤保险是指劳动者在工作中或在规定的特殊情况下，遭受意外伤害或患职业病导致暂时或永久丧失劳动能力以及死亡时，劳动者或其遗属从国家和社会获得物质帮助的一种社会保险制度。工伤保险可以让劳动者在遭受工作事故伤害和患职业性疾病时，能够有基本的生活保障，而且能够分散企业的工伤风险，减轻企业的负担，同时能够提高员工工伤意识，促进工伤预防与职业康复。

工伤保险是通过社会统筹的办法，集中用人单位缴纳的工伤保险费，建立工伤保险基金，在劳动者在生产经营活动中遭受意外伤害或职业病，并由此造成死亡、暂时或永久丧失劳动能力时，给予劳动者医疗救治以及必要的经济补偿的一种社会保障制度。这种补偿既包括医疗、康复所需费用，也包括保障基本生活的费用。

工伤保险费由用人单位缴纳，但是由于行业不同，工伤保险的缴费也不一样，详情如下：

(1) 一类为风险较小行业，包括证券业、银行业、保险业和其他金融活动业，其缴费率为在职职工工资总额的0.6%。

(2) 二类为中等风险行业，包括房地产业、环境管理业、娱乐业、农副食品加工业等行业，其缴费率为在职职工工资总额的1.2%。

(3) 三类为风险较大行业，包括炼焦及核心燃料加工业、石油加工、化学原料及化学制品制造业等行业，其缴费率为在职职工工资总额的2.0%。

5) 生育保险

生育保险是由国家和社会提供医疗服务、生育津贴和产假的一种保险制度，即国家或社会对生育的职工给予必要的经济补偿和医疗保健的社会保险制度。我国生育保险待遇主要包括两项，一是生育津贴，二是生育医疗待遇。其宗旨在于通过向职业妇女提供生育津贴、医疗服务和产假，帮助他们恢复劳动能力，重返工作岗位。

生育保险基金由用人单位缴纳的生育保险费及其利息以及滞纳金组成。女职工产假期间的生育津贴、生育发生的医疗费用、职工计划生育手术费用及国家规定的与生育保险有关的其他费用都应该从生育保险基金中支出。

所有用人单位(包括各类机关、社会团体、企业、事业、民办非企业单位)及其职工都要参加生育保险，凡是与用人单位建立了劳动关系的职工，包括男职工，都应当参加生育保险。生育保险费由用人单位统一缴纳，职工个人不缴纳生育保险费。生育保险费由用人单位按照本单位上年度职工工资总额的 0.7%缴纳。

享受生育保险待遇的职工，必须符合以下三个条件：参加生育保险并足额缴纳生育保险费的城镇企业职工（指分娩或实施计划生育手术前，用人单位必须为职工连续缴纳生育保险费满 6 个月以上）；符合国家、省、市计划生育政策规定生育或实施计划生育手术；在本市城镇生育保险定点医疗服务机构，或经批准转入有产科医疗服务机构生产或流产的(包括自然流产和人工流产)。

任务演练

8.1 任务演练

请进行新参保企业的社会保险费计算。

任务实施

参保人员比例较低的老参保企业的社会保险费应怎样计算？

任务 8.2　编制人力资源管理制度

情境导入

大华公司从一个小厂成为一个大公司，在发展壮大的过程中制定了各类规章制度，但是制度之间有所重复，内容较多，格式都不统一，导致工作人员很难执行。因此，公司要求人力资源部门出台一个完整统一的规章制度管理办法，现在部门领导要求陈小力将之前的规章制度进行整理和规范。

知识链接：人力资源管理制度概述和编制

1. 人力资源管理制度概述

人力资源管理制度是企业单位组织实施人力资源管理活动的准则和行为的规范，它是以企业单位规章、规范、守则的形式，对人力资源管理的目的、意义、性质和特点，以及组织实施人力资源管理的各种程序、步骤、方法、原则和要求所作的统一规定。人力资源管理制度作为人力资源管理活动的指导性文件，在起草拟定时，一定要从企业现实生产技术、组织条件和管理工作水平出发，不能脱离实际，要注重它的科学性、系统性、严密性和可行性。如果措辞不当，过于原则化，缺乏实用性，就会使制度条文流于形式，在实际管理中难以发挥作用，致使有关责任人相互扯皮、推诿，工作任务无法落实，造成人力资源管理“推而不动，停滞不前”的情况。

人力资源管理制度是企业运行的物质载体，是企业人力资源管理具体操作的规范体系，是达到企业的战略目标，实现企业人力、物力和财力资源有效配置的基础。因此，要做好人力资源管理制度的规划与制定工作，保证人力资源各项管理活动的规范进行。在企业人力资源管理中，通常需要根据企业内外环境的变化，不断变革和创新，使规章制度和工作计划更加充满活力。

2. 人力资源管理制度的基本结构

在企业中，人力资源管理制度体系是由一系列具体管理制度组成的。一项具体的人力资源管理制度一般应由总则、主文和附则等组成，具体还包括以下内容：

(1) 概括说明建立本项人力资源管理制度的原因，在人力资源管理中的地位和作用，即在企业单位中加强人力资源管理的重要性和必要性。

(2) 对负责本项人力资源管理的机构设置、职责范围、业务分工，以及各级参与本项人力资源管理活动的人员的责任、权限、义务和要求，做出具体的规定。

(3) 明确规定本项人力资源管理的目标、程序和步骤，以及具体实施过程中应当遵守的基本原则和具体要求。

(4) 说明本项人力资源管理制度设计的依据和基本原理，对采用的数据采集、汇总整理、信息传递的形式和方法，以及考评指标和标准等做出简要确切的解释和说明。

(5) 详细规定本项人力资源管理活动的类别、层次和期限(何时提出计划、何时确定计划、何时开始实施、何时反馈汇总、何时总结上报等)。

(6) 对本项人力资源管理制度中所使用的报表格式、量表、统计口径、填写方式、文字撰写和上报期限等提出具体要求。

(7) 对本项人力资源管理活动结果的应用原则和要求，以及与之配套的规章制度(如薪酬奖励、人事调整、晋升培训等)的贯彻实施和相关政策的兑现办法做出明确规定。

(8) 对各职能和业务部门本项人力资源管理活动的年度总结、表彰活动和要求做出规定。

(9) 对本项人力资源管理活动中员工的权利和义务、具体程序和管理办法做出明确详细的规定。

(10) 对本项人力资源管理制度的解释、实施和修改等其他有关问题做出必要的说明。

3. 人力资源规章制度的意义和作用

人力资源规章制度的意义和作用主要体现在以下两个方面：

(1) 用人单位制定规章制度既是权利又是义务，是其“用工自主权”的体现。

规章制度是用人单位的内部“法律”，贯穿于用人单位的整个用工过程，是用人单位行使管理权、合同解除权的重要依据。劳动者严重违反用人单位规章制度的，用人单位可进行处罚或者解除劳动合同，但规章制度的缺失或者不合法(以至于不具有法律效力)将导致用人单位无法对员工进行合法有效的管理，公司的运行将会陷于困境。

(2) 规章制度在劳动纠纷中的重要作用。

在劳动纠纷中，用人单位是否指导和公布了相应的规章制度，用人单位和劳动者是否执行了规章制度可直接决定用人单位在劳动争议案件中的胜败。

按照最高人民法院司法解释及《劳动合同法》的规定，规章制度只有向劳动者公示才对劳动者产生约束力。司法实践中，劳动者往往以其不知道规章制度的内容为由主张规章

制度未公示，用人单位也往往无法提供已经公示的证据，很多企业本应该胜诉的案件最终败诉，问题往往就出在这里。例如，员工的违纪行为本已经达到了规章制度中规定的解除劳动合同的条件，但是员工称不知道有这个制度，公司也无法提供曾向员工公示的证据，最终导致案件败诉。

4. 人力资源管理制度编制的原则和要求

编制相关制度时应遵循以下原则：

(1) 将员工与企业的利益紧密结合在一起，促进员工与企业共同发展。

例如，某飞机维修工程有限公司的《企业宣言》提出："公司与员工共发展：我们寻求公司与她的每一位成员都得到发展。企业视个人的成功与公司的成功同等重要。企业的成功依赖于每一位员工的努力，而公司则为每一个体的发展提供广阔的空间。我们倡导团队精神、高度的责任感和严谨的工作作风，努力营造一个能够使每个人发挥出最大才智并获得自我发展的环境"。由此可以看出：该公司所倡导的企业文化，是将企业的战略目标与员工的期望目标、员工的职业发展有效地结合在一起，从而最大限度发挥员工的聪明才智，促进员工的全面发展。将员工的成功与公司的发展放在同等重要的位置上，应当是企业人力资源管理制度规划要体现的基本原则和要求。

(2) 从企业内外部环境和条件出发，建立适合企业特点的人力资源管理制度体系。

企业外部的环境是指那些对人力资源管理制度产生重要作用和影响的因素，包括：国家有关劳动保障和人事法规政策，劳动力市场结构以及劳动力供给与需求的现状，各类学校(技校、高职、大学)和教育培训机构专门人才供给的情况，劳动者择业意识和心理的变化情况，劳动力市场各类劳动力工资水平的变动情况，企业竞争对手在人力资源方面的情况等。这些因素的变化将对企业人力资源管理制度规划产生必然的压力和影响，而企业的生产经营状况、资金实力、管理机制和组织状况、人员整体的素质结构、企业文化氛围的营造、员工价值观与满意度等内部因素，将对人力资源管理制度规划起着关键性影响和作用。企业外部环境和条件是外因，而企业内部环境和条件是内因，两者的变化相辅相成，势必影响到企业的人力资源管理制度规划的质量和水平。要做好企业的人力资源管理制度规划的工作，必须重视对企业内外部环境变化的分析，通过深入的研究，把握有利的因素，克服不利的因素，使人力资源管理制度充分体现和反映自身环境、性质和特点，注重管理制度的不断变革和创新，使人力资源管理活动永远充满活力。

(3) 企业人力资源管理制度体系应当有所创新。

人力资源管理理论有了很大的进步，各国的企业管理专家、学者深入实践，不断探索，产生了众多的新理论、新观点和新方法。这些国家的企业又根据其本身的性质特点进行实施，从而提出了一系列全新的人力资源管理制度模式。随着我国的改革开放，国外先进的现代人力资源管理理论和方法也逐步传入我国。无论是中外合资企业，还是国有企业，目前都试图引进和采用这些先进的理论、方法和管理模式。面对这些先进的、新鲜的理论和方法，企业应持积极而谨慎的态度，根据本企业的自身特征，采取稳步推进的方法，建立起符合企业自身的人力资源管理制度体系。例如，根据市场变化，确定人力资源管理长期、中期、短期及突发性人员供需计划；根据员工的需求层次，建立相适应的激励机制；针对岗位工作性质及对人员的素质要求，进行岗位评估(工作分析)；根据市场变化和人员素质情况，针对性地进行员工的培训和开发；根据企业人员余缺情况，通过面试和测评，进行企业内外部招聘；为保证企业战略目标实现，开展目标管理和人力资源考评工作；根据市场和企业状况，制定公平而有竞争力的薪酬制度。总之，企业在规划自己的人力资源管理制度时，既要学习国外先进的管理理论和方法，借鉴国外企业新型的人力资源模式，又要根据企业自身的特点和人力资源管理现状，建立起适合本企业特点和发展要求的新型人力资源管理制度体系。

(4) 企业人力资源管理制度必须在国家劳动保障和人事法律法规的大框架内进行。

企业作为一个具有法人资格的生产经营实体，必须遵守国家颁布的各项法律法规和规章制度。现代人力资源管理作为企业在激烈市场竞争中克敌制胜的法宝，也更应当从管理制度上，在进人、用人、管人等各个环节中严格遵守和落实国家相关法律法规的要求。这是因为企业人力资源管理制度和政策涉及员工的切身利益，最具敏感性，如果处理不当，轻则发生劳动纠纷，重则发生矛盾冲突，直接影响到企业正常的生产经营活动，甚至待工停产，给企业和员工的切身利益带来伤害。

因此，在制定企业人力资源管理制度时，应当充分分析以下四种情况，具体如图 8-1 所示。

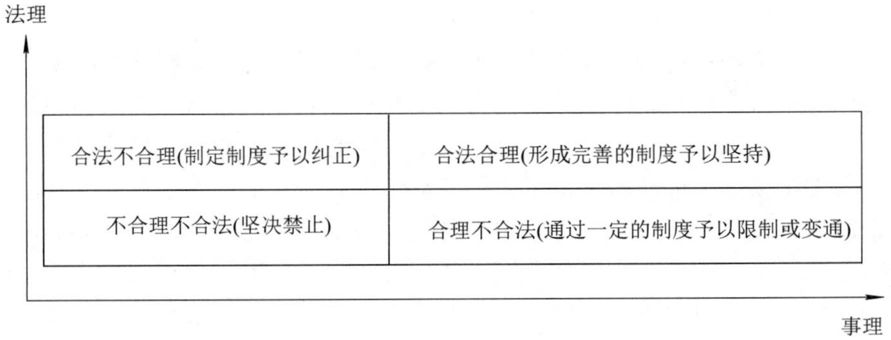

法理

合法不合理(制定制度予以纠正)	合法合理(形成完善的制度予以坚持)
不合理不合法(坚决禁止)	合理不合法(通过一定的制度予以限制或变通)

事理

图 8-1　合理与合法的关系

对合法合理的人力资源活动，应当形成完善的制度予以坚持；对不合理不合法的人力资源管理活动，应当制定制度予以坚决禁止；对合理不合法的人力资源管理问题应当谨慎对待，能不做的就不做，通过一定的制度予以限制或变通；对合法不合理的问题的处理，应当逐步制定制度予以纠正。

此外，企业在进行人力资源管理制度编制时，为了符合法律法规，还应当注意以下几点：

一是学习理解国家法律法规时，要注意区分“可以”与“必须”的差异。“可以”表示许可或能够，从法律角度上说，它是任意性规范。“必须”表示事理和情理上的必要，从法律角度上说，它是强制规范，规定得十分明确具体，不得以任何方式加以变更。由此可看出“可以”和“必须”在程度上要求是不同的。

二是国家法律法规说明了“应该做什么，应该怎么做”的情况时，企业在制定人力资源管理制度时，也必须写明“应该做什么和如何做”，在国家没有说明“应该做什么，应该怎么做”的情况下，企业可以大胆去做。反之，在国家法律法规明确说明了“不应该做什么，不应该怎么做”的情况下，企业千万不能去做；在没有说明“不应该做什么，不应

该怎么做”的情况下，企业可以大胆去做。

(5) 企业人力资源管理制度必须与企业集体合同保持协调一致。

企业集体劳动合同是企业行政领导(一般是正、副总经理)和员工的代表(一般是工会正、副主席)共同签署的，它是经过多轮协商谈判的产物，明确了员工和企业双方各自的权利和义务，是调整劳动关系中一个十分重要的组成部分。同时，它也是经过了必要的法定程序，即由代表讨论通过和政府劳动保障行政部门批准的。所以，企业人力资源管理制度规划不但要注意与法律法规保持一致性，同时也必须与集体劳动合同的精神和原则协调一致。当规划制度时遇到与集体合同条款不一致的，也可以通过与工会协调来解决，取得工会的谅解和支持是十分必要的。

(6) 必须重视管理制度信息的采集、沟通与处理，保持规划的动态性。

企业中不同部门、不同层次、不同岗位的员工与企业的利益构成了一个统一体，如果企业发展较好，员工的工资福利待遇乃至个人的职业生涯发展都有所保障；否则，不但员工的工资福利水平会降低，甚至员工会失去工作岗位。这是员工与企业之间建立劳动关系的根据所在，也是两者之间所具有的共同利益和相互依赖之处。但是企业不同部门、层次、岗位的员工之间又有着不同的利益和需求，并由此产生不同的心理状态，对人力资源管理制度的方方面面抱有不同的期望。

因此，企业的人力资源部门要通过各种渠道收集有关员工的信息(如情绪、意愿、反映、要求等)，并定期进行分析研究，讨论这些信息的内容和来源以及问题产生的原因。针对这些信息，提出“应该做什么？为什么做？如何做？在哪里做？什么时候做？”的具体对策和建议，并适时对人力资源管理制度进行必要的调整和修改，保持管理制度的相对动态性，充分发挥人力资源管理制度的积极作用。

5. 人力资源规章制度的法律依据

1) 规章制度制定的内容及程序

《劳动合同法》第四条规定：用人单位应当依法建立和完善劳动规章制度，保障劳动者享有劳动权利、履行劳动义务。

用人单位在制定、修改或者决定有关劳动报酬、工作时间、休息休假、劳动安全卫生、保险福利、职工培训、劳动纪律以及劳动定额管理等直接涉及劳动者切身利益的规章制度或者重大事项时，应当经职工代表大会或者全体职工讨论，提出方案和意见，与工会或者职工代表协商确定。

在规章制度和重大事项决定实施过程中，工会或职工认为不适当的，有权向用人单位提出，通过协商予以修改完善。

用人单位应当将直接涉及劳动者切身利益的规章制度和重大事项决定公示，或者告知劳动者。

2) 规章制度的法律效力

《最高人民法院关于审理劳动争议案件适用法律若干问题的解释》第十九条规定：用人单位根据《劳动法》第四条之规定，通过民主程序制定的规章制度，不违反国家法律、行政法规及政策规定，并已向劳动者公示的，可以作为人民法院审理劳动争议案件的依据。

大学生劳动合同的签订

3) 规章制度与劳动合同和集体合同的效力差异

《最高人民法院关于审理劳动争议案件适用法律若干问题的解释(二)》第十六条规定：用人单位制定的内部规章制度与集体合同或者劳动合同约定的内容不一致，劳动者请求优先适用合同约定的，人民法院应予支持。

4) 用人单位规章制度不合法的法律后果

《劳动合同法》第八十条规定：用人单位直接涉及劳动者切身利益的规章制度违反法律、法规规定的，由劳动行政部门责令改正，给予警告；给劳动者造成损害的，应当承担赔偿责任。

5) 劳动者严重违反规章制度的法律后果

《劳动合同法》第三十九条规定：劳动者严重违反用人单位的规章制度的，用人单位可以解除劳动合同。

6. 人力资源规章制度的制定要求

1) 人力资源规章制度的制定流程

(1) 职工提议、上级主管部门或领导要求；

(2) 具体工作人员起草；

(3) 人力资源部门初审；

(4) 相关部门会签；

(5) 人力资源部门修改、复审；

(6) 征求意见，必要时经职工(代表)大会通过；

(7) 总经理或董事长批准；

(8) 正式发布(公示)。

人力资源规章制度草案提出后，应由专家和有关人员组成工作小组，在广泛征询各级主管和被考评人意见的基础上，对其进行深入的研究和讨论，经反复调整和修改，再上报总经理核准。人力资源管理制度一旦获得批准，人力资源部门就应规定一个试行过渡期，使各级主管有一个逐步理解、适应和掌握的过程。在试行过程中如遇特殊问题或发现重大的问题，亦可以采取一些补救措施，以防止给生产经营活动带来不利的影响。

2) 人力资源规章制度公示方法

人力资源规章制度公示与否，关系到该规章制度是否生效以及对员工是否有约束力，以及是否能够作为用人单位解除劳动关系的合法依据。常用公示(发布)方法如下：

(1) 人力资源制度发放(要有员工签领确认)；

(2) 内部培训法(注意一定要包括培训时间、地点、参会人员、培训内容、与会人员签到)；

(3) 劳动合同约定法；

(4) 考试法(开卷或闭卷)；

(5) 入职登记表声明条款；

(6) 意见征询法。

但是公示与发布尽量避免以下方法：

(1) 网站公布(举证困难)；

(2) 电子邮件告知(举证困难)；

(3) 公告栏，宣传栏张贴(举证困难)。

3) 人力资源规章制度的格式和编写要求

人力资源规章制度的格式应该在本企业内部予以统一，并且予以分类、编号。企业应对规章制度的编写有统一的要求。

4) 企业人力资源管理制度体系的构成

不少企业将人力资源规章制度汇编成一本《员工手册》或《人力资源管理手册》，这也是值得学习的一种方法。企业人力资源管理制度体系的构成详见表 8-1。

表 8-1　企业人力资源管理制度体系的构成表

企业人力资源管理制度体系的构成	
劳动人事基础管理制度	1. 企业规章制度管理办法
	2. 组织机构设置和调整的规定
	3. 工作岗位分析与评价工作的规定
	4. 岗位设置和人员费用预算的规定
	5. 对内外人员招聘的规定(含合同管理规定)
	6. 员工绩效管理(目标管理)的规定
	7. 人员培训与开发的规定
	8. 薪酬福利规定(含社会保险规定)
	9. 劳动保护用品与安全事故处理的规定
	10. 其他方面的规定，如职业病防治与检查的规定
企业员工管理制度	1. 工作时间(如加班、轮班、不定时工作)的规定
	2. 考勤和休假规定
	3. 年休假规定
	4. 女工劳动保护与计划生育规定
	5. 奖惩规定
	6. 员工差旅费管理规定
	7. 员工佩戴胸卡管理规定
	8. 员工因私出国(境)规定
	9. 员工内部沟通渠道规定
	10. 员工合理化建议规定
	11. 员工越级投诉规定
	12. 其他有关的规定，如员工满意度调查规定等

任务演练

请帮企业编制人力资源规章制度管理办法。

8.2 任务演练

任务实施

奖惩制度是企业的一项基本制度，虽然大华公司自成立以来就有了一些奖惩制度，但是政出多门，有针对产量质量的、有针对合理化建议的、有针对产品开发的，公司的奖励幅度也不平衡。为此你需要为大华公司制定统一的“员工奖惩制度”。

任务 8.3 常用人事报表处理

情境导入

大华公司人力资源部为了促进公司人力资源管理的一元化、规范化、制度化、标准化建设，加强了人力资源状况的统计工作。HR 助理陈小力接到任务，要严格按照填报标准和要求及时准确地做好统计、汇总，编制人事报表。

知识链接：人事报表概述和填制

1. 人事报表概述

通过人事报表可以动态反映企业人力资源的状况，对人事报表进行的统计和分析，其内容包括人员基本情况分析、人员流动分析、人员数量分析、人员素质分析和人员年龄结构分析等方面。通过统计分析有助于企业认清自己对人力资源的知识和年龄等结构、招入和离职情况、绩效和薪酬情况的了解，有助于进行有针对性的改进，加强企业自身的核心竞争力，也有助于政府有关部门了解社会的人力资源状况。

2. 人事报表的公布

企业人事报表一般应以相关规章制度的附件形式予以公布，以规定报表的规定格式、填报责任人、如何填报及填报周期。此外，企业还需要根据政府有关部门的要求填报一些规定的报表。

3. 人事报表与人力资源原始记录

人事报表与人力资源原始记录是不同的概念。人力资源原始记录是对实际情况的真实记录或原始凭据，如员工履历表、招聘记录、培训记录、绩效考评记录、薪酬发放记录、劳动合同等；人事报表是指建立在人力资源原始记录基础之上的统计和分析结果。人事报

表必须建立在真实的人力资源原始记录基础之上才具有可靠性，人力资源原始记录也需要通过一定的统计分析才能更有效地发挥其作用。

4. 人事报表的填制程序

人事报表的填制程序包括：

(1) 学习相关制度，确定报表所需的原始数据及填报要求、分析和统计方法，必要时企业应举办相应的培训班或派员工参加培训；

(2) 收集报表所需的原始数据，对原始数据进行初步分析、分类统计，将分析和统计的结果填入报表；

(3) 核对原始数据及统计结果，必要时送相关部门或领导进行审核；

(4) 对报表进行进一步分析，提出自己的观点和建议。

任务演练

大华公司为了加强人力资源状况的统计工作，要求统计《人力资源需求表》《人力成本预算表》《人员编制及薪资表》《人事部门月报表》《保险情况月报表》和《在岗人员结构情况月报表》，严格按照填报标准和要求及时准确地做好统计与汇总。

8.3 任务演练

任务实施

自己联系一家企业，为该企业填制一张“在岗人员结构情况月报表”，并对其进行适当分析，或为学院填制一张“在岗人员结构情况月报表”，并对之进行适当分析。

自 我 检 测

自我检测答案

□ 单选题

1. 下列不属于社会保险的是(　　)。

A. 养老保险　B. 医疗保险　C. 工伤保险　D. 商业医疗保险

2. 中国企业的男职工法定退休年龄为(　　)。

A. 60 岁　B. 50 岁　C. 55 岁　D. 65 岁

3. 人力资源规章制度公示与发布使用(　　)方法。

A. 网站公布　B. 劳动合同约定法　C. 电子邮件　D. 公告栏

4. 人事报表的统计和分析，内容不包括(　　)。

A. 人员基本情况分析　B. 人员流动分析

C. 人员兴趣爱好分析　D. 人员年龄结构分析

5. 人力资源管理制度的基本结构不包括(　　)。
A. 概括说明建立原因　　B. 明确规定的目标
C. 对制度的解释　　D. 检验制度效果

□ **多选题**

1. 社会保险的内容包括(　　)。
A. 养老保险　　B. 健康保险　　C. 医疗保险
D. 工伤保险　　E. 生育保险

2. 社会保险的特点有(　　)。
A. 强迫性　　B. 福利性　　C. 普遍性
D. 互帮性　　E. 保障性

3. 人力资源规章制度的公示与发布应尽量避免(　　)方法。
A. 网站公布　　B. 考试　　C. 公告栏
D. 电子邮件告知　　E. 内部培训法

4. 人力资源管理制度的基本结构应包括(　　)等内容。
A. 概括说明建立的原因　　B. 对相关政策作出明确规定
C. 公司对员工的要求　　D. 对员工的权利和义务等作出详细规定
E. 规定人力资源管理的目标、程序和步骤

5. 人事报表分析包含(　　)等内容。
A. 人员基本情况分析　　B. 人员数量分析　　C. 人员年龄分析
D. 人员参与培训分析　　E. 人员素质分析

□ **简答题**

1. 什么是人力资源管理制度？
2. 人力资源管理制度有哪些内容？
3. 简述人力资源规章制度制定流程。
4. 人事报表有哪些作用？
5. 人事报表的填制程序是怎样的？
6. 人事报表与人力资源原始记录的区别和联系是什么？

互 动 讨 论

背景资料：

陈经理和叶经理是大学同班同学，担任各自公司的 HR，在对待员工违反公司规章制度的问题上，两人有不同的看法。

陈经理认为在企业中讨论并制定了很多制度，既然在制定的时候大家没有异议，按照道理平时就应该一律照章办事，违反了规章制度就应该照章处理。

但是在实际工作中，叶经理常常以属于特殊情况为由，不按规章制度处理，导致下面

的员工一旦违反规章制度就找叶经理说情。叶经理认为规章制度是一种管理手段而已，有特殊情况就可以酌情处理，所以在工作中出现特殊情况时，可以不按规章制度处理。

在一个组织中，我们到底应该如何对待企业的规章制度？规章制度可不可以违反？违反了应该如何处理？为什么？

拓 展 阅 读

1. 《人力资源经理日常工作细节》：作者，郑宇；出版社，中国经济出版社；出版时间，2017 年 10 月。本书是以“经理人日常工作细节”为主题展开的，全方面定义了每一项工作的关键要点，对每一项日常工作中的具体操作进行了详细描述，而且以图表的形式对企业经理人的日常工作职责、细节、常用制度进行解读，图表分解，一目了然。本书能够有效改善读者们的工作质量，减少工作失误，同时，也为部门经理人全面提升工作水平提供了可借鉴的学习读本。

2. 《老 HR 手把手教你做人力资源管理(实操版)(第二版)》：作者，闫轶卿；出版社，中国法制出版社；出版时间，2019 年 11 月。本书从人力资源管理从业者的角度出发，以日常工作中的实际案例引发思考，概述工作模块或整体流程，再展开叙述具体模块的工作或流程中的关键工作，其中辅以相应的图表，最后，再将工作关联的法律法规进行罗列与分析。归纳起来说，就是四个一“一套案例、一套流程、一套图表、一套法规”。本书还以人力资源管理日常工作全景的方式进行介绍，不仅涉及招聘、培训、薪资、绩效考核、员工关系等大的模块，也对人力资源计划、人事信息、在司档案、人事任免、人事代理等相对使用较少的模块进行了阐述。

参 考 文 献

[1] 周威. 人才是金：图解最给力的人力资源战略[M]. 北京：北京邮电大学出版社，2013.

[2] 寒武. 人力资源战略与规划[M]. 北京：中国发展出版社，2007.

[3] 汪玉弟. 企业战略与 HR 规划[M]. 上海：华东理工大学出版社，2008.

[4] 侯光明，王月辉，刘存福. 人力资源战略与规划[M]. 北京：科学出版社，2009.

[5] 安鸿章. 工作岗位研究[M]. 北京：中国传媒大学出版社，2005.

[6] 祝士苓. 工作分析与组织设计[M]. 北京：中国劳动社会保障出版社，2007.

[7] 付亚和. 工作分析[M]. 2 版. 上海：复旦大学出版社，2009.

[8] 马国辉，张燕娣. 工作分析与应用[M]. 2 版. 上海：华东理工大学出版社，2012.

[9] 唐志红. 人力资源招聘·培训·考核[M]. 北京：首都经济贸易大学出版社，2011.

[10] 安鸿章. 企业营销经理胜任特征模型[M]. 北京：中国劳动社会保障出版社，2006.

[11] 唐宁玉. 人事测评理论与方法[M]. 大连：东北财经大学出版社，2011.

[12] 廖泉文. 招聘与录用[M]. 2 版. 北京：中国人民大学出版社，2010.

[13] 陶永进. 员工培训管理实训实战实务[M]. 北京：人民邮电出版社，2015.

[14] 郑芳. 资深 HR 手把手教你做员工培训管理[M]. 天津：天津科技出版社，2017.

[15] 任康磊. 培训管理实操：从入门到精通[M]. 北京：人民邮电出版社，2019.

[16] 闻效仪. 绩效管理[M]. 北京：中国劳动社会保障出版社，2009.

[17] 王海燕，姚小远. 绩效管理[M]. 北京：清华大学出版社，2012.

[18] 李彬. 极简绩效管理法[M]. 广东：广东经济出版社，2019.

[19] 徐渤. 绩效管理全能一本通[M]. 北京：人民邮电出版社，2019.

[20] 李中斌，冯颖，谭志欣. 薪酬管理[M]. 北京：科学出版社，2016.

[21] 刘大卫. 薪酬管理：员工的源动力[M]. 上海：上海交通大学出版社，2013.

[22] 全怀周. 走出薪酬管理误区：中国企业薪酬激励系统化解决之道[M]. 北京：企业管理出版社，2013.

[23] 郑玉刚. 基于动态股权激励模型的企业薪酬管理制度创新研究[M]. 北京：企业管理出版社，2012.

[24] 王振麒. 劳动人事争议处理[M]. 上海：复旦大学出版社，2011.

[25] 王远东，赵学昌. 劳动争议处理实务[M]. 北京：北京大学出版社，2009.

[26] 王彩萍. 劳动人事争议处理[M]. 北京：北京大学出版社，2011.

[27] 孙立如，刘兰. 劳动关系实务操作[M]. 北京：中国人民大学出版社，2009.

[28] 孙立如. 劳动关系管理实训[M]. 上海：复旦大学出版社，2013.

[29] 安鸿章. 现代企业人力资源管理[M]. 北京：中国劳动社会保障出版社，2003.

[30] 李旭穗，陈文知. 人力资源管理实务[M]. 广州：华南理工大学出版社，2009.